投资理财红宝书

精通基金、股票、国债等个人投资的6种工具

龙红亮 著

中信出版集团 | 北京

图书在版编目（CIP）数据

投资理财红宝书：精通基金、股票、国债等个人投资的 6 种工具 / 龙红亮著 . -- 北京：中信出版社，2021.3（2022.5 重印）
ISBN 978-7-5217-2748-7

Ⅰ . ①资… Ⅱ . ①龙… Ⅲ . ①私人投资－通俗读物 Ⅳ . ① F830.59-49

中国版本图书馆 CIP 数据核字（2021）第 023412 号

投资理财红宝书——精通基金、股票、国债等个人投资的 6 种工具

著　　者：龙红亮
出版发行：中信出版集团股份有限公司
（北京市朝阳区惠新东街甲 4 号富盛大厦 2 座　邮编　100029）
承 印 者：中国电影出版社印刷厂

开　　本：787mm×1092mm　1/16　　印　　张：24.5　　字　　数：296 千字
版　　次：2021 年 3 月第 1 版　　印　　次：2022 年 5 月第 4 次印刷
书　　号：ISBN 978-7-5217-2748-7
定　　价：75.00 元

致余婧、俊彦和逸飞：

你们一直是我前进的动力！

目　录

前　言　V

第一章

投资理财：人生的必修课　001

你必须富有　003

不会理财，钱如同手中的沙子　004

下一个 10 年，你抓得住吗　006

未雨绸缪：让你的被动收入超过工资收入　010

穷人思维与富人思维　014

向一千万目标迈进　022

第二章

基金投资入门　027

聪明的懒人选基金　030

基金到底能不能赚钱　032

基金种类知多少　036

基金的费率　049

基金的申购与赎回　054

基金的份额、净值与分红　057

基金的各种约束 063
基金公司 068
基金评级和奖项 072

第三章

如何挑选基金 079

股票基金：收益中的王者 081
指数基金：我负责躺赢 100
债券基金：稳定的收益 125
混合基金：进可攻退可守 144
QDII 基金：投资境外的好渠道 148
FOF：主打大类资产配置 150
私募基金：高净值人群专属 152
基金定投：静待时间的玫瑰 171

第四章

股票投资入门 181

股票投资中的误区 183
几种类型的公司股票 191
价值投资的方法论 202

第五章

上市公司的财务分析 235

三大财务报表 239
合并报表和母公司报表 242
资产负债表 246
利润表 276

现金流量表 290
财务指标大分析 301
财务疑点的识别 322

第六章
低风险投资实战 335
存款也有新玩法 337
货币基金 347
银行理财 361
国债投资 373

后 记 377

前 言

老百姓兜里的钱是越来越多了，但可配置资产的风向却悄然发生了深刻变化。

中金公司的研究显示，2019年我国居民总资产达到了552万亿元，但其中大部分资产都沉淀在房产上。中国人民银行发布的《2019年中国城镇居民家庭资产负债情况调查》显示，我国城镇居民的房产在总资产中的占比达80%左右，比欧美发达国家的都要高。这一方面是由于过去20年，随着城镇化的推进和人口红利，住房成为很多城镇居民的刚需；另一方面是由于过去房价只涨不跌的单向上涨趋势，进一步刺激了老百姓买房的欲望。可以说，过去20年，闭着眼买房都是对的。

但最近几年，市场格局正在悄然发生深刻的变化。一方面，我国城镇居民的住房拥有率超过了95%，而城镇化率也超过了60%；另一方面，人口红利的高峰已过，人口老龄化趋势正在形成。2021—2030年的未来10年，除一线城市和部分二线城市的房价依然具备上涨空间外，整体房地产市场大概率将从黄金时期走向白银时期。与此同时，老百姓的资产配置结构也要发生相应的深刻改变。

2001—2020年的20年间，买房者相当于搭上了财富的快车道。那么接下来的10年呢？什么会接替房产成为财富增值的“胜负手”呢？

根据发达国家的历史经验，随着我国人均GDP（国内生产总值）突破1万美元并朝着中等发达国家迈进，居民的财富配置将逐步从房子等实物资产转向金融资产，尤其是风险金融资产。其中，债券资产与股票资产将是居民财富重要的蓄水池。可以说，未来10年谁能够搭上资本市场的东风，谁就能实现财富的增值。

问题在于，老百姓如何进行投资理财？

金融资产作为虚拟资产，不管是债券资产还是股票资产，都是复杂难懂的。只有具备相对专业的投资理财技能，投资者才能获得稳定的收益。但很多投资者并没有受过专业的训练，难以理解这些资产的收益和风险特性。盲目投资的结果是，“靠运气赚来的钱，一定会凭本事亏回去”，P2P（网络借贷平台）理财就是前车之鉴。

一方面是老百姓未来的资产配置要转向金融资产，另一方面是很多人对投资理财知识一知半解，这样的矛盾一直存在，并且以盲目投资、造成亏损的形式体现出来。

目前市面上的投资理财类书籍主要分为三种：第一种是理财思维通识类书籍，只普及理财思维，并未涉及任何理财实际操作技能；第二种是教你如何买基金、如何分析财报的某一细分领域的书籍，内容覆盖并不全面；第三种是专业性非常强的投资类书籍，阅读门槛较高，容易劝退普通人。

本书旨在成为一本适合普通人阅读的、教会他们投资理财的技能工具书。本书的写作遵从三个原则：原则一，专业思维加大众语言，以图做到深入浅出，不需要太多的前置知识；原则二，尽可能地覆盖普通人能接触到的金融资产，包括基金、股票、银行理财、大额存单等；原则三，定位为工具书，希望读者在投资前遇到不懂的内容时翻一翻此书，学习其中的知识。

本书有两大特色：一是深入浅出，降低了学习门槛；二是实例丰富，带领读者学习理财技能。

本书的内容结构如下：第一章讲未来资本市场的趋势以及理财性思

维；第二章和第三章教你如何挑选适合自己的基金；第四章和第五章教你如何选股、如何分析财报；第六章讲述结构性存款、大额存单、货币基金、结构性理财等低风险投资品。

在本书的写作过程中，我得到了家人的全力支持与配合，在此表示感谢。刘萧宇、涂博文、宋佳等人为本书提供了非常有价值的素材，感谢他们的付出。王国刚、苏薪茗、管清友三人为本书撰写推荐语，在此致以诚挚的谢意。另外，中信出版集团的财经优品团队为本书的编辑和出版付出了巨大的努力，在此一并感谢他们。

当然，书中肯定存在一定的错误与纰漏。如有发现，烦请指出，并联系作者，邮箱地址为hongliang.long@qq.com。感谢！

第一章

投资理财：人生的必修课

你必须富有

我们生活中90%的烦恼都与钱有关，缺钱带来的烦恼已经占据了我们很多精力。很多烦恼虽然从表面来看并不是直接由钱带来的，但究其本质还是与钱有关。例如，我们花费心思为自己的孩子选择学校，其背后反映的是我们是否有足够的财力去购买一套优质学区房。穷人之所以很难变得富有，一个很重要的原因是，穷人每天为了养活自己或家庭已经耗费了大量精力，即所谓大脑的“带宽”，而没有足够的精力与时间去思考如何提升赚钱的能力。因此，财富可以解决生活中的绝大部分烦恼，从而节省我们大脑的“带宽”，让我们去解决更重要的问题。

财富也是衡量我们工作能力和人生价值的一把尺子。美国投资大师芒格曾说：“你想拥有一件东西，首先一点就是要配得上它。”如果你通过聪明且勤奋的工作，获得了不菲的财富，那这足以证明你的工作能力配得上这么多的财富。实际上，当你拥有的财富达到一定数量后，额外增加的财富并不会让你产生更多的消费。因为我们普通人的生活消费支出，满足正常需要即可——每个人都是一日三餐，不会因为是亿万富翁，就每天多吃几顿大餐。从经济学上说，这就是所谓的“边际效应递减”：

给予富人更多的财富，并不能促使他们更多地消费。那么，为什么很多企业家在实现了财务自由后，还要拼命地赚钱呢？一个很重要的原因是，企业家的身价财富也是衡量他们的社会贡献度及工作能力的一把尺子。公司经营得越成功，财富积累得越多，企业家就越有能力帮助更多的员工和其他人过上更好的生活，从而实现企业的社会价值。

如果我们还有更多的社会责任感与理想主义情怀，那么财富将是我们实现它们的好帮手。《孟子》有云："穷则独善其身，达则兼济天下。"我们当中的大部分人或多或少都有社会责任感与情怀，比如帮助贫困山区的辍学儿童、为西北荒漠地区的植树造林贡献力量、提高大众的艺术欣赏水平等。当然，这些都需要我们有足够的财力！当我们还在为自己的物质生活忧心忡忡时，我们是没有太多资源去帮助别人的。所以，只有当我们通过个人努力获得足够多的财富并过上衣食无忧的生活时，我们才有更多余力去帮助他人，实现我们个人的社会价值。

中国的传统教育很少涉及财商教育。但是，当步入社会后，我们蓦然发现："仓廪实而知礼节。"只有积累了足够多的财富，我们才能让自己和家人生活得更好，才能帮助更多的人，同时实现个人的精神追求。

不会理财，钱如同手中的沙子

中国人从小到大，学的是天文地理、文学艺术等包罗万象的知识，可唯独有一门功课，学校从来不教：财商教育。

所谓财商，一是创造财富和认识财富增长规律的能力，二是驾驭和使用财富的能力。简单来说，财商包含两个方面：一是赚钱的能力，二是打理钱的能力。

财商教育如此重要，但学校却从来不教，岂不是咄咄怪事？大部分人从小努力学习，考上一个好的大学，不就是为了以后能过上更好的生活吗？很多人之所以不能做自己喜欢的事，一个很重要的原因就是受制于财务状况，不得不先解决财务问题，于是时间就在一天天枯燥的工作中逝去，而自己想做的事却依然不能做。

财务自由是我们追求精神自由、实现人生理想必要的物质保证。没有一定的财富积累，精神自由、人生理想等都是空中楼阁。

那是不是只要你的工资收入很高，每年赚的钱很多，你就能实现财务自由了呢？诚然，收入越高，积累财富的速度也就越快，但这并不是实现财务自由的充分条件。如果你不能很好地打理你的收入，那么这些钱就如同手中的沙子一般，你怎么抓进来的，它就会怎么从指缝间流走。最后你会发现，你积累财富的速度，完全跟不上货币的贬值速度。

实　例

财富的挥霍

泰森是继阿里之后另一位世界级的拳王，在职业生涯的巅峰期，他日进斗金。但随后短短10年间，他就败光了依靠拳击积累的4亿美元家产。泰森在职业生涯巅峰期的赚钱能力很强，但他的财商可以说几乎为零。几亿美元的财富根本没有被有效打理，而是不断地被消耗在娱乐、女色上。最终，泰森走向了破产欠债。

足球巨星小罗（罗纳尔迪尼奥）26岁时就获得了个人荣誉大满贯，是两届世界足球先生得主。在2005年职业巅峰时，他的个人年收入超过了2 000万欧元。但由于不会投资理财，在退役后随意挥霍财富，加之没有长远的投资规划，他最后欠下了巨额债务，生活一度窘迫。

有的小伙伴可能会说，上述都是挥霍财富的例子，我会省吃俭用，把每个月工资收入的大部分存起来，慢慢积累财富。这样真的可以实现财务自由吗？

实 例

货币购买力的下降

假设2000年年初，你在银行存入10万元，不做投资只做存款，那么20年后的2020年年初，你的存款大约是16万元，存款增值了0.6倍。而2000年北京市的房价约为4 000元/平方米，2020年为6万元/平方米，增长了15倍。

2000年的10万元可以购买一间25平方米的房子。20年后的2020年，存款增长到16万元，却只能买到一间2.67平方米的房子。

只有学会投资理财，合理规划收入与支出，你的财富才能以可观的速度增长，跑赢通胀。人们为什么讲“富不过三代”，就是因为光有财富还不行，你还需要进行精心的理财呵护，让财富保持长久的增长。

下一个10年，你抓得住吗

过去的10年（2010—2019年），是房地产行业的黄金10年。随着城镇化的推进，中国的城镇化率从2010年的50%提升到2019年的60.6%。另外，中国自加入世界贸易组织后，经济快速增长，在世界产业链中的地位逐步提升，居民收入在过去10年间也稳步提高，这使得居民改善住房条件的意愿相当强烈。

城镇化率的提升，叠加居民收入的提高，都为房地产市场的繁荣打下了坚实的基础（见图1-1）。这体现在房价上，就是过去10年间全国城市房价的普遍性上涨，且部分城市的房价上涨速度超过了居民收入的涨幅。

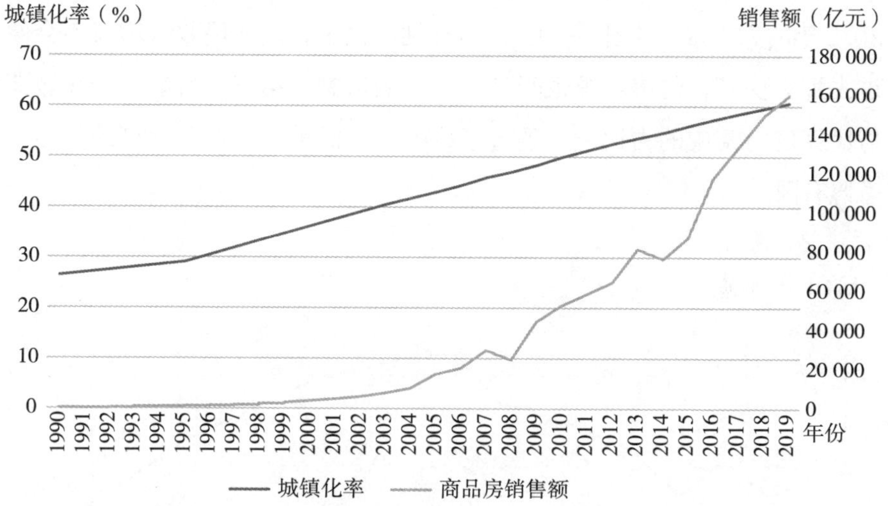

图1-1　城镇化率和商品房销售额（1990—2019年）

数据来源：国家统计局。

房地产市场的繁荣，造就了一大拨富起来的居民。那些在2010年前后买了房子的人，都获得了3～4倍的房价上涨。由于房子具有杠杆属性，首付只有三成左右，因此房子的实际增值高达十几倍。更难能可贵的是，房价在过去10年间几乎没有下跌时期，或者说资产价格几乎没有回撤。可以说，只要过去10年间买了房的人，都赚得盆满钵满，家庭财富飞速积累。

另外，房产在居民家庭财富中的占比惊人。中国人民银行发布的《2019年中国城镇居民家庭资产负债情况调查》显示，中国城镇居民住房资产占家庭总资产的比重为59.1%，住房拥有率为96.0%。这还不包括占总资产6.8%的商铺。

与此同时，过去让房地产市场持续繁荣的基础却在悄然发生变化。第一，城镇化率超过了60%，我国进入了城镇化后期，很多该进城的农民工都已经进城了。第二，人口红利在逐步消失。国家统计局数据显示，15～64岁人口占总人口的比例从2010年的最高值74.5%逐步下降到2018年的71.2%（见图1-2）。人口红利的消失，使居民收入增长不会像过去那么快了，购房需求也受到了一定的抑制。第三，目前房产在城镇居民家庭财富中的占比已经超过了60%，居民进一步购买房产的能力和意愿有限。

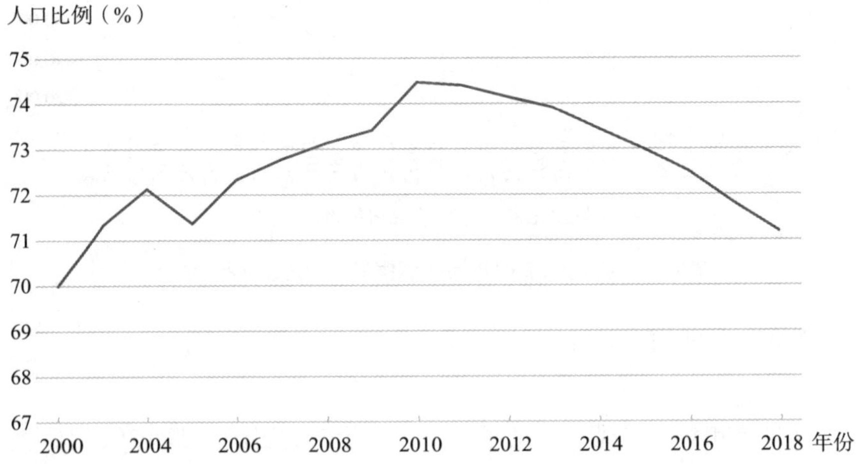

图1-2　15～64岁人口占总人口比例（2000—2018年）

数据来源：国家统计局。

最近几年，大家发现房价涨不动了，尤其是非一线城市的房价。过去10年，你如果购置了房产，可以说是人生赢家，赶上了财富积累的快车道。那么，下一个10年呢？难道依旧拼命买房吗？

中国人民银行发布的《2019年中国城镇居民家庭资产负债情况调查》显示，金融资产占家庭总资产的20.4%，比美国低22.1%。而在这20.4%的金融资产中，现金、存款、公积金等无风险资产的占比达到了47.4%，银行理财等低风险资产的占比达到了26.6%，两者合计占比74%。而股票、基金、债券等风险资产只占家庭金融资产的11.1%，占家庭总资产的2.3%，与欧美的发达国家以及日本相距甚远（见图1-3）。

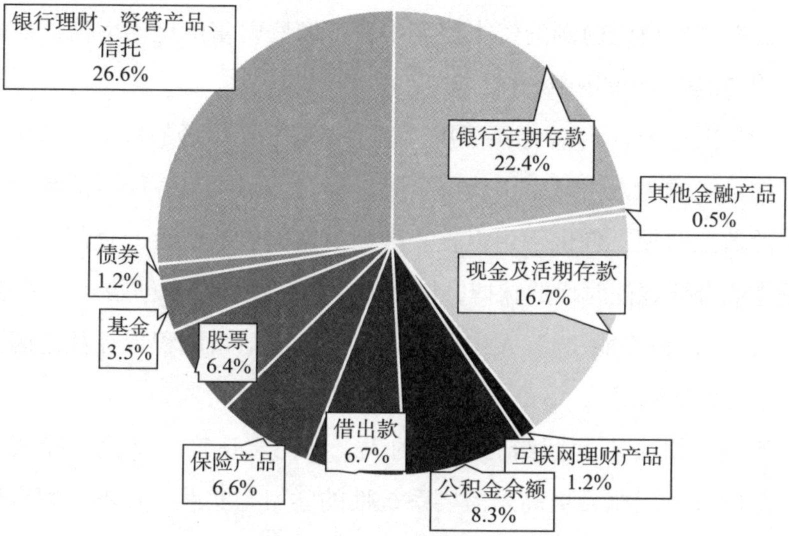

图1-3　城镇居民家庭金融资产构成（2019年）

数据来源：《2019年中国城镇居民家庭资产负债情况调查》。

中金公司的研究显示[①]，2019年我国居民总资产达到了552万亿元，但房产在其中的占比已经见顶。欧美的发达国家以及日本的历史经验表明，金融资产尤其是风险金融资产（以股票、基金为代表）在居民总资产中的占比会逐步提升。

中金公司的研究预测，中国居民风险金融资产2025年规模将达到160万亿元，是2020年的两倍，未来5年年化增速将达到14%。加上存款和低风险理财产品，居民金融资产2025年有望达到371万亿元。

如果未来10年，居民家庭资产中有10%会从房产迁移到风险金融

① 中金公司，《主题策略：迎接居民家庭资产配置拐点》，发布于2020年6月10日。

资产，那么投入到资本市场（股市、债市等）的增量资金将超过60万亿元！随着国内金融市场对外开放、首次公开募股注册制、科创板扩容等金融市场改革措施的加速落地，中国的资本市场可能会迎来一场史无前例的造富运动！那些创新型企业的企业家、参与资本市场投资的普通居民，会在这场史无前例的资本盛宴中获得家庭财富的迅速增值，如同过去10年在房地产市场中一样！

如果上一个10年，你买了房，搭上了房地产市场的快车，那么恭喜你，你已经成为人生赢家，获得了第一桶金。如果因各种事情错过了房地产的黄金时期，你也不用沮丧。因为财富增值的机会一直都存在，关键是你能否把握住时代的脉搏，搭上财富的高铁！小米创始人雷军曾说："在风口上，猪都能飞。"人生亦是如此，巨额财富的积累往往是因为把握住了时代的脉搏。

当然，机会永远留给有准备的人。相比于房产，基金、股票等金融产品的投资门槛会更高，需要系统性的学习与实践。在不了解金融产品的情况下，你如果乱投一气，极有可能造成投资损失，更别提财富增长了。

这也是龙叔写本书的目的所在——让大家对金融投资产品有个全面的认知，了解相关的风险和收益特征。只有做到了投资前心中有数，大家才能获得稳稳的收益。

未雨绸缪：让你的被动收入超过工资收入

你有没有想过，让你的被动收入超过工资收入？所谓被动收入，就是房租、投资收益、利息收入等不用工作就能得到的收入。为什么深圳的包租公、包租婆日子过得很滋润？因为每天一觉醒来，他们就有房租收入，躺着也赚钱。所以，被动收入是一种"睡后收入"。

实　例

小A的财富焦虑

我的一个朋友小A大学毕业后在南京工作，月薪7 000元。扣除掉房租、生活费等必要的生活支出，小A每个月还剩下5 000元。小A每个月都会把这5 000元存入银行或者转入余额宝，获得每年仅仅2%左右的利息。一年积攒6万元，利息收入不到1 200元，还跑不赢通胀，存款的实际购买力每年都在下降。

小A的焦虑是：财富的积累速度较慢，甚至赶不上货币贬值的速度。基于这样的现状，在没有家庭助力的情况下，小A很难依靠自身力量在南京这样的二线城市买房，扎根城市。

正确的解决办法是：第一，努力提升工作技能，提高工资收入；第二，使用正确的投资方法，实现财富增值，让钱生钱。当你的理财性收入（被动收入）接近或者超过你的工资收入时，你就不是一个人在赚钱，而是有两个人同时为你赚钱！这就是投资理财的杠杆效应！

我们换一个思路来看：小A比较年轻，而且目前薪水不算高，如果他努力工作，薪水涨幅会比较高。我们假设未来5年，小A平均每年工资收入增长20%，并且能够储蓄的资金也同步增长20%。小A每个月固定地把剩余的钱投入到投资理财产品中，且年化收益率稳定在15%。

为什么是15%呢？根据龙叔对2003—2019年17年间的数据统计，中证混合型基金指数（代码：H11022.CSI）的复合年化收益率为13.57%。如果我们对投资计划再稍加优化，那么达到15%的年化收益率是完全可以的。

由表 1–1 可以看到，小 A 经过持续 5 年的投资理财，总计投入本金 44.6 万元，获得总投资收益 17.1 万元，汇总价值高达 61.8 万元。在南京这样的城市，小 A 可以支付一套小户型房产的首付了。

表1–1　小A的5年投资收益

时间	每年本金投入（元）	5年后投资收益（元）	5年后投资本金加收益（元）
第1年	60 000	53 285	113 285
第2年	72 000	46 210	118 210
第3年	86 400	36 950	123 350
第4年	103 680	25 033	128 713
第5年	124 416	9 893	134 309
汇总	446 496	171 371	617 867

通过 5 年的持续投资理财，小 A 的投资收益占到整个本金收入的近 40%，这些全部都是被动收入。由于投资具有复利效应，再过 5 年，小 A 的被动收入（投资收益）就能超过工资收入。这相当于一个人工作，却能赚两份钱！

实　例

阿牛的财富焦虑

我的另一个朋友阿牛，定居深圳，并组建了小家庭，有个可爱的女儿。夫妻俩都从事 IT（信息技术）行业，收入较高，合计税前收入达到了100万元。最近他们刚买了一套房，市值800万元，房贷400万元，每个月需还房贷3万元。他们银行账上还有200万元存款，另有一辆价值30万元左右的车。

阿牛的家庭在深圳属于中高收入家庭，有房有车。虽然每个月需还3万元房贷，但夫妻俩的收入完全够用。

按理说，阿牛的生活过得很滋润，但他却很焦虑。

阿牛的焦虑在于：虽然目前生活稳定，每年都有盈余，但IT行业是个吃青春饭的行业，35岁后失业的恐惧一直挥之不去。而且阿牛觉得，现在天天上班"996"，身体吃不消，感觉很累。如果有一天，他失业了或者生场大病，家庭收入会大幅下滑，并且可能增加大幅支出。但是房贷是刚性的，一分钱都不能少还。所以，家庭虽然现在没有风险，但其实抗风险能力比较弱。

阿牛属于受过良好教育的技术型人才，人很聪明。不过，他过去并没有系统性地学过投资理财知识，只是很简单地买个银行理财产品或余额宝，但收益普遍不高。看着股市涨得好，阿牛有时候也会投一点，但基本上都是亏得多赚得少，有点赌运气的感觉。

其实像阿牛这样的家庭，在一、二线城市非常多。但是很多人受限于自己的专业，并没有系统地学习投资理财技能。如果阿牛能够意识到这一点，有意识地不断学习和实践投资理财技能，那么200万元的存款达到15%的年化收益率是完全可能的。这样，每年的投资收益就有30万元。由于每年家庭还有盈余，这样过个2～3年，仅投资收益就能完全覆盖房贷支出。即使出现中年失业危机，家庭的现金流状况也是比较稳健的，抗风险能力大大增强。

所以说，学习投资理财，提升财商，并不只是为了多赚钱。更重要的是，通过合理的投资规划，逐步优化个人或家庭的收入结构，提升个人和家庭的抗风险能力。当你的被动收入超过工资收入时，你就获得了极大的工作自由，从而能毫无顾虑地去追求你的理想。清朝陈澹然曾有言："不谋万世者，不足谋一时；不谋全局者，不足谋一域。"在未来金融市场高度繁荣的时代，财商必然像智商、情商一样，决定了一个人在事业和生活上能够取得多高的成就。

穷人思维与富人思维

龙叔非常欣赏一句话："你只能赚到你认知范围内的钱。"认知的高低，决定了我们努力的方向与方式。俗话说，选择大于努力。这并不是说不用努力了，只要选择正确就能稳赢，而是说如果选错了方向、用错了方法，再多的努力也是事倍功半。所以在提升自身财商和赚钱能力的过程中，我们需要不断提升我们对投资理财的认知，刷新我们的投资性思维并不断将其运用于实践。

我们经常听到穷人思维与富人思维这两个词。所谓穷人思维，并不是穷人才有的思维，而是会让你变穷的思维；富人思维，也不是富人才有的思维，而是能够让你变富的思维。

是投资品还是消耗品

在日常生活中，我们经常会购置一些比较贵的物品，比如房子、汽车、奢侈品等。这些物品是我们拿钱换的，到底算消耗品还是投资品？这要根据不同物品的属性而定。

比如说汽车。汽车是现在城市家庭的必需品，但买什么样的车，很有讲究。如果你今年买了一辆30万元的车，那么开了一年后，它在二手车市场可能只值20万元，再过几年它就贬值到10万元了。汽车的升级速度很快，贬值速度也很快。因此，一个普通家庭购置的汽车就是完全的消耗品。除了使用价值外，汽车不能够提供任何的保值增值。如果一个普通中产家庭购买了一辆豪华汽车，那么这是非常不明智的，因为这属于纯粹的消费，不会为家庭财富增值带来任何益处。

同样的道理，也适用于奢侈品如包包等。你今天花5万元买一个LV的包，背着当然很有面子。不过这个包10年后可能分文不值，是纯粹的消耗品。从理财角度来看，买豪车、名贵包，还不如买红宝石、蓝宝石。因为这类名贵宝石具有天然的保值性，100年后还是原来的样子，还能卖出去，甚至价格更高。有人可能会说：很多富二代天天豪车、奢侈品傍身，也是没有富人思维吗？这要看家庭财富的！富二代每年收入一亿元，花这点钱根本不算什么，按比例折算，就相当于你买了一辆几万元的汽车而已，属于正常消费。

房子在通常情况下是典型的投资品。买了房子，你可以住，可以出租，还可以等待价格上涨。买了新房之后，房子可能会在二手房市场涨价，而一辆全新的几十万元的汽车，开了几年后在二手车市场却不会卖出更高的价格。消耗品和投资品的区别在于：消耗品每天都在贬值，而投资品具备保值增值的潜力。

花钱上学求得的更光鲜的学历，算消耗品还是投资品呢？当然是投资品！通过提升学历，你在人才市场更具竞争力，未来的收入水平也随之提高，这属于包赚不赔的投资。所以，任何人花钱用于学历提升，都属于一本万利的投资。

关于如何花钱这件事，穷人思维有两种模式：一是能少花钱就少花钱，省吃俭用；二是花钱全凭喜好，或者在乎别人的眼光（俗称打肿脸充胖子）。而富人思维则是：这笔花费算是消费还是投资？如果是消耗品，那么适用就好，不必追求奢侈；如果是投资品，这笔钱则放心花，因为这是为未来财富增长做准备。

基金、股票等证券投资也是如此。在穷人思维看来，这是乱花钱或不务正业，他们几乎默认证券投资和赌博无异。而在富人思维看来，证券投资属于投资品，相当于你持有了一家或多家公司的股权，躺着就能分享到上市公司业绩增长带来的收益。只要事先经过深入的研究分析，选好投资标的，那么证券投资和你创业开公司赚钱，本质上是没有区别的；唯一的区别在于，自己开公司需要亲力亲为，而证券投资是让别人替你赚钱。

龙叔曰：

- 在花钱买东西时，我们要区分消耗品和投资品。消耗品如汽车、奢侈品等，容易快速贬值，没有保值作用；而投资品如房产、证券、学历等，具备保值增值潜力，属于对未来的投资。
- 消耗品的购买原则是，适合就好，不必铺张浪费。投资品的购买原则是，在事先经过细致研究的前提下，可以更为积极。

负债好不好

一听到要背负债务，大部分人心里就开始发怵，希望无债一身轻。是的，债务缠身可不是什么好事，尤其是有高利贷债务，这会使你的生活变得一团糟。中国有句俗语，即“借钱要忍，还钱要狠”，就是不愿意背负债务精神枷锁的表现。

不过，凡事都有两面性。对债务的绝对厌恶，可能会使你错失合理利用资金杠杆获取更大收益的机会。从个人角度来看，债务也可以分为“好的债务”和“坏的债务”。

如果你借钱（背负了债务）是为了超前消费，比如从银行申请消费贷、从支付宝申请花呗等，用于消耗品的支出——买手机、名牌包、豪车等，那么这种债务就属于“坏的债务”。因为你背负了这些债务，除了改善你的日常消费水平之外，没有任何其他益处。这些借来的钱立刻就被消费掉了，而没有形成任何有价值的资产（严格意义上说，这些资产会迅速折旧，并不值钱）。如果你的工资性收入不高，每个月剩余的钱仅仅够还贷甚至不够，那么你的财务状况简直是糟糕透了！

如果你借钱是为了形成对自己有益的资产，例如购买房产、土地等，或者是去名校读书，这些都是为自己未来的资产增值做有价值的投资，并合理利用了一部分资金杠杆。这些债务相对而言是“好的债务”，对个人是有裨益的，只要这些资产的预期收益超过借钱的成本即可。

当然，凡事无绝对，我们还需要具体问题具体分析。如果一个人热衷于炒房，利用有限的现金流从银行贷款买入房产，那么当房产价格出现下跌时，他可能会面临很大的投资亏损甚至资不抵债的结果，这种超出自己财力承受范围的债务，即使是用于买入房产，也不能属于“好的债务”。凡事需量力而行。再比如，一个人的存款足以让他全款购买一辆60万元的轿车，但如果汽车融资租赁公司给予他利率为4%的优惠贷款，那么他完全可以申请汽车贷款，然后用他自己的存款去投资——只要这些存款的投资收益率超过4%，这笔债务就是“好的债务”。

龙叔曰：

- 债务也可以分成“好的债务”与“坏的债务”。如果借钱是为了消费，那么这种债务是“坏的债务”；如果借钱是为了投资，并且预期投资收益率完全能够覆盖借钱成本，那么这种债务是“好的债务”。
- 背负债务需要量力而行，任何超出自身财力承受范围的债务，都是不好的。
- 不要借钱炒股！因为借的钱是要还的，而炒股收益是不确定的。
- 教育是最好的投资，哪怕是借钱投资。

做正确且难的事

如果你问身边100个人愿不愿意做正确的事，那么所有人都会异口同声说："当然愿意。"不过，从实际行动上看，坚持做正确的事的人极少。

为什么呢？因为正确的事，都是难做的。有没有正确而又简单易行的事呢？几乎没有！即使有，也早就被人做了。但凡正确的事，尤其是具有深远影响的事，都是极难做的。

当你准备做一件事，不管是创业、写书、学习还是其他计划，你是希望它门槛高、有困难，还是门槛低、容易做？大部分人往往希望它门槛低、容易做，这样自己容易上手。其实不然，正是因为门槛低、容易做，很多人才会一窝蜂地拥进去，使之变成红海市场，成功的概率极低，且投入产出比也很低。那些门槛高、有困难的事，往往劝退了绝大部分人，只要你能够坚持做下去，成功的路上对手很少——新来者一看到困难就被吓跑了，你做的事情就变成了护城河。

所以要想实现财务自由、财富增值，你就需要做那些正确且难的事。这些事的一大特征是：有时间积累！你做得越多，你积累的优势就越多，护城河就越宽，别人就越赶不上你，你的投入产出比也会很高。

比如，学习投资理财技能、提升财商就属于正确且难的事，需要你系统地学习经济、金融、商业分析等全方位的内容，门槛很高，学习周期很长。这就劝退了一大拨想要赚快钱的散户。这也是很多散户都喜欢依靠技术分析、打听内幕消息炒股的原因——门槛很低，上午学习下午就可以操作。但是这些方法没有时间积累效应，也没有护城河，你持续10年可能还是在原地踏步。

穷人思维是做简单易行的事为先，停留在"这事好不好做"的层次。而富人思维则是做正确的事，始终思考的是"这事做好了有没有价值"。

如何才能把正确且难的事做好？这就需要刻意的练习！你还记得一万小时定律吗？在某个专业领域，持续一万个小时的刻意练习就能使某个人成为行业专家。当然，大部分人并不是职业投资人，我们只需要几百个小时，就能掌握如何为家庭制订投资理财计划，实现家庭财富的增值。把那些盯盘、看消息面的时间花在认真学习理财技能、阅读专业书籍上，假以时日，你的财商会把周围的人甩在身后。

龙叔曰：

- 正确的事都是难做的。但正因为难，它劝退了很多对手，你只要持之以恒，就能获得成功。
- 正确且难的事，往往具有时间积累效应；积累的时间越长，护城河越宽。
- 穷人思维做事以简单易行为先，富人思维做事以有价值为先。

复利思维

普通人对于高收益神话有着特殊的感情。我们总是在茶余饭后听到一些关于投资业绩的传说，尤其是在牛市期间。这种传说经常以“我的一个朋友”或“我的一个朋友的朋友”开头，栩栩如生地向你讲述这个朋友是如何从100万元起步，短时间内赚到1 000万元的，甚至更为夸张。

在我们的认知里，似乎只有那些一年创造了好几倍收益的“朋友”，才是我们心目中的投资大神。而如果我们恰好还有另外一个连续三年的投资收益都在30%左右的朋友，那么我们往往觉得此人收益尚可，但他与“大神”这个词似乎沾不上边，因为你自己也曾经在某一年创造过远比30%高的收益。

乔丹是一位伟大的篮球运动员，他在比赛中并没有那么多高光或者“扶大厦之将倾”式的时刻，而往往是落位、要球、运球、跳投、进球，整个过程平实而略显枯燥。但正是这种朴实无华的大巧不工，任凭对手怎么防守，就是阻止不了乔丹的进球。巅峰时期的围棋选手李昌镐也是如此，虽然通盘无妙手，但是他每次都会以半目或一目赢得比赛。在投资理财中，“高收益神话”就相当于围棋比赛中的一着妙手、篮球比赛中的一个高光时刻，虽振奋人心，但我们的目标始终不是出彩，而是要赢。

高收益是很出彩，但几乎不可持续，某一年的高收益很难为其他年份的收益增色。假设有一个朋友投资了1万元，第一年收益率为100%，第二年为-40%，1万元变成了1.2万元。这还不如连续两年收益率为15%的投资——1万元会变成1.32万元。

为了展示高收益（高光时刻）与持续赢利哪个更重要，我们构建了两个模拟的投资组合：高收益组合和持续赢利组合。高收益组合在10年（2001—2010年）期间有着数次高光表现（100%、60%、50%），但收益不太稳定；而持续赢利组合的收益则非常平稳，似乎平淡无奇。但经过10年的持续投资，高收益组合净值为2.96，而持续赢利组合净值为5.46，是前者的1.85倍（见表1-2和图1-4）！

表1-2　高收益组合和持续赢利组合的净值表现

年份	高收益组合：收益率（%）	高收益组合：净值	持续赢利组合：收益率（%）	持续赢利组合：净值
2000	—	1.00	—	1.00
2001	100	2.00	40	1.40
2002	−20	1.60	15	1.61
2003	60	2.56	30	2.09
2004	10	2.82	12	2.34
2005	−30	1.97	10	2.58
2006	5	2.07	15	2.97
2007	50	3.10	25	3.71
2008	−15	2.64	10	4.08
2009	40	3.69	30	5.30
2010	−20	2.96	3	5.46

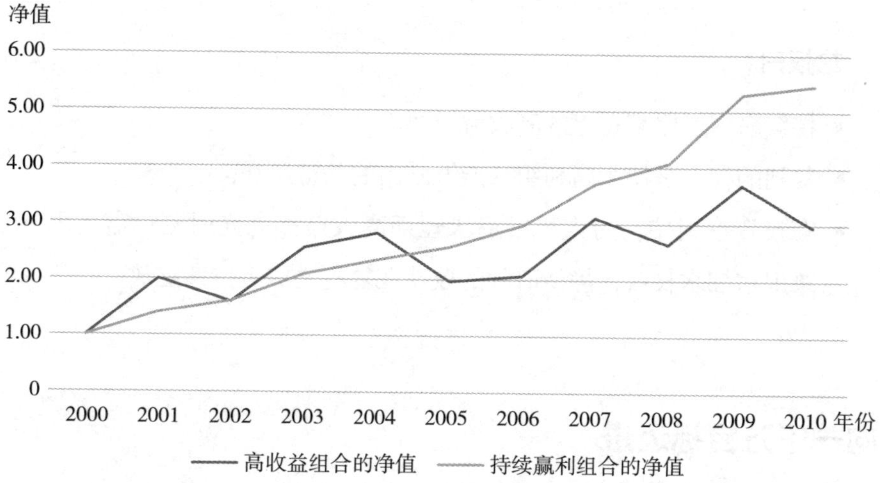

图1-4　高收益组合和持续赢利组合的净值走势

因此，在投资理财中，最难的不是使出几着所谓的“妙手”，而是持续稳定地赢利。简单来说，持续赢利就是牛市能赚钱，熊市也能赚钱或者少亏钱。上一年亏损50%，下一年就要赢利100%才能保本，你说难度大不大？巴菲特创立的伯克希尔-哈撒韦公司在过去40年间创造了年化24%的收益，世所罕见，造就了股神的传奇。某一年或者连续几年创造24%的收益并不难，难的是连续40年保持这样的年化收益。复利在其中发挥着关键作用！当然有人可能会说，持续高收益岂不是更好？理论上是对的，但全世界能够做到的人寥寥无几，这属于统计学上的异常点。合理的选择是，由于高收益和持续赢利很难兼得，我们应把投资的重心放在持续赢利上。这也就决定了我们不同的投资思维方式。

穷人思维要的是短期高收益，大放异彩；而富人思维要的是细水长流，静待时间的玫瑰在复利之株上持续绽放。

龙叔曰：

- 持续赢利远比某几年的高收益重要。
- 复利的存在是持续赢利组合能够胜出的关键所在。
- 在投资理财中，穷人思维追求短期高收益和高光时刻；富人思维追求细水长流，静待时间的玫瑰在复利之株上持续绽放。

向一千万目标迈进

《增广贤文》有云："无志之人常立志，有志之人立长志。"一个目标能否实现，关键在于我们能否矢志不移地朝着既定目标前进。

一个目标能否实现，取决于它是否是定量目标。我们普通人往往倾向于用大而化之的话语来形容我们的目标，以逃避现实。例如，女生常常嚷着的减肥大业，目标是减肥，却没有明确提出今年要减掉多少斤；为了实现这个定量目标，每天运动量是多少，少吃多少食物。这些都是实际的数字。只有将目标分解并定量化，我们才有可能实现，否则它就是一句空谈。

说到赚取财富及实现财务自由之事，我们首先要做的就是给自己定个数量型目标。例如，根据自己的工作技能和资源禀赋，写下财富目标：从现在起××年之内，我的净资产要达到××万元。

实 例

买下特斯拉

我有一个刚工作没多久的朋友，他非常喜欢特斯拉 Model X

的电动车，一直想买一辆，其价格大约为 80 万元。从那时起，他就定下一个目标：三年内攒钱购买人生中第一辆特斯拉。后来我每次看见他，都能感受到他为这个目标努力工作的热情。三年后，他果然实现了他的小目标，将他心爱的特斯拉电动车开回了家！这就是确定量化目标的好处！它能够使你心无旁骛地为实现目标而辛勤工作。如果他当初的目标是买一辆豪车，那么我相信，到现在他也未必能够实现。这就是目标明确化的魅力！

福特汽车公司的创始人亨利·福特从小就对各种机械的工作原理非常感兴趣。在成立福特汽车公司后，他立志要生产出美国普通家庭都买得起的大众性汽车。他始终朝着这个目标努力，最终创立了世界上第一条汽车流水装配线，使汽车生产效率大大提高，汽车成本降到美国普通家庭可以承受的水平。亨利·福特通过不懈的努力，终于达成了他确定的非常明确的目标。

有了一个量化的目标后，坚定不移地执行也很重要。穷人与富人最大的区别是，穷人的财富目标往往摇摆不定。当在前进的路上遇到困难时，穷人想的往往是回避困难、修改目标、降低目标难度，而不考虑自己真正想要的是什么。而富人则不同，首先考虑的是如何解决眼前的困难，以达成最初的目标。美国传奇私募基金黑石集团创始人苏世民在《苏世民：我的经验与教训》一书中说："不管你是要追求大目标还是小目标，需要消耗的时间、精力，还有所面临的困难，其实都一样多。"所以我们从一开始就要设定一个人生中的大目标，比如实现财务自由，然后朝着这个目标持之以恒地努力。很多人终其一生都生活在贫困中，一个主要的问题就是对大目标存在畏惧，遇到困难时随意修改目标。小目标看起来更容易实现，但其实实现小目标与实现大目标所需要的精力是一样的，但两者的收获完全不同。李小龙曾说："我不怕会一万种招式的人，我只怕一种招式练一万遍的对手。"一种是对目标摇摆不定、遇到困难就退缩的人，另一种是咬定青山不放松、为一个目标持续努力的人，你觉得哪种人实现财务自由的可能性更大？你又想成为哪种人？

有梦想是一件很美好的事，但梦想也是廉价的，因为随处可得。你随便去路上询问几个路人，就能知道每个人都有自己的梦想，可见梦想并不稀缺。这个世界最缺的是为梦想而勇敢行动的人！尤其当梦想是实现财务自由这样高难度的目标时，大部分人可能会畏惧不前。勇敢行动意味着未来存在着巨大的不确定性，而人类对不确定性本能上是畏惧和回避的。因为在远古时代，那些对不确定性感到好奇的原始人已经被野兽吃掉了，剩下的都是对不确定性避之不及的原始人。然而，随着人类经济社会的日益复杂，这种原始本能对于我们开创新业务、获得财富却是不利的。就像20世纪80~90年代，辞去体制内的铁饭碗转而做生意的人凤毛麟角，就是因为辞职意味着巨大的不确定性：没有收入来源、不确定生意能否获利等。当然，这还需要克服一个巨大的心理障碍：从人人羡慕的体制内人员变成小摊小贩，必定会承受亲戚朋友或邻居异样的眼光。而后来的事实证明，有一定能力的人，在哪儿都能发光！这就是不确定性带给普通人改变命运的机会。又如，我国A股市场在过去30年的年化复合收益率为12%左右，而1年期存款利率平均值只有4.45%左右；也就是说，30年前的1万元若是买入股票基金，今天价值30万元，而存入银行只有3.7万元，相差7.1倍！

因此，在追求财务自由的路上，勇敢地跨出第一步，为目标开始行动，是取得成功的关键。我们多少人曾无数次地制订计划，然后又推迟计划、修改计划，仿佛只有打造出一个完美的计划，我们才可以付诸行动。实际上，完美的计划是不存在的！任何没有经过实践验证的计划，即使再完美也没有用。因此，在我们通往财务自由的路上，切忌"晚上想想千条路，早上起来走原路"。一个好的计划，永远只会在实践中不断地被优化与修正，以促使你通过行动抵达目的地。小米创始人雷军在公司十周年大会上曾说：“没有任何成功是不冒险的。”诚如是也。

第二章

基金投资入门

什么是基金？2015年版的《中华人民共和国证券投资基金法》指出，证券投资基金（简称基金）由基金管理人（基金公司）管理，基金托管人托管，为基金份额持有人的利益进行证券投资活动。简单来说，基金就是投资人把钱委托给基金公司，然后基金公司代为投资，为投资人获取投资收益，基金公司收取管理费。投资标的是什么呢？可以是股票（包括股权）、债券、存款等证券类资产。

基金募集方式有公开募集和非公开募集。公开募集的基金，叫公募基金，要求募集对象超过200人；非公开募集的基金，叫私募基金，要求募集对象不得超过200人。

老百姓口中常说的“基金”，往往指的是公募基金。因为私募基金销售渠道较窄，投资门槛较高，不太为大众所熟知。所以下面我们所说的“基金”，如果不特别说明，指的就是公募基金。

根据投资范围的不同，基金又可以分为好多种，比如：投资于股票的基金，简称股票基金；投资于债券的基金，简称债券基金；投资于货币类资产（如存款、短期债券、存单等）的基金，简称货币基金。如果能够投资于股票、债券多个类型资产，那么我们称之为混合基金。

聪明的懒人选基金

既然我们可以直接投资股票，为什么还要买基金呢？直接买股票不是更好吗？非也非也！

通过自己的分析研究，买入看好的股票，这是一个最常见的投资方法。不过，这种方法并不适合所有人，而且也不能解决投资中遇到的所有问题。

- 时间精力的投入。投资研究是一件相当耗时耗力的事情，哪怕你具备投资的天赋与技巧，但是时间的投入却是任何人无法替代的。而大部分人都有自己的本职工作（以投资为职业的人除外），这些工作依然占据了你的大部分时间，所以你能够用于做投资研究的时间就会相对少。
- 投资的专业性。在国内数千万的散户中，确实有一小部分的业余投资高手，即所谓的“牛散”，但这群人在散户中的占比太低。与职业投资经理相比，大部分散户除了时间投入不够外，投资技能的掌握、投资方法的专业性都存在较大差距。在与机构投资者的博弈中，他们处于劣势地位。
- 分散度。普通人由于精力有限，也没有庞大的专业研究团队支持，一般购买的股票数量相当有限，10只可能是单人能够购买的数量上限了。但这样的分散度有限，如果持仓中出现一只像乐视、暴风、雏鹰农牧这样的股票，可能就会导致整个持仓组合的净值大幅下跌。
- 投资渠道。尽管散户可以直接买A股股票，但并不是所有证券资产都能由个人直接投资。比如债券，除了极少数在交易所上市的公募债券，绝大部分在银行或交易所的债券，个人是无法直接投资的。此外，美股、港股等股票，贵金属、外汇等金融产品，个人都很难有合适的直接投资渠道。

- 投资金额的门槛。很多工作没多久的白领的积蓄并不多，如果看好贵州茅台这只股票，他们怎么买呢？2020年7月底，贵州茅台股价为1 600元，那么一手（100股）就需要16万元。在这种情况下，很多人可能就会望而却步，生生错失看好的投资机会。

以上所述内容都是个人投资者每天遇到的问题。股市中流传着这样一句话，即散户炒股“七亏二平一赚”，这在很大程度是因为散户没有太多的精力和专业技能去研究股票，而又盲目投资造成的。而购买公募基金，聘请专业的基金公司和基金经理为我们理财，是一种非常智慧的做法（见表2-1）。

表2-1　个人投资者和基金公司的优劣对比

个人投资者	基金公司
时间和精力投入不足	基金公司拥有上百人的投资研究团队，投资、研究分工协作，团体作战，每人平均工作10小时以上
投资专业性缺乏	工作人员具有良好的学历背景，受过良好的科班教育，积累了丰富的市场经验
持仓组合的分散度不够	公募基金有严格的分散度要求，所谓“双十限制”，即每只股票的最高持仓不超过整体持仓的10%；大部分基金的持仓数量至少为几十只到上百只，投资足够分散
直接投资渠道有限	境内境外的各类股票、债券、贵金属、外汇等资产，都能找到对应的公募基金产品
投资金额门槛较高	很多基金的买入门槛都下降到了10元，有的甚至是1元起购

聪明的懒人选基金！只要基金选得好，你就能让专业人士帮你打理钱财，躺着赚钱，这正是基金投资的最大好处！

当然，这并不意味着我们只要投资公募基金，就能稳赢了。在投资之前，我们还需要做足功课，了解各类基金产品的收益与风险特征，并结合自身的风险偏好，找到适合自己的基金，做个“养基人”。

基金到底能不能赚钱

很多人一听到基金，第一反应是“骗人的”“老鼠仓”“瞎投资”等。诚然，国内公募基金行业的规范程度与美国等发达国家尚有差距，“老鼠仓”事件时有发生，让很多散户望而却步。

我们用事实说话，看看过去17年（2003—2019年）间公募基金的实际收益究竟如何。市面上的公募基金多达数千只，用任何一只或几只来代表总收益都是不合适的。因此，我们选用了中证指数有限公司发布的基金指数（包括中证股票型基金指数、中证混合型基金指数）来代表股票型基金的收益表现。另外，我们按照股市大盘基准选取了三个：上证指数、深证成指和万得全A（A股市场的所有股票）。具体情况见表2-2和图2-1。

表2-2 股票型基金与指数对比（2003—2019年）

代码	简称	发布机构	总收益率（%）	年化收益率（%）	年度最大回撤率（%）
H11021.CSI	中证股票型基金指数	中证指数有限公司	716.90	13.15	−51.42
H11022.CSI	中证混合型基金指数	中证指数有限公司	769.64	13.57	−45.40
000001.SH	上证指数	中证指数有限公司	124.66	4.88	−65.39
399001.SH	深证成指	中证指数有限公司	278.02	8.14	−63.36
881001	万得全A	万得信息技术股份有限公司	349.27	9.24	−62.92

数据来源：Wind（万得资讯）。

我们发现，在2003—2019年这17年间，偏股型基金明显跑赢了股市大盘。股票型基金年化收益率达到了13.15%，混合型基金达到了13.57%，而同期的股市大盘均没有超过10%。从数据上看，购买偏股型基金是能够跑赢大盘的，而且年化收益率超过了13%！

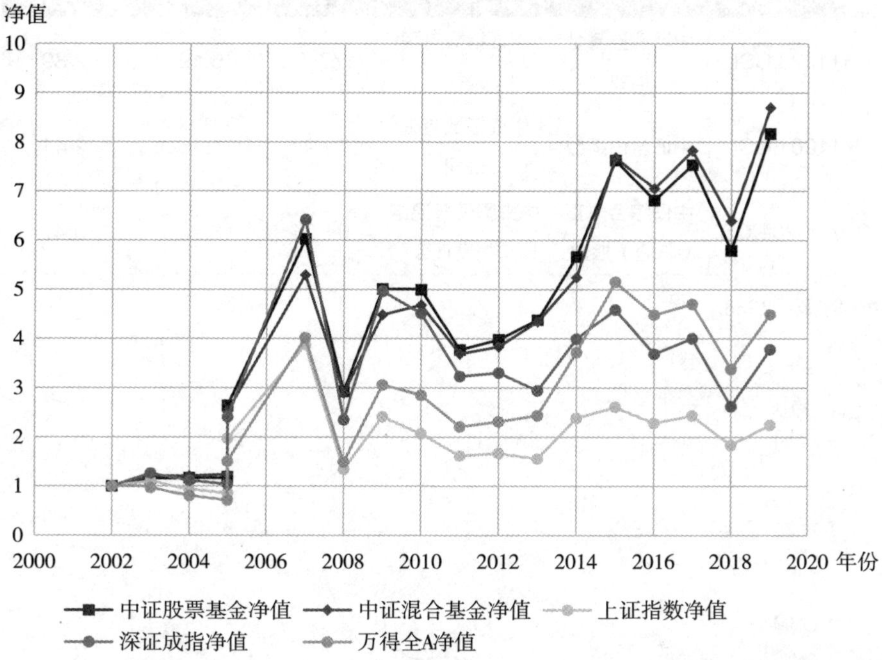

图2-1 股票型基金与指数净值走势（2003—2019年）

数据来源：Wind。

我们再来看波动较小的债券型基金。债券型基金在2003—2019年这17年间，创造了6.19%的年化收益率，而同期的中证全债指数只有4.16%，中债综合财富（总值）指数只有3.98%，债券型基金明显跑赢了债券大盘（见表2-3和图2-2）。

既然投资基金能够赚到钱，那为什么很多基民的直观感受还是不赚钱，甚至是亏钱呢？

表2-3 债券型基金与基准指数对比（2003—2019年）

代码	简称	发布机构	总收益率（%）	年化收益率（%）	年度最大回撤率（%）
H11023.CSI	中证债券基金指数	中证指数有限公司	177.58	6.19	-2.89
H11001.CSI	中证全债指数	中证指数有限公司	99.92	4.16	-2.41
CBA00201.CS	中债综合财富（总值）指数	中央国债登记结算有限责任公司	94.24	3.98	-0.47

数据来源：Wind。

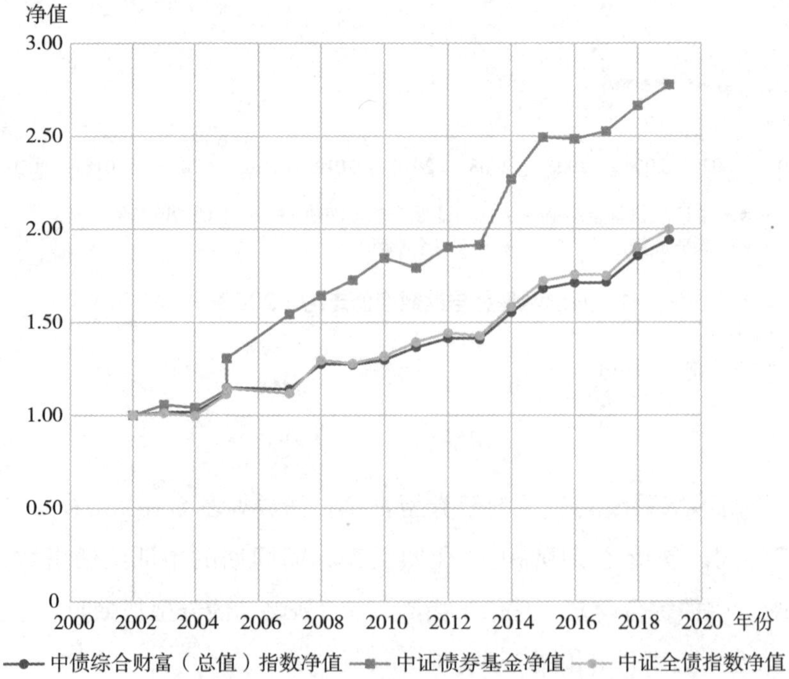

图2-2 债券型基金与基准指数的净值走势（2003—2019年）

数据来源：Wind。

问题在于金融市场尤其是股票市场的高波动！比如，中证股票型基金指数2003—2019年的年化收益率为13.15%，大幅超越了通胀水平，但年度波动巨大——2008年亏损51.42%，2011年亏损24.53%，2016年亏损10.73%，2018年亏损23.17%。这些亏损使得基民很难长期持有一只基金。基民最常见的操作是：在股市涨到中后期的时候，大幅加仓；在股市大幅下跌时，割肉离场，造成永久性亏损。而基金非常容易变现（几个工作日即可赎回到账）的特点，让基民变得容易冲动，频繁进行买卖操作。观察股票基金的规模增长与股市（以沪深300指数为例）走势（见图2-3），你会发现“追涨杀跌”的现象非常明显：在股市泡沫时期，大量资金涌入股票基金；在股市下跌后，基民又大量赎回基金。

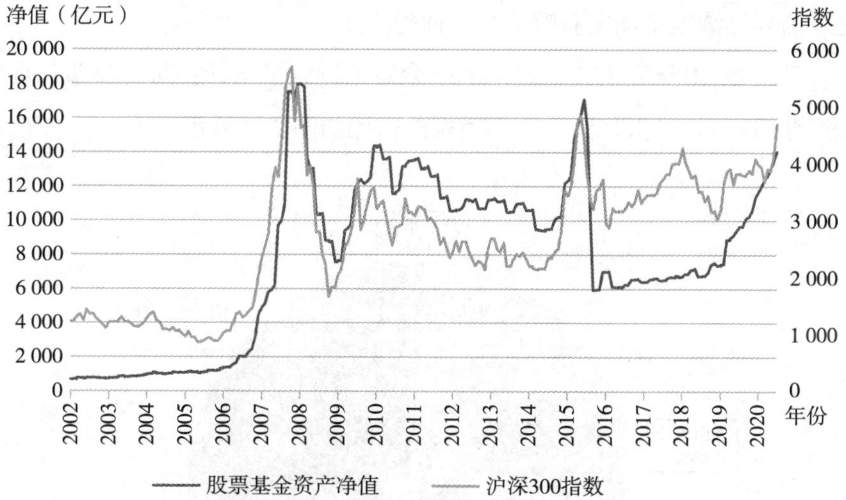

图2-3 股票基金的规模增长与股市走势（2002年1月—2020年7月）

数据来源：东方财富Choice（金融数据平台）。

很多小伙伴过去十几年都通过房产获得了不菲的财富，一个很重要的原因是，房价一直维持着单边持续上涨的格局，几乎没有价格回撤。这使得很多人持续购买房产，并没有像对待基金那样，一出现亏损就抛售。如此这般，很多人都获得了房价上涨的大部分收益。另外，由于房产的流动性远远不如基金，往往需要好几个月才能变现，这客观上也使得购房者更为理性，不会轻易买卖房产。

在投资基金的过程中，只要我们避免“追涨杀跌”式的操作，在熊市中逐步建仓，在牛市中稳步止盈，那么跑赢市场基准、获取10%以上的年化收益率，就是一个很容易达到的目标。

基金种类知多少

市场上的公募基金分为很多种，不同类型的公募基金的收益与风险特征大相径庭。基民最重要的是选择适合自己风险偏好的基金，那么首先就需要弄清楚市场上有哪些基金种类。

我对2020年7月31日之前的基金数据进行了统计：所有公募基金的资产净值为17.44万亿元，不同类型的占比如图2-4所示。

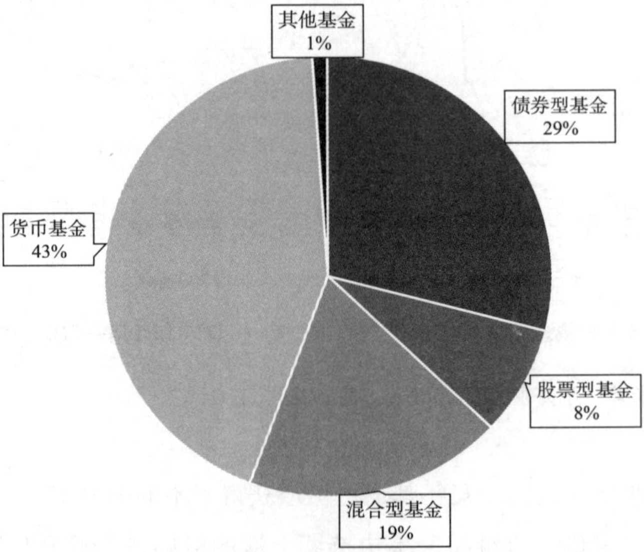

图2-4 各类基金规模占比

数据来源：东方财富Choice。

由于风险极低、流动性好，货币基金占了几乎一半的份额。其次是债券型基金，也占到了近1/3份额。混合型基金是股票、债券都可以投资的混合式基金，占比近20%。纯粹的股票型基金反而占比不高，只有8%。不过这并不意味着股票型基金少，因为很多基金买的都是偏股型混合基金。其他基金主要包括QDII（合格境内机构投资者）基金、商品基金等非主流品种，占比很小。

上述不同的基金类型，在投资标的、收益与风险特征上到底有何不同呢？图2-5简单地展示了不同类型基金的收益与风险特征。总的来说，预期收益越高的基金，其价格波动越大。例如股票基金，长期年化收益率达13%以上，但个别年份会亏损20%～50%。相比而言，货币基金的预期收益不高，基本为2%～4%，但几乎没有风险。

图2-5 各类基金的收益与风险特征对比

当然，上面的基金分类是根据投资标的来划分的。我们也可以从别的维度来划分基金，如图2-6所示。

有一类特殊的基金，叫指数型基金，简称指数基金。它之所以特殊，主要是因为两点：一是指数基金是根据投资方法而不是投资标的来命名的，因此就有债券指数基金、股票指数基金；二是指数基金的持仓是复制某个成熟的市场指数，比如沪深300指数、中证500指数等，因此指数基金往往是被动投资型基金。

还有一些特殊的基金，比如ETF（交易型开放式指数基金）、LOF（上市型开放式基金）、FOF（基金中的基金），龙叔后面会详细介绍。

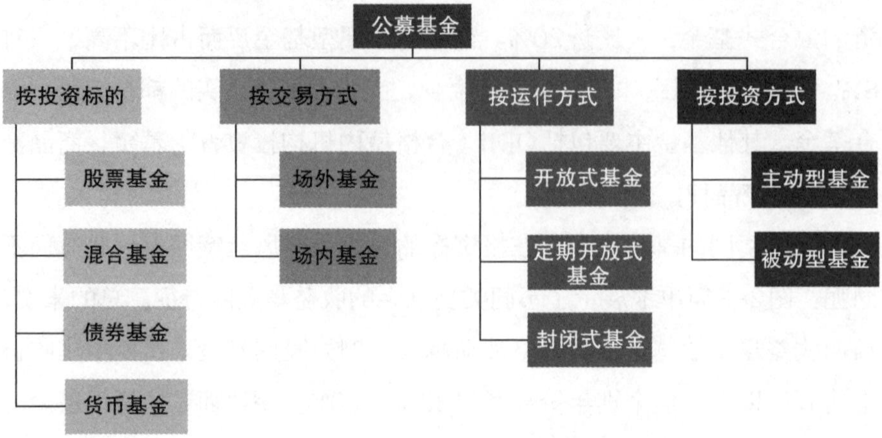

图2-6 不同维度的基金分类

按运作方式

公募基金产品按照运作方式可以分为开放式基金、封闭式基金以及定期开放式基金（简称定开基金）。这些分类都是针对申购赎回限制而言的。

开放式基金是公募基金产品最主要的形式，用户可以每日申购或赎回。以“易方达均衡成长股票”（代码：009341）基金为例，该基金从2020年5月22日成立之后，每日开放申购与赎回。开放式基金对于个人投资者来说，方便了投资和退出，但是对于基金经理来说，加大了组合管理的难度，需要提前应对流动性。根据历史经验，当股市处于熊市时，用户往往大量赎回基金，导致基金持仓被迫在股价底部区域割肉变现，基金经理即使看好投资机会，也没有多余的资金进行配置；当股市处于牛市后期时，大量散户进行申购，这些新进来的资金必须建仓，而建仓成本处于高位。个人投资者这种“追涨杀跌”式的操作，往往会导致开放式基金的收益不尽如人意，这也是很多个人投资者觉得股票基金不容易赚钱的直觉来源。

封闭式基金则正好相反，在产品成立之后进入封闭期，用户无法申购和赎回。一定的封闭期保证了基金经理不受申赎操作的影响，能够专注于中长期的业绩表现，投资业绩更为长期化。封闭期的具体时长取决于基金发行时的合同约定，最常见的是1年、3年等。

当然，即使是开放式基金，在募集成立后的前1~3个月的建仓期，也不允许已经认购的投资者申请赎回。只有等建仓期过了之后，开放式基金才开放赎回申请。

实 例

封闭式基金

汇添富3年封闭竞争优势混合（代码：007639.OF）由汇添富基金公司发行，成立日期是2019年9月4日。该基金为封闭式基金，基金合同生效后三年之内（含三年）为封闭期，在此期间，本基金不办理申购、赎回业务。本基金封闭期届满转为开放式运作后，投资人可在开放日办理基金份额的申购和赎回。在封闭期间，基金经理不用考虑应对流动性，可以安心布局长线投资。截至2020年7月末，该基金取得了32.9%的投资收益率。

汇添富3年封闭竞争优势混合与沪深300指数的净值表现如图2-7所示。

开放式基金允许用户每日申购和赎回，基金经理需要花很多资源与精力应对流动性，不利于长期投资。封闭式基金虽然没有这个问题，但是封闭期较长，很多用户耐性不足。有没有折中的方式呢？有，定开基金。定开基金属于广义上的开放式基金，只不过是定期开放，兼顾中长期投资和用户申赎的诉求。

图2-7 汇添富3年封闭竞争优势混合与沪深300指数的净值表现

实 例

定开基金

汇添富价值创造定开混合（代码：005379.OF）是由汇添富基金公司发行的一款定期开放的偏股型混合基金，成立日期为2018年1月9日。该基金以1年为一个封闭期，在封闭期内，不接受申购与赎回。自每个封闭期结束之后第一个工作日（含该日）起，本基金进入开放期，开始办理申购和赎回等业务。每个开放期不少于5个工作日，不超过20个工作日。

该定开基金从成立日至2020年7月末，其净值累计上涨96.33%，而同期沪深300指数只上涨了9.56%。

汇添富价值创造定开混合与沪深300指数的净值表现如图2-8所示。

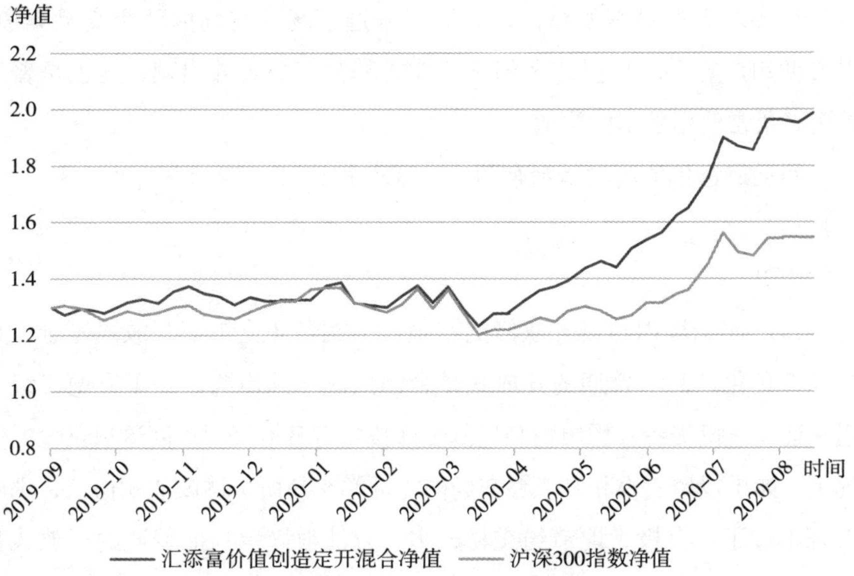

图2-8　汇添富价值创造定开混合与沪深300指数的净值表现

按交易方式

场内基金与场外基金

基金产品的申购或赎回有两个渠道：场内和场外。这里的“场”，指的是证券交易所（包括上交所与深交所）。

大部分基金产品都是从场外申购或赎回的。场外基金的申购和赎回渠道包括基金公司直销平台、银行、券商和第三方销售平台（比如支付宝、微信、天天基金网等）。基金公司在收到你的申购资金后，会帮你完成基金份额的确认。

场内基金则不一样，用户可以通过证券交易所直接购买，和买卖股票的方法一样，输入代码即可。不过，场内基金的购买存在两种方式：一种是通过证券交易所购买（和买股票一样，只是代码不同），买入了别人要卖出的基金份额，基金本身的总份额不变，实际上是二级市场转让；另一种是真的在证券交易所申购，申购完成后，基金总份额会增加。

很多基金产品在发行时，就同时开通了场外与场内两个交易渠道，以方便用户购买。目前，大部分开放式基金都是场外申赎，这也是普通投资者最常使用的申赎渠道。

目前最常见的场内基金有两种：LOF和ETF。

LOF

LOF属于场内与场外双修的基金，中文名叫上市型开放式基金，是中国特色化产品。普通的开放式基金都只能场外申购，并不方便二级市场转让。在投资者A想申购某只基金而投资者B恰好想赎回这只基金的情况下，如果投资者A和B能够在场内（证券交易所）达成买卖协议，那就再好不过了，会极大地节约交易成本。方法很简单：把普通的开放式基金改造一下，待基金成立后，在交易所上市，允许在场内进行转让、申购和赎回。这种可以上市交易（转让、申购和赎回）的开放式基金就叫LOF。所以LOF既可以场外申赎，也可以场内申赎。

实 例

LOF

国泰价值经典混合（代码：160215）是由国泰基金发行的一款LOF，既可以在场外申购，也可以在场内申购。场外申购的方法与普通的开放式基金一样。以支付宝为例，用户在支付宝基金模块中输入代码“160215”，即可申购。

如果是场内二级市场买入，意味着你需要从其他持有这只基金的人手中买入，买入方法和买入股票流程完全相同。在任何一个券商

App（应用软件）中输入代码“160215”，即可购买，具体成交价格以买卖双方撮合为准。

如果是场内申购呢？券商 App 都会有“场内基金”模块，用户可以在其中申购和赎回，代码依然是 160215。这样购买的基金就属于场内基金。

LOF 的三种形态，即场外申购的份额、场内申购的份额、场内二级市场成交的份额，是可以互转的。例如，场内申购的份额可以直接在交易所卖出；场外申购的份额也可以通过转托管，变成场内份额。从交易成本上看，场内二级市场买入费用最低，其次是场外申购（一般申购费会打一折），场内申购最贵（很多时候申购费不打折或折扣很小）。

既然场内和场外的份额可以互转，那么会不会存在价格差，可以套利？这种情况在 LOF 中比较普遍。场外申购份额的净值是按照持仓的公允价值计算的，而场内的二级市场交易是买卖双方报价撮合而成的，两者的价格未必相同，从而存在套利空间。不过，由于转托管需要 2～3 天，套利能否实现是个未知数。

表2-4 LOF的几种申购方式对比

对比项目	场外申购	场内申购	场内二级购买
申购费	1.5%，大部分渠道一折优惠，即0.15%	1.5%，一般不打折或折扣较小	没有申购费，只有券商佣金费用，一般为万分之二到万分之五
确认份额时间	T+1或更长	T+1或更长	T+1
赎回费	根据持有天数而定；一般情况下持有7天以内1.5%，持有2年以上不收取	根据持有天数而定；一般情况下持有7天以内1.5%，持有2年以上不收取	没有赎回费，只有券商佣金费用，一般为万分之二到万分之五
赎回到账时间	T+1或更长	T+1或更长	T+1

ETF

ETF属于场内基金，中文名叫交易型开放式指数基金，是一种在交易所上市交易的开放式基金。ETF的特点是：

- 可以在二级市场买卖，如同买卖股票一样，成交价格根据买卖双方的价格撮合而定。
- 可以申购和赎回，但必须是实物申赎。简单来说，在申购ETF时，你必须先准备好ETF的一揽子股票持仓，然后去找基金公司兑换ETF份额。赎回时也是如此，你拿回来的不是现金，而是一揽子股票。

对于个人投资者来说，实物申购的可操作性不大，毕竟需要准备几十只甚至几百只股票。个人投资者参与ETF，都是在交易所二级市场买卖，操作方法和买卖股票一样（首先需要一个证券账户，然后在券商App中操作），所以ETF实际上是场内基金。对于喜欢投资指数基金的个人来说，ETF是一个不错的投资标的。

绝大部分ETF都是挂钩某一指数的指数基金。目前市场上规模最大的几个ETF如表2-5所示。

表2-5　规模较大的ETF

代码	简称	基金公司	跟踪指数
510050.SH	上证50ETF	华夏基金	上证50指数
510500.SH	中证500ETF	南方基金	中证500指数
510300.SH	沪深300ETF	华泰柏瑞基金	沪深300指数
510330.SH	300ETF基金	华夏基金	沪深300指数
512880.SH	证券ETF	国泰基金	中证全指证券公司指数
159919.SZ	300ETF	嘉实基金	沪深300指数
515050.SH	5GETF	银华基金	中证5G通信主题指数
510180.SH	上证180ETF	华安基金	上证180指数

（续表）

代码	简称	基金公司	跟踪指数
159915.SZ	创业板	易方达基金	创业板指数
159995.SZ	芯片ETF	华夏基金	国证半导体芯片指数
512000.SH	券商ETF	华宝基金	中证全指证券公司指数
159949.SZ	创业板50	华安基金	创业板50指数
512760.SH	芯片ETF	华夏基金	国证半导体芯片指数
512960.SH	央调ETF	博时基金	中证央企结构调整指数
512950.SH	央企改革ETF	华夏基金	中证央企结构调整指数
515000.SH	科技ETF	易方达基金	中证科技50指数

ETF虽好，但是属于场内基金，必须有证券交易账户才能购买。没有在券商开户的个人如何购买ETF呢？基金公司专门推出ETF联接基金，允许场外申购。ETF联接基金的绝大部分资金（90%左右）投资于对应的场内ETF，剩余的小部分（10%左右）用于日常的基金净赎回。

部分ETF及对应的ETF联接基金如表2-6所示。

表2-6　ETF及对应的ETF联接基金

基金公司	ETF		对应ETF联接基金	
	代码	简称	代码	简称
华夏基金	510050.SH	上证50ETF	001051.OF	华夏上证50ETF联接A
南方基金	510500.SH	中证500ETF	160119.OF	南方中证500ETF联接（LOF）A
华泰柏瑞基金	510300.SH	沪深300ETF	460300.OF	华泰柏瑞沪深300ETF联接A
华夏基金	510330.SH	300ETF基金	000051.OF	华夏沪深300ETF联接A
嘉实基金	159919.SZ	300ETF	160706.OF	嘉实沪深300ETF联接（LOF）A
易方达基金	159915.SZ	创业板	110026.OF	易方达创业板ETF联接A

拆解基金名称

在购买基金时，通过基金名称，我们就能大致判断出基金公司、基金类型或行业等信息。比如“汇添富中盘价值精选混合A”（代码：

009548.OF），我们拆解如下：

汇添富	中盘价值精选	混合	A
基金公司： 汇添富基金	主题和风格： 投资于中盘股的价值型股票	基金类型： 混合型基金	份额类型

“农银汇理金穗纯债3个月定开债”（代码：003526.OF），我们拆解如下：

农银汇理	金穗	纯债	3个月定开债
基金公司： 农银汇理基金	基金系列名称	基金类型： 纯债的债券型基金	基金运作方式： 定期开放式，封闭期3个月

“华夏中证5G通信主题ETF”（代码：515050.SH），我们拆解如下：

华夏	中证5G通信主题	ETF
基金公司： 华夏基金	跟踪指数： 中证5G通信主题指数	基金交易方式： ETF

由于挂钩的是中证5G通信主题指数，所以此基金必然是股票型ETF。

“博时现金收益货币A”（代码：050003），我们拆解如下：

博时	现金收益货币	A
基金公司： 博时基金	基金类型： 货币基金	份额类型

“广发理财30天债券A”（代码：270046.OF），我们拆解如下：

广发	理财30天债券	A
基金公司： 广发基金	基金类型： 短期理财债券型基金，最低持有时间为30天	份额类型

基金名称的后缀A、B、C代表什么呢？

货币基金的后缀一般有A和B两种。其中A类的起购金额低，通常100元甚至1元就能购买；而B类的起购金额通常是100万元起（很多要求500万元起），是专门给企业或机构准备的。

实　例

货币基金份额的A类和B类

银华货币A（代码：180008）的规模为448.64亿元（截至2020年6月30日），起购金额为100元。而银华货币B（代码：180009）的规模为4.67亿元，起购金额为500万元。对于个人投资者来说，“银华货币A”更为合适。

对于债券、股票、混合型基金来说，A、B、C的含义又有不同，主要用于费率的区分。A类通常是前端收费，即购买基金时收取申购费，赎回时没有费用。B类通常是后端收费，即申购时不收费，赎回时收取赎回费。C类比较特殊，不收取申购费、赎回费（满足持有期限要求），但是收取销售服务费。

实　例

基金份额的A类、B类和C类

广发基金公司发行的一款偏股型混合基金“广发双擎升级混合”，重点投资于受益于产业升级和消费升级的行业及个股。此基金分为 A、C 两类，如表 2–7 所示。其中“广发双擎升级混合 A”（代码：005911.OF）有申购费、赎回费（持有超过 2 年不收取），但没有销售服务费。而“广发双擎升级混合 C”（代码：009314.OF）没有申购费，持有超过 30 天也不收取赎回费，但有销售服务费，且销售服务费是按年收取的。

表2–7 广发双擎升级混合A与C对比

费用	广发双擎升级混合A	广发双擎升级混合C
申购费	■ 打一折 ■ 申购金额 < 100万元：0.15% ■ 100万元 ≤ 申购金额 < 300万元：0.09% ■ 300万元 ≤ 申购金额 < 500万元：0.03% ■ 申购金额 ≥ 500万元：单笔1 000元	不收取
赎回费	■ 阶梯式 ■ 持有期限 < 7天：1.50% ■ 7天≤持有期限 < 30天：0.75% ■ 30天≤持有期限 < 1年：0.50% ■ 1年≤持有期限 < 2年：0.30% ■ 持有期限≥2年：0	■ 阶梯式 ■ 持有期限 < 7天：1.50% ■ 7天≤持有期限 < 30天：0.50% ■ 持有期限≥30天：0
管理费	1.50%/年	1.50%/年
托管费	0.25%/年	0.25%/年
销售服务费	不收取	0.40%/年

如果你打算长期持有，那么“广发双擎升级混合 A”更为合适，因为持有超过 2 年赎回费可免，而且没有销售服务费。如果你打算短期持有，则“广发双擎升级混合 C”更为合适，毕竟没有申购费、赎回费（持有超过 30 天），而且销售服务费是按年收取的（假设持有 1 个月，则只有 0.03%）。

富国基金发行的“富国新回报灵活配置混合”是一款偏股型混合基金，分成了A、B两类。A类（代码：000841）前端收费，B类（代码：000842）后端收费，如表2-8所示。

表2-8　富国新回报灵活配置混合A与B对比

费用	富国新回报灵活配置混合A	富国新回报灵活配置混合B
申购费	■ 前端收费，打一折 ■ 申购金额＜100万：0.10% ■ 100万元≤申购金额＜500万元：0.06% ■ 申购金额≥500万元：单笔1 000元	■ 后端收费 ■ 持有期限≤1年：1.20% ■ 1年＜持有期限≤3年：0.80% ■ 3年＜持有期限≤5年：0.50% ■ 持有期限＞5年：0%
赎回费	■ 阶梯式 ■ 持有期限＜7天：1.50% ■ 7天≤持有期限＜30天：0.75% ■ 30天≤持有期限＜1年：0.50% ■ 1年≤持有期限＜2年：0.05% ■ 持有期限≥2年：0	■ 阶梯式 ■ 持有期限＜7天：1.50% ■ 7天≤持有期限＜30天：0.75% ■ 30天≤持有期限＜1年：0.50% ■ 1年≤持有期限＜2年：0.05% ■ 持有期限≥2年：0
管理费	0.60%/年	0.60%/年
托管费	0.20%/年	0.20%/年
销售服务费	不收取	不收取

基金的费率

购买基金是有费用的。基金公司提供了资产管理服务，收取一定费用理所当然。

基金费用包括两类：第一类是一次性费用，即只在申购（认购）或赎回的时候发生，只收一次；第二类是持续性费用，即只要继续持有基金，就会每日计提，并从基金财产中扣除（见图2-9）。

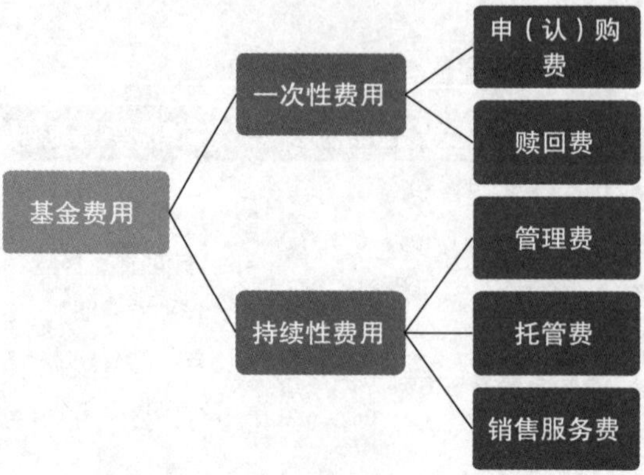

图2-9 基金费用的分类

申（认）购费

申购费是在购买基金时，需要一次性付给基金公司的费用。如果用户是在基金募集时购买基金，叫作认购，认购费本质上和申购费含义相同。不同类型的基金，申购费率差异较大。

有些基金在发行时，专门分成A类和B类。A类属于前端支付申购费，即在用户申购时扣除申购费；B类属于后端支付申购费，即在用户赎回时扣除申购费。后端付费一般都是阶梯式的，用户持有时间越长，申购费越低，这样设计的目的是鼓励投资者长期持有基金。

什么是认购费呢？当一款基金产品第一次募集发行时，你购买它，就称作认购。当它上市后，你再购买它，就称作申购。值得注意的是，认购费往往不打折。所以，如果是同一个基金经理管理的风格类似的基金产品，你要买旧不买新。

赎回费

当用户将持有的基金赎回时，基金公司会一次性收取赎回费。大部分基金产品都会将赎回费设计成阶梯式：持有时间越长，赎回费率越低。

特别值得注意的是，赎回费会部分归属到基金财产。具体归属比例根据不同的赎回费率而定，一般为25%~100%。这就可能造成一种奇观：在某些情况下，一只基金遭遇了巨额赎回，这些巨额的赎回费部分归属到剩余的基金财产，使得基金净值在一天内暴涨。

实 例

阶梯式赎回费

中欧基金发行的“中欧时代先锋股票型基金”，分为中欧时代先锋A（代码：001938）和中欧时代先锋C（代码：004241）。A类与C类的赎回费率如表2-9和表2-10所示。

表2-9 A类份额赎回费率

持有期限（N）	费率（%）
N＜7天	1.50
7天≤N＜30	0.75
30天≤N＜365天	0.50
365天≤N＜730天	0.25
N≥730天	0

表2-10 C类份额赎回费率

持有期限（N）	费率（%）
N<7 天	1.50
7 天≤ N <30 天	1.00
N≥30 天	0

我们可以看到，赎回费率为阶梯式，即持有时间越长，赎回费率越低，从而鼓励投资者长期持有。其中，A 类没有销售服务费，适合长期持有；C 类没有申购费，但有销售服务费，适合一个月以上的中短期投资。

赎回费的归属要根据投资人赎回时的持有时间而定，在基金公司和基金财产之间按比例分配（见表 2-11）。

表2-11　中欧时代先锋股票型基金的赎回费分配

分类	持有时间	赎回费分配
A类	持有期限＜30天	将赎回费全部计入基金财产
	30天≤持有期限＜3个月	将不低于赎回费总额的 75% 计入基金财产
	3个月≤持有期限＜6个月	将不低于赎回费总额的 50% 计入基金财产
	持有期限≥6个月	将不低于赎回费总额的 25% 计入基金财产，未归入基金财产的部分用于支付登记费和其他必要的手续费
C类	—	将赎回费全部计入基金财产

在极端情况下，如果某只基金的大部分份额在持有时间不长的情况下遭遇大量赎回，那么会造成一种奇观：由于高额赎回费的大部分计入了基金财产，导致基金净值暴增，剩余的持有人躺赢！

例如，鹏华基金旗下的“鹏华弘达混合 A”（代码：003142）在 2017 年 4 月 17 日遭遇大量赎回，而巨额的赎回费归属基金财产，导致剩余基金份额的单位净值暴涨，从 2017 年 4 月 17 日的 1.045 4 暴涨到 4 月 20 日的 2.070 9，3 天暴涨 98.1%。

管理费

管理费是投资人支付给基金公司的资产管理服务费用。在实际计算时，基金公司每日计提管理费，直接从基金净值中扣除。管理费一般不打折。

托管费

基金产品的运作资金是需要在某家银行（或证券公司）开设一个单独的资金托管账户的，以防止基金公司挪用资金。托管行会对托管服务收取托管费。所以，托管费不是基金公司收取的费用，而是托管行收取的费用。不过，托管费由基金公司代收，每日计提，直接从基金净值中扣除。

销售服务费

基金产品的销售，除了基金公司直销，在很大程度上依赖于基金代销渠道。银行、证券公司、第三方平台（支付宝、微信、天天基金网等）都是常见的基金代销平台。销售服务费用于支付销售机构佣金、基金的营销费用以及基金份额持有人服务费等。销售服务费也是从基金净值中直接扣除。

表2-12所示的是各类基金典型的各项费率。

表 2-12　各类基金典型的费率

费用	货币基金（%）	债券基金（%）	混合基金（%）	股票基金（%）	指数基金（%）
申购费（折扣前）	0	0.4~0.8	1.0~1.5	1.5	1.2
赎回费	0	1.5	1.5	1.5	1.5
管理费	0.15~0.33	0.5~0.8	0.5-1.5	1.5	0.5
托管费	0.05~0.10	0.05~0.20	0.05~0.25	0.20~0.25	0.1
销售服务费	0.10~0.25	0~0.40	0~0.40	0~0.40	0~0.40

注：①上述各类费率都是典型的费率区间，具体费率还需要看具体的基金产品规定。

②申购费一般可以打一折，认购费往往不打折，因此买老基金比买新发基金要节约费用。

如何申购基金

基金的申购（或认购）渠道有很多：基金公司直销平台、银行、券商、第三方基金销售平台。这些渠道各自有什么优劣势呢？

从费率上看，基金公司直销平台和第三方基金销售平台最为优惠，申购费最多能打一折。例如，股票基金或混合基金的原始申购费率为1.5%，打一折之后变成了0.15%。不过基金公司直销平台也有一个巨大的劣势，即只能购买自家的基金产品。你如果想买5家基金公司的产品，就得在5家基金公司分别开户，十分麻烦。而第三方基金销售平台往往集成了市场上绝大部分的基金产品，费率又低，属于非常好的选择。

从市场销售份额上看，银行占据了主要份额。既然银行的费率特别高，申购费很少打折，那么为什么银行的销售份额还最高呢？因为银行的销售渠道优势太明显，而且不用单独开户，所以很多人仍然会选择在银行购买基金。另外，老百姓觉得银行代理的产品更安全，更倾向于在银行购买基金，即使银行的费率更高（见表2-13）。

表2-13 基金申购渠道比较

购买渠道	优势	劣势
基金公司直销平台	交易费用很低；申购费打折，很多产品是零申购费	只能购买自家的产品
银行	基金产品丰富；代开户简单	费率高，很多产品的申购费不打折
券商	在券商App操作，简便	不同的券商和基金，费率打折不尽相同
第三方基金销售平台	基金产品丰富；费率很低；申购费基本打一折	需要有单独的第三方账户

基金的申购与赎回

对于一款已经上市的基金产品，我们的购买行为叫作“申购”。对于一款正在募集资金的基金产品，我们的购买行为叫作“认购”。我们将持有的基金份额卖出，专业说法是“赎回”。当然，这里的说法主要针对场外基金。场内基金除了可以在场内申购与赎回之外，还可以在二级市场买卖，这种情况叫“交易”。

我们关心的是，申购与赎回的周期有多长？这涉及一个概念：T日。

什么是“T日”？如果我们在交易日15：00之前申购了一只基金，则申购当日即为T日。如果我们在当天15：00之后申购了一只基金，则下一交易日算作T日。

在T日申购完毕之后，基金的单位净值在当天闭市之后就能算出。在T+1日，基金公司会根据前一日的单位净值，计算你的申购资金所对应的份额。因此，在T+1日，你就能查询到你所得的份额；在T+2日，你就有权卖出你的基金份额了。

赎回也是类似流程。你在T日操作赎回申请后，基金公司会在T+1日为你办理扣除权益的登记手续。具体资金什么时候能够到账，取决于不同的产品。货币基金比较快，一般T+1日即能到账；而债券基金、股票基金、混合基金，在T+2～T+4日到账。如果是QDII基金，则时间更长。

内地与香港互认基金的赎回情况：T日申请赎回，T+2日予以确认，T+3日可查询赎回是否成功；赎回资金的到账时间为T+10日内。注意，内地与香港互认基金的交易日为内地和香港的共同交易日。

关于申赎的流程关键点如下：

- “T日”中的日，指的都是交易日（证券交易所开市）。如果9月30日是T日，则T+1日就是10月8日。
- 如果是当天15：00之前操作的申赎，则申赎当日算作T日；如果是当天15：00之后操作的申赎，则下一交易日是T日，即下一个交易日申赎有效。
- 不管是申购还是赎回，一般都是T+1日确认份额或扣除份额。具体资金何时到账，取决于具体的产品类型。

基金的典型申购与赎回流程如图2-10所示。

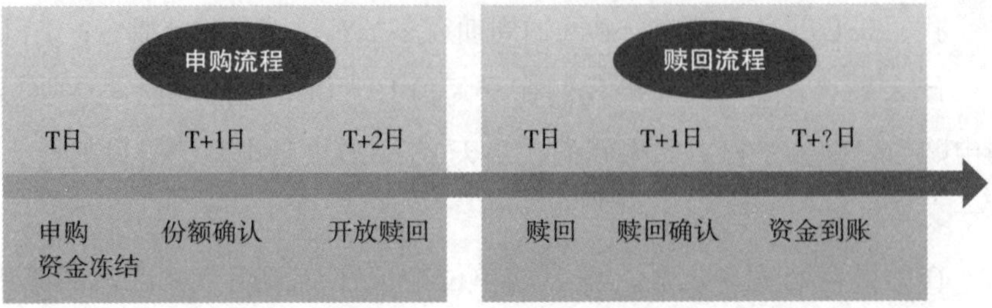

图2-10　基金的典型申购与赎回流程

实　例

基金的申购与赎回流程

2020年8月28日（周五）10:00，你申购了华夏基金的“华夏红利混合”（代码：002011），金额为1万元。当天下午16:00，你又申购了此只基金，金额为2万元。

第一笔申购资金，T日（2020年8月28日）生效，份额登记确认时间为T+1日，即2020年8月31日（周一）。在T+2日，即2020年9月1日（周二），此笔资金开放赎回。

第二笔申购资金，T日为2020年8月31日（周一），份额登记确认时间为T+1日，即2020年9月1日（周二）。在T+2日，即2020年9月2日（周三），此笔资金开放赎回。

基金的份额、净值与分红

份额与净值的计算

在申购一只基金时，我们往往会听到一句话："金额申购、份额赎回。"这句话的意思是：在申购基金时，我们只能确定申购的金额（比如10万元），并不知道能获得多少份额，因为申购所对应的净值还没算出来；在赎回基金时，我们所持有的份额是确定的，但赎回所对应的净值也没算出来，因此我们并不知道能够赎回多少金额。申购和赎回的动作，引出了基金产品中最重要的两个概念：份额与净值。

不管是股票基金、债券基金还是混合基金，在发行募集时，其初始单位净值都是1.0元（个别的可能有例外）。假设基金A最初募集了2亿元，则基金A的初始份额正好为2亿份。募集期结束后，基金开始运作并建仓。随着持仓资产的涨跌，基金的净资产会每日波动，对应的基金单位净值也会波动，但份额不会改变。

$$基金的单位净值=\frac{基金净资产}{基金总份额}$$

假设基金A的净值随后上涨了20%，从1.0元上涨到1.2元。在第二天上午，你申购了10万元的基金A，打折后的申购费率为0.15%。那么，你能够获得多少份额呢？

在当天上午购买时，你并不知道能够获得多少份额，因为当日的净值要等当晚闭市后才能算出结果。假设当晚净值从昨日的1.2元上涨到1.25元：

第一步，计算你的净申购金额，即扣除申购费之后的金额。

$$净申购金额=\frac{申购金额}{1+申购费率}=\frac{100\ 000}{1+0.15\%}\approx 99\ 850.22$$

很多小伙伴可能会感到奇怪：申购费为什么不是按照"申购金额"直接乘以申购费率来计算呢？因为申购费是按照净申购份额收取的，因此：

$$申购费=净申购金额\times 申购费率=99\ 850.22\times 0.15\%$$

投资者需要付出的总金额为：

$$总金额=净申购金额+申购费=99\ 850.22\times(1+0.15\%)\approx 100\ 000$$

因此，当我们付出10万元去申购基金A时，10万元其实是包含申购费在内的总打包金额。

第二步，计算你的净申购金额能够获得多少份额。

$$申购份额=\frac{净申购金额}{申购当日基金的单位净值}=\frac{99\ 850.22}{1.25}=79\ 880.176$$

这个申购份额就是你一直持有的份额，在你持有期间保持不变，你的收益主要源于基金单位净值的增长。

*N*天之后的一个上午，你赎回了全部的份额。在赎回时，你并不知道能赎回多少金额，因为当日的净值要等当晚闭市后才能确定。假设当晚的净值为1.34元，则你能够赎回的总金额为：

$$赎回总金额=赎回份额\times 赎回当日基金的单位净值=79\ 880.176\times 1.34\approx 107\ 039.44$$

这是不是你能够拿到的实际金额呢？不一定，因为这个金额还未扣除赎回费。当然，现在很多基金的赎回费都和持有时间挂钩，持有时间越长，赎回费越低。假设你赎回时对应的赎回费率是0.5%，则：

$$净赎回金额=赎回总金额-赎回费=107\ 039.44\times(1-0.5\%)\approx 106\ 504.24$$

很多基金在发行时就分成A、B、C等类别，以区分不同的投资门槛和费率结构。这些不同类型的基金所对应的资金，都是汇集在一起统一进行投资管理的。但申购金额对应的份额都是按照基金类型单独计算的，因为不同类型基金的费率是不一样的。赎回时也是如此，赎回金额根据对应基金类型进行独立计算。

上述的“金额申购、份额赎回”规则，适用于除了货币基金以外的公募基金。货币基金的申赎规则比较特殊，其单位净值永远是1.0，每日的收益自动转作份额（红利再投资）。所以在购买了一只货币基金后，你会发现份额在不断增长，但净值不变。具体的规则在对应的货币基金章节会有详细介绍。

实 例

基金申赎的份额计算

南方基金旗下的“南方优选成长混合”是一款偏股型混合基金，分为A、C两类。截至2020年8月7日，“南方优选成长混合A”（代码：202023）有5.16亿份，规模为20.15亿元，单位净值为4.385；“南方优选成长混合C”（代码：005206）有0.89亿份，规模为3.40亿元，单位净值为4.261 0。由此可见，A、C两类的份额是单独管理的，净值也可能不同。不过，“南方优选成长混合”总的净资产为23.55亿元，A、C两类募集到的资金都汇集在一起进行统一的投资管理。

净值是否越低越便宜

很多个人投资者对基金净值有一种误解：净值越低的基金越便宜。所以很多人都去抢购新发的基金，因为新发基金的净值是1.0，这在牛市中尤为常见。

其实，基金便宜与否、是否值得投资，与单位净值没有任何关系！

基金的净值，反映的是这只基金的历史业绩增长。净值高的基金，说明它过去积累了很多的盈利，体现为净值上涨。而净值低的基金，要么是新发基金，要么是过去亏损较多，要么是把积累的盈利通过分红都分给投资人了。

一只基金便宜与否，与购入这只基金时你的持仓成本有关。当股市处于泡沫顶端时，你购入任何一只基金（不管净值如何），你的持仓成本都非常高，你很可能做了接盘侠。

实 例

净值高低与股市收益

2015 年 5 月，A 股逐渐走向泡沫顶端，基金公司发行的爆款基金层出不穷。富国基金的富国改革动力混合（代码：001349）于 2015 年 5 月 20 日发行，募集资金 132 亿元，成为爆款基金，初始基金净值为 1.0。但随后 A 股泡沫破灭，股市暴跌，该只基金净值从 1.0 下跌到 0.616 0，下跌近 40%（见图 2-11）。

图2-11 富国改革动力混合的单位净值走势（2015年5月—2020年8月）

作为对比，景顺长城基金的一只老基金——景顺长城内需增长混合（代码：260104）成立于2004年，至今已有16年多的历史。这只基金依靠长期积累的盈利，单位净值高达10.0左右。在很多人眼里，这只基金属于“贵”的基金。但是如前所述，基金贵不贵，与单位净值没有任何关系。如果我们使用后复权（把基金分红考虑进去），该基金的单位净值就会从2004年6月25日初始的1.0增长到2020年8月初的20.527 0，16年间增长了近20倍（见图2-12）！

图2-12　景顺长城内需增长混合的单位净值走势（2004年6月—2020年8月）

当然，这不是说“景顺长城内需增长混合”的表现一定比“富国改革动力混合”优秀。这个例子只是为了说明，基金便不便宜、赚不赚钱与单位净值没关系。

基金的分红

基金分红就是把一部分基金收益以现金方式返还给投资者，基金的单位净值下降，但新净值和分红金额的总和与原有净值相等。所以，基金分红就是一种左口袋倒右口袋的操作，对基金收益没有本质的影响。

既然如此，很多基金公司为什么还热衷于频繁分红呢？这是出于以下考虑：

- 降低原有净值。比如原有净值为1.2元，分红0.2元，则新净值变成了1.0元。如前所述，净值不影响基金的价格，那为什么还有很多基金公司热衷于分红以降低净值呢？这是因为社会上有很多个人投资者仍然抱有“净值低的基金更便宜”的幻觉，他们偏向于购买低净值的产品。如果一只基金的单位净值高于1.0元，那么通过分红降低净值，它能够吸引更多投资者申购。
- 投资收益的幻觉。假设你持有一只基金，且在持有期间该基金的净值不断上涨，你很开心，但如果不赎回，你直观上是感受不到盈利带来的冲击的。如果基金公司会给你分红，让你的账上时不时有现金流入，就会让你产生一种持续赢利的收益幻觉，提高你对该基金的满意度。心理学的研究表明，每个月给你10元所带来的幸福感，远远大于一年一次性给你120元。
- 基金减仓的需要。原则上，股票基金的最低持仓不能低于80%，偏股型混合基金的股票最低持仓不能低于60%。如果基金经理不看好后市行情，那么如何减仓呢？基金分红是一个很好的方式。假设一只基金募集了10亿元，初始净值为1.0元。过了一年，该基金净值上涨到1.5元，基金净资产为15亿元。基金经理如果不看好后市行情，可以将净值1.5元中的0.5元以现金分红方式返还给投资者。分红完毕后，基金新净值为1.0元，净资产为10亿元，分红现金为5亿元，基金规模缩减了三分之一。虽然存量的10亿元仍然需要遵守最低持仓比例要求，但分红出去的现金不受股市波动影响。如果后市行情果真开始下跌，基金投资者并不会受到太大影响，毕竟已经有50%的资金返回账上了。基金评级公司进行业绩评定时会考虑现金分红的情况，因此这种熊市前减仓的行为，肯定能够提升基金总体的业绩回报率。不过，基金公司是按照管理规模收取固定管理费的，它是否愿意主动减少管理规模，是个很大的疑问。

基金分红就是把部分剩余盈利以现金方式返还给投资者，投资者落袋为安，投资者的实际基金持仓规模会缩减。如果投资者看好后市行情，并不想要这些现金，想要继续投资基金，那么他该怎么办呢？

最简单的办法就是，再把这些分红的现金用于购买这只基金。但是这会产生两个麻烦：一是需要再支付一笔申购费；二是需要手工操作，投资者可能会忘记。

基金公司为此给投资者提供了两种分红方式：一是现金分红，这也是默认的分红方式；二是红利再投资，由基金托管人直接将现金红利自动转为基金份额，不收取申购费。在申购基金时，你可以选择任意一种分红方式。

基金的各种约束

公募基金是目前市场上监管最严格、信息披露最完善、最透明的产品之一。所以投资公募基金有一个好处，即投资比较透明，资金被私自乱投的可能性很小。当然，与美国等发达市场相比，我国的监管制度还不够完善，公募基金“老鼠仓”、利益输送的事件常有发生，基金经理的职业操守有待提高。尽管如此，公募基金仍然是目前国内主流金融产品中最为透明的产品之一。这主要得益于监管部门通过各类法规对基金公司和基金产品进行了严格的制度约束。了解其中一些重要的约束规则，对我们进行基金投资大有裨益。

持仓限制

公募基金对持仓分散度有着严格要求，不仅针对每只基金产品，而且针对整个基金公司的持仓占比，其中最著名的当属“双十限制”。《公开募集证券投资基金运作管理办法》（2015年）中有明确规定：

第三十二条　基金管理人运用基金财产进行证券投资，不得有下列情形：

（一）一只基金持有一家公司发行的证券，其市值超过基金资产净值的百分之十；

（二）同一基金管理人管理的全部基金持有一家公司发行的证券，超过该证券的百分之十；

……

也就是说，一只基金，任何一只股票（债券）持仓都不能超过基金净资产的10%；同时，一家基金公司旗下所有的基金产品，任何一只股票（债券）汇总持仓也不能超过这只股票（债券）总量的10%。

所以我们查看任何一只基金的持仓明细，最高的肯定不能超过10%。

这里有个漏洞：一家基金公司持仓某一只股票，不能超过这只股票总量的10%。这个总量指的是总市值，而不是流通市值。有的股票总量很大，但流通比例不高。这样，基金公司即使持仓不超过总量的10%，也有可能占流动量的比例很高，很容易操纵股价！

因此，2017年，《公开募集开放式证券投资基金流动性风险管理规定》对公募基金持仓做了进一步限制。

第十五条　同一基金管理人管理的全部开放式基金持有一家上市公

司发行的可流通股票，不得超过该上市公司可流通股票的15%；同一基金管理人管理的全部投资组合持有一家上市公司发行的可流通股票，不得超过该上市公司可流通股票的30%。

……

监管部门之所以对公募基金做出严格的持仓限制：一是为了提高投资分散度，防止基金净值的大幅波动；二是为了防止基金公司对某只股票流通形成决定性影响，操纵股价。这些对于我们个人投资者而言，都是有利的。

信息披露

《中华人民共和国证券投资基金法》（2015年）规定，公募基金需要公开披露的信息如下所示：

第七十六条　公开披露的基金信息包括：

（一）基金招募说明书、基金合同、基金托管协议；

（二）基金募集情况；

（三）基金份额上市交易公告书；

（四）基金资产净值、基金份额净值；

（五）基金份额申购、赎回价格；

（六）基金财产的资产组合季度报告、财务会计报告及中期和年度基金报告；

（七）临时报告；

（八）基金份额持有人大会决议；

（九）基金管理人、基金托管人的专门基金托管部门的重大人事变动；

（十）涉及基金财产、基金管理业务、基金托管业务的诉讼或者仲裁；

（十一）国务院证券监督管理机构规定应予披露的其他信息。

除了份额、净值等每日肯定要披露的信息之外，还有一个很重要的信息是：基金财产的资产组合季度报告、财务会计报告及中期和年度基金报告。也就是说，每个季度末的基金运作情况，包括持仓分布、前十大权重持仓等重要信息，都需要公开披露。这对我们了解基金的运作细节有着非常重要的意义。据此，我们可以得知基金经理在重仓什么股票（债券）、最近的投资风格及收益来源等。

每只基金的定期报告，我们都可以通过基金公司官网、第三方基金平台、金融资讯终端等渠道获得。

实 例

基金产品定期披露的报告

嘉实基金旗下的“嘉实新兴产业股”（代码：000751）是股票型基金。根据2020年第二季度报告，其基金资产组合情况如表2-14所示。

表2-14 “嘉实新兴产业股”基金资产组合（2020年第二季度）

序号	项目	金额（元）	占基金总资产的比例（%）
1	权益投资	8 564 296 826.64	89.42
	其中：股票	8 564 296 826.64	89.42
2	基金投资	—	—
3	固定收益投资	32 756 450.00	0.34
	其中：债券	32 756 450.00	0.34
	资产支持证券	—	—
4	贵金属投资	—	—
5	金融衍生品投资	—	—
6	买入返售金融资产	—	—

（续表）

序号	项目	金额（元）	占基金总资产的比例（%）
	其中：买断式回购的买入返售金融资产	—	—
7	银行存款和结算备付金合计	742 716 870.91	7.75
8	其他资产	238 090 997.84	2.49
9	合计	9 577 861 145.39	100.00

其前十大股票持仓如表2-15所示。

表2-15 “嘉实新兴产业股”基金前十大股票持仓（2020年第二季度）

序号	股票代码	股票名称	数量（股）	公允价值（元）	占基金资产净值比例（%）
1	002410	广联达	7 273 799	506 983 790.30	5.45
2	600763	通策医疗	3 036 232	506 352 410.64	5.44
3	600570	恒生电子	4 492 473	483 839 342.10	5.20
4	300012	华测检测	23 521 444	464 783 733.44	5.00
5	300285	国瓷材料	12 843 772	430 394 799.72	4.63
6	300124	汇川技术	11 207 730	425 781 662.70	4.58
7	300760	迈瑞医疗	1 223 936	374 157 235.20	4.02
8	000063	中兴通讯	7 787 435	312 509 766.55	3.36
9	300357	我武生物	4 957 147	308 582 400.75	3.32
10	600703	三安光电	12 224 508	305 612 700.00	3.29

由此可见，该基金近90%的持仓都为股票，符合股票基金的属性。另外，其重仓股以TMT（科技、媒体和通信）、医药、新材料为主，也符合其“新兴产业”定位。

基金公司

一般来说，基金公司历史越悠久、管理规模越大，其投资研究实力（简称投研实力）越强，旗下的基金表现越稳健。当然，这也不是绝对的。很多中小型基金公司走的是精品基金、特色基金路线，会在某个局部领域（如股票或债券）成为市场领先者。我们根据Wind提供的2020年第二季度末的数据，列出了规模排名前30的基金公司（见表2-16）。

表2-16　基金公司管理规模排名（非货币型）

序号	基金公司	基金资产净值（亿元）
1	易方达基金管理有限公司	5 267.28
2	广发基金管理有限公司	4 025.58
3	华夏基金管理有限公司	3 999.92
4	博时基金管理有限公司	3 883.91
5	南方基金管理股份有限公司	3 683.21
6	汇添富基金管理股份有限公司	3 500.67
7	富国基金管理有限公司	2 941.83
8	中银基金管理有限公司	2 795.26
9	工银瑞信基金管理有限公司	2 685.48
10	招商基金管理有限公司	2 642.06
11	嘉实基金管理有限公司	2 593.60
12	鹏华基金管理有限公司	2 306.69
13	华安基金管理有限公司	2 099.95
14	交银施罗德基金管理有限公司	1 947.70
15	平安基金管理有限公司	1 931.21
16	中欧基金管理有限公司	1 928.88
17	银华基金管理股份有限公司	1 824.68
18	兴证全球基金管理有限公司	1 712.87
19	国泰基金管理有限公司	1 695.15

（续表）

序号	基金公司	基金资产净值（亿元）
20	农银汇理基金管理有限公司	1 529.97
21	景顺长城基金管理有限公司	1 483.88
22	建信基金管理有限责任公司	1 434.32
23	永赢基金管理有限公司	1 381.04
24	国寿安保基金管理有限公司	1 350.68
25	兴业基金管理有限公司	1 258.11
26	上海东方证券资产管理有限公司	1 252.89
27	民生加银基金管理有限公司	1 198.66
28	天弘基金管理有限公司	1 009.99
29	大成基金管理有限公司	1 006.36
30	中银国际证券股份有限公司	994.38

注：数据截至2020年第二季度末。

数据来源：Wind。

这里的规模排名是扣除掉货币基金之后的规模排名，为什么这样做呢？其实在2018年之前，市场一直是根据总管理规模对基金公司进行排名的。货币基金属于流动性管理工具，对投研能力的要求不高，而且很容易上量。各大基金公司为了争夺排名，疯狂地做大货币基金，既扭曲了排名的意义，又埋下了系统性金融风险的隐患。为此，基金业协会从2018年起，取消对货币市场基金规模的评价和基金管理人货币基金资产的规模披露。扣除货币基金后的管理规模更能客观反映基金公司的管理实力。

短期理财型基金虽然不属于货币基金，但其实也是短期流动性工具，只不过它的投资限制比货币基金稍微宽松一些。最客观的规模排名，应该是同时把货币基金和短期理财型基金扣除。

对于规模排名靠前的基金公司，龙叔对它们进行了简单的分类。

“老十家”基金公司

国内公募基金行业始于1998年，第一批的十家基金公司均成立于1998—1999年，因此被称作“老十家”（见表2-17）。

表2-17 “老十家”基金公司简介

基金公司	说明
华夏基金	成立于1998年，总部北京。业界久负盛名的基金公司，涌现了王亚伟、江晖、孙建冬等明星基金经理，其管理规模和投研实力长期居市场第一名。但2012年之后，公司经历高层震荡、明星基金经理出走、货币基金流动性危机等事件，实力有所下降。传统强项是权益类投资
南方基金	成立于1998年，总部深圳。发行了国内第一只规范的封闭式证券投资基金，属于元老级的基金公司
嘉实基金	成立于1999年，总部北京
博时基金	成立于1998年，总部深圳。曾经一度很辉煌，培养过詹凌蔚、夏春、邓晓峰等明星基金经理，但近些年发展稍显平淡
鹏华基金	成立于1998年，总部深圳。业务发展中规中矩
富国基金	成立于1999年，总部上海。投研实力强于销售能力
大成基金	成立于1999年，总部深圳。在2010年左右有过短期的辉煌战绩，凭借重仓消费股，股票基金业绩表现亮眼。但随后接连受双汇瘦肉精、重庆啤酒疫苗等事件影响，管理层和基金经理震荡，近些年发展稍显平淡
国泰基金	成立于1998年，总部北京。业务发展中规中矩
长盛基金	成立于1999年，总部北京。业务发展中规中矩
华安基金	成立于1998年，总部上海。产品创新力较强，多个产品开行业风气之先

银行系基金公司

银行系基金公司是近些年涌现的基金公司，得益于银行股东的资金支持，管理规模上升速度很快。银行系基金公司的特点是，大股东支持力度较大，管理规模比较稳定，但其激励机制往往不如其他类型的基金公司，因此发展比较稳健保守（见表2-18）。

表2-18　部分银行系基金公司

基金公司	大股东
中银基金	中国银行
工银瑞信基金	工商银行
招商基金	招商银行
交银施罗德基金	交通银行
农银汇理基金	农业银行
建信基金	建设银行
兴业基金	兴业银行
民生加银基金	民生银行
浦银安盛基金	浦发银行

其他知名基金公司

易方达基金近年来的管理规模（非货币型）一直排在第一。易方达基金的投研实力和销售能力都很突出，薪酬激励机制极具竞争力，吸引了一大批优秀的基金经理，涌现了诸如萧楠、张坤、冯波等明星基金经理。

广发基金与易方达基金同处广州，大股东为广发证券，属于广州的基金双雄。

汇添富基金总部位于上海，专注于权益类投资，在市场上被誉为“选股专家”，旗下拥有胡昕炜、雷鸣等明星基金经理。

中欧基金成立较晚，于2006年创立于上海。中欧基金是国内首批员工持股的基金公司之一，并且实行国资、外资、民企、员工持股的混合所有制，从制度上激励核心骨干。因此，中欧基金的管理规模增长较快，到2020年上半年，管理规模（非货币型）已接近2 000亿元。

兴证全球基金原名为“兴全基金”，2020年改成了现在的名字。兴证全球基金的特色是做精品基金，旗下基金数量只有32只，但管理规模高达1 700多亿元（2020年上半年末数据）。兴证全球基金成立至今，涌现了杨东、杜昌勇、王晓明、傅鹏博、谢治宇、董承非等诸多明星基金经理，投资风格独树一帜。

目前，天弘基金是管理总规模（包括货币基金）排名第一的基金公司，但其规模主要由余额宝货币基金构成（超过1万亿元）。扣除货币基金后，天弘基金的管理规模不大，在千亿级别。

基金评级和奖项

基金评级

目前基金公司有130多家，发行的各类基金产品总计一万只左右。在如此琳琅满目的基金产品中，个人投资者该如何挑选到适合自己的基金呢？依靠基金评级公司。

基金评级公司会对市场上的主流基金产品进行评级评分，并推出各类基金排行榜，以便投资者快速挑选。这就像酒店的星级评定一样，无论是硬件设施还是服务质量，五星级酒店大概率都是超过三星级酒店的，当然住宿费用也更高。基金产品的评级和酒店星级评定略有差别：其一，对基金产品的评级主要依赖于该产品的历史业绩和净值波动特征，但历史业绩不能代表未来，一只过去业绩辉煌的基金，也可能在未来几年表现得不尽如人意；其二，五星级基金产品的费用和同类产品基本是一样的，并不会出现管理费率更高的现象——这是由公募基金的业务模式所决定的，即基金公司主要收取固定的管理费，而非业绩提成。

尽管如此，基金评级还是非常有用的。一只过去业绩表现持续优秀的基金，未来继续保持优秀表现的概率肯定更大一些，毕竟历史业绩反映了基金公司和基金经理的投研能力。

目前，国际上知名的基金评级机构主要有晨星（Morning Star）、理柏（Lipper）、标准普尔（S&P Micropal）等。其中，晨星很早就进入中国，对中国市场上的基金产品进行评级，建立了很高的品牌知名度。国内方面，银河证券基金研究中心（简称银河证券）、中信证券基金评级

（简称中信证券）、天相基金评级等机构，形成了较大的市场影响力。其中，银河证券最早开展基金评级业务，2001年就推出了基金排行榜；中信证券从2003年开始进行基金评级工作。不过，银河证券和中信证券的基金评级都是在证券公司下属部门运营的，并不独立，而天相基金评级则是独立的基金评价机构。

晨星、银河证券、中信证券这三家的基金评级体系大同小异。它们的基金评级体系都是综合考虑收益评价指标、风险评价指标、风险调整后收益指标这三项指标，以业绩评价为主，兼顾风险特征；同时都采用星级评价，最高为五星级。

五星评级的基金并不能说明历史业绩的好坏。因为基金评级都是根据相对业绩，即对比这只基金业绩与其业绩比较基准。如果业绩比较基准下跌了50%，而这只基金业绩只下跌了10%，就说明这只基金相对超额收益40%，业绩表现非常优秀。

以晨星的评级方法为例，在对某类基金进行三年评级时，晨星会根据各基金截至当月末的过去36个月回报率，计算出MRAR（风险调整后收益）。各基金按照MRAR由大到小进行排序：前10%被评为五星，接下来的22.5%被评为四星，中间的35%被评为三星，随后的22.5%被评为二星，后10%被评为一星（见图2-13）。在具体确定每个星级的基金数量时，晨星会采用四舍五入的方法。

可以看到，只要某只基金的MRAR能够在同类基金中排名前10%，就能被评为五星级，即使它的收益有可能是负的。

在进行基金评级时，基金评级公司必须将所有基金与同类基金进行比较，否则就失去了公正性。从业绩观察周期上看，晨星评级可以分为三年期和五年期。三年评级要看这只基金过去三年的业绩表现，而五年评级则要看它过去五年的业绩表现。因此，五年评级的含金量更高，更能反映一只基金的持续赢利能力。另外，成立时间不超过三年的基金，是无法参与晨星评级的。

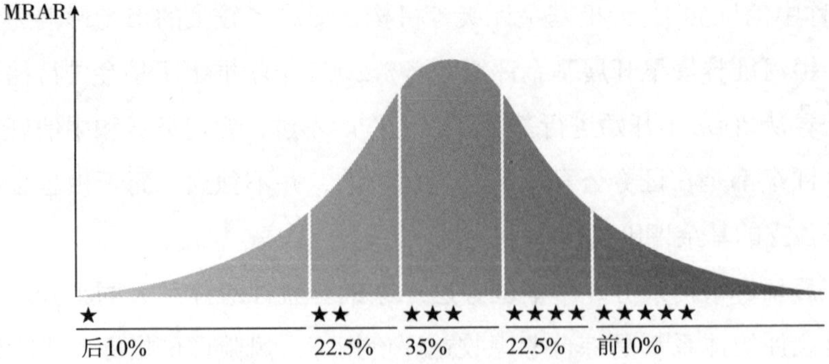

图2-13 晨星评级的分布

基金奖项

除了基金评级公司对具体基金产品给出的评级，表现优秀的基金产品或基金经理还会获得有社会影响力的基金业奖项。这些奖项本身也是对基金产品或基金经理业绩的肯定与背书。

基金业最负盛名的奖项是金牛奖，由中国证券报主办，银河证券、天相投顾、招商证券、海通证券、上海证券五家机构协办。该奖项在基金行业和基金监管领域有广泛的认可度，享有中国基金业"奥斯卡"奖的美誉，是中国资本市场最具公信力的权威奖项之一。金牛奖主要分为基金公司奖项、基金产品奖项两大类。以2020年颁发的第十七届中国基金业金牛奖为例，获奖公司有金牛基金管理公司、权益投资金牛基金公司、固定收益投资金牛基金公司等（见表2-19）。

表2-19 第十七届中国基金业金牛奖部分获奖公司

奖项名称	获奖公司
金牛基金管理公司	易方达、景顺长城、华安、交银施罗德、中欧、银华、兴证全球、富国、鹏华、广发
权益投资金牛基金公司	景顺长城、东方资管、民生加银
固定收益投资金牛基金公司	易方达、招商

对于基金产品，金牛奖根据产品类型、业绩考察期限两个维度来评定奖项（见表2-20）。产品类型主要分为股票基金、混合基金、债券基金、指数基金等。业绩考察期限主要分为三年期、五年期、七年期。业绩考察期限越长，说明产品经受的考验时间更长，其含金量更高。因此，七年期金牛奖要比同类型的三年期金牛奖含金量更高，获得难度也更大。

表2-20　第十七届中国基金业金牛奖部分获奖产品

获奖类型	基金名称	
七年期股票型基金	易方达消费行业股票	申万菱信量化小盘股票（LOF）
	汇丰晋信大盘股票	—
五年期股票型基金	嘉实新兴产业股票	鹏华养老产业股票
	安信价值精选股票	国富中下盘股票
七年期混合型基金	交银优势行业混合	华安逆向策略混合
	南方优选成长混合	汇添富价值精选混合
	兴全趋势投资混合（LOF）	诺德成长优势混合
	宝盈核心优势混合	华泰柏瑞价值增长混合
	银华中下盘精选混合	中欧新蓝筹混合
五年期混合型基金	交银新成长混合	东方红产业升级混合
	易方达中下盘混合	汇添富蓝筹稳健混合
	兴全轻资产混合（LOF）	民生加银策略精选混合
	万家行业优选混合（LOF）	海富通阿尔法对冲混合
	华商优势行业混合	国富弹性市值混合
	新华行业轮换混合	嘉实泰和混合
七年期债券型基金	博时信用债纯债债券	国投瑞银优化增强债券
	招商产业债券	建信双息红利债券
五年期债券型基金	大摩添利18个月开放债券	工银瑞信双利债券
	南方通利债券	天弘永利债券
	鹏华丰融当期开放债券	—

除了金牛奖，证券时报主办的明星基金奖、上海证券报主办的金基

金奖也是行业公认的颇具影响力的基金奖项。

上述的金牛奖、明星基金奖、金基金奖，都是针对基金产品和基金公司的奖项。而由中国基金报推出的英华奖，则是针对基金经理的奖项。我们常说“选基金就是选基金经理”，英华奖正好弥补了之前奖项的缺憾。

我们以2019年第六届英华奖为例，列出部分获奖的基金经理（见表2-21）。英华奖也是按照产品类型和业绩考察期限来分类的，业绩考察期限越长，含金量越高。

表2-21 第六届英华奖部分奖项

奖项名称	基金经理	基金公司	基金经理	基金公司
三年期股票投资最佳基金经理	萧楠	易方达基金	王崇	交银施罗德基金
	张坤	易方达基金	刘旭	大成基金
	刘彦春	景顺长城基金	王延飞	上海东方证券资管
	胡昕炜	汇添富基金	黄文倩	华夏基金
	周应波	中欧基金	李晓星	银华基金
	邱杰	前海开源基金	黎莹	德邦基金
	冯明远	信达澳银基金	蔡滨	博时基金
	何帅	交银施罗德基金	张峰	农银汇理基金
	林鹏	上海东方证券资管	黄峰	海富通基金
	杨浩	交银施罗德基金	袁芳	工银瑞信基金
五年期股票投资最佳基金经理	张坤	易方达基金	周蔚文	中欧基金
	萧楠	易方达基金	董承非	兴全基金
	谢治宇	兴全基金	史博	南方基金
	雷鸣	汇添富基金	曹名长	中欧基金
	杨明	华安基金	李琛	广发基金
	赵晓东	国海富兰克林基金	朱少醒	富国基金
	陈一峰	安信基金	余广	景顺长城基金
	鄢耀、王君正	工银瑞信基金	王宗合	鹏华基金

（续表）

奖项名称	基金经理	基金公司	基金经理	基金公司
三年期纯债投资最佳基金经理	刘涛	鹏华基金	黄纪亮	富国基金
	李轶	摩根士丹利华鑫基金	于泽雨	新华基金
	张雪	摩根士丹利华鑫基金	张文平	平安基金
	马龙	招商基金	周恩源	鹏华基金
	庄园	安信基金	苏玉平	华安基金
	王超	融通基金	蒋利娟	泰康资产
五年期纯债投资最佳基金经理	尹培俊	华富基金	于泽雨	新华基金
	王晓晨、张雅君	易方达基金	陈凯杨	博时基金
	王立	大成基金	马龙	招商基金
	代宇	广发基金	史向明	农银汇理基金
	贺涛	华安基金	祝松	鹏华基金
	李轶	摩根士丹利华鑫基金	—	—
三年期二级债投资最佳基金经理	陈玮	中银基金	黎颖芳	建信基金
	张清华	易方达基金	宋海娟	中信保诚基金
	过钧	博时基金	毛从容	景顺长城基金
	胡剑	易方达基金	刘太阳	鹏华基金
	赵晓东	国海富兰克林基金	—	—
五年期二级债投资最佳基金经理	张清华	易方达基金	李轶	摩根士丹利华鑫基金
	过钧	博时基金	欧阳凯、宋炳珅	工银瑞信基金
	胡剑	易方达基金	何秀红	工银瑞信基金
	张芊	广发基金	刘怡敏	国海富兰克林基金

正所谓好汉不提当年勇，基金产品和基金经理也是如此。这些奖项只能代表基金产品或基金经理过去创造的骄人业绩，并不能够承诺未来持续表现优秀。因此，个人投资者在参考这些获奖名单时，也要保持清醒。如果我们在股市泡沫顶峰购入一只股票基金，那么再优秀的基金产品和基金经理都挽回不了局面。

第三章

如何挑选基金

基金品种繁多，有股票基金、债券基金、混合基金、指数基金、货币基金等——这还只是公募基金。除此之外，还有私募基金。那么，个人投资者该如何挑选适合自己收益与风险偏好的基金呢？

在挑选之前，我们需要对每种类型的基金把脉，熟知其收益和风险特性，从而做到胸有成竹，投资有的放矢。

股票基金：收益中的王者

股票基金，顾名思义就是主要持仓是股票的公募基金。监管部门要求，股票基金的股票最低持仓不能低于80%。截至2020年7月底，股票基金数量为1 209只，种类繁多、风格多样。

一只股票基金有三个基本要素：基金公司、基金风格、基金经理。

基金公司是这只股票基金的管理人，规模大、排名靠前的基金公司往往投研实力较强。基金风格是指这只基金如何配置股票，以及股票所属行业或风格如何。基金经理是实际管理这只基金的职业投资人。我们在挑选一只心仪的基金时，就要综合考虑上述三个要素。

股票基金的投资风格可以从多个维度进行分类：从基金经理管理能

动性上说，可以分为主动管理型、被动管理型（指数型），当然指数型也可以再细分为普通指数型、增强指数型；按照所投的主题或行业，又可以分为泛主题型基金、主题型基金。

主动管理型与被动管理型

主动管理型基金，就是基金经理主动选股，试图通过自己的投资能力跑赢市场基准，获得超额收益。目前，主动管理型基金在国内市场处于绝对主流地位，这与美国差异较大。美国资本市场非常成熟，市场有效性很高，基金经理想要通过主动管理跑赢市场基准，是非常困难的。因此，在美国资本市场，指数型基金大行其道。指数基金“三巨头”，即先锋基金（Vanguard）、贝莱德（Blackrock）、道富（State Street），其合计指数基金管理规模超过5万亿美元。

为什么国内的主动管理型基金还能够持续获取超额收益呢？原因在于，国内市场的有效性较差，韭菜比较多。目前，国内的股票投资者中约60%是散户，绝大部分散户的投资能力较弱，在与机构投资者的竞争中处于被收割的一方。从目前态势来看，主动管理型基金在未来相当长一段时间内，仍然可以赚取不菲的超额收益。

表3-1所示的是几个典型的主动管理型股票基金。

表3-1　主动管理型股票基金

代码	基金名称	基金公司	基金经理	管理规模（亿元，2020年第二季度末）
009341	易方达均衡成长股票	易方达基金	陈皓	269.67
009863	富国创新趋势股票	富国基金	李元博	163.09
001938	中欧时代先锋股票A	中欧基金	周应波	152.82
004851	广发医疗保健股票A	广发基金	吴兴武	137.04

主动管理型基金的优势是，投资能力强的基金经理可以创造明显超

过市场基准的超额收益，甚至在熊市下也能创造不菲的收益。它的难点是，如何选到未来表现优秀的基金？

比如，2016年股市进入了熊市，沪深300指数下跌11.28%，但有些股票基金的表现却比较优秀（见表3-2）。问题的关键在于，我们如何发现它们？

表3-2　部分2016年业绩表现优秀的股票基金

代码	基金名称	基金公司	基金经理	2016年业绩表现
001616	嘉实环保低碳股票	嘉实基金	姚志鹏	16.50%
001714	工银文体产业股票	工银瑞信基金	袁芳	15.72%
001938	中欧时代先锋股票A	中欧基金	周应波	15.03%

被动管理型基金，就是基金经理不需要主动选股，只需要复制某个指数的成分股。因此，被动管理型基金基本上都是指数基金，持仓跟踪的是某一个指数的成分股。

指数基金属于一个非常大的基金类型，因此我会在单独的章节中予以介绍，这里不再赘述。

主题型与泛主题型

A股市场有4 000多只股票，行业、风格、主题多种多样。一只基金具体专注于什么方向，决定了它的风格，也决定了它的收益与风险特性。

从所投方向上看，我们可以将基金分为泛主题型基金和主题型基金。

- 泛主题型基金。基金本身不偏好某个具体行业或主题，可以自由在不同行业或主题之间切换，专注于甄选个股。泛主题型基金的优势是，可以抓住行业或主题的轮动，同时实现行业（主题）和个股的超额收益。由于没有明显的风格特征，泛主题型基金的收益主要取决于基金经理。而且，这类基金可能还会出现风格漂移。当然，纯粹的泛主题型基金是比较少的，绝大部分基金的投资方向或多或少都有偏向性。

- 主题型基金。所谓广义的主题，我们可以进一步细分为行业、规模、概念等。比如，医药行业的股票基金就投资于医药行业的股票；带有价值、成长等字眼的基金，反映的是其规模或行业成熟度的偏好；带有一带一路、国产替代等字眼的基金，反映的是某一方面的题材或主题。主题型基金属于市场中的主流，并且名字中一般都带有提示性字眼。

实　例

部分股票基金的风格

易方达研究精选股票（代码：008286）是易方达基金旗下的一款泛主题型基金，投资风格没有明显的偏向性。在其招募说明书中，明确的股票投资策略为：本基金将通过深入、持续的研究，进行股票资产的地区、行业配置及个股精选。

其业绩比较基准为：MSCI（美国明晟公司）中国 A 股指数收益率 ×70%+ 中证港股通综合指数收益率 ×15%+ 中债总指数收益率 ×15%。

该基金股票资产占基金资产的比例为 80% ~ 95%（其中港股通股票不超过股票资产的 50%）。

信达澳银新能源产业股票（代码：001410）是信达澳银基金发行的一只专注于新能源行业的股票基金，基金经理为冯明远。其最新的招募说明书披露：本基金的投资组合比例为股票资产占基金资产的比例为 80% ~ 95%，其中投资于本基金定义的新能源产业主题相关的股票资产占非现金基金资产的比例不低于 80%。

嘉实前沿科技沪港深股票（代码：004450）由嘉实基金发行，投资于前沿科技企业中具有长期稳定成长性的上市公司。其招募说明书中并没有限制具体的前沿科技行业。像互联网、医药、电子、软件等行业，都属于前沿科技行业，范围比较广泛。可以肯定的是，银行、化工、煤炭、钢铁行业，肯定不属于前沿科技行业。

从目前管理规模靠前的20只股票基金来看，带有主题特色的基金还是占据着主流地位（见表3-3）。

表3-3　管理规模靠前的20只股票基金

证券代码	证券名称	主题
009341.OF	易方达均衡成长股票	—
110022.OF	易方达消费行业股票	消费
009863.OF	富国创新趋势股票	—
001938.OF	中欧时代先锋股票A	—
009550.OF	汇添富开放视野中国优势六个月持有股票A	—
004851.OF	广发医疗保健股票A	医疗保健
001410.OF	信达澳银新能源产业股票	新能源
008286.OF	易方达研究精选股票	—
000751.OF	嘉实新兴产业股票	新兴产业
009265.OF	易方达消费精选股票	消费
000697.OF	汇添富移动互联股票	移动互联网

（续表）

证券代码	证券名称	主题
003745.OF	广发多元新兴股票	新兴产业
001714.OF	工银文体产业股票	文体
001717.OF	工银前沿医疗股票	医疗保健
008934.OF	大成科技消费股票A	科技、消费
000831.OF	工银医疗保健股票	医疗保健
009491.OF	宝盈创新驱动股票A	新兴产业
001409.OF	工银互联网加股票	互联网+
008958.OF	嘉实回报精选股票	—

到底是泛主题型基金好，还是主题型基金好？两者没有明确的优劣之分，只取决于你的投资偏好。从投资收益的来源上看，泛主题型基金主要依靠基金经理的选股能力，可以同时获得行业轮动收益和个股精选收益，对基金经理的能力要求更高。而主题型基金限定了特定的行业、风格、概念，其业绩表现在很大程度上取决于这个主题表现如何；基金经理的职责是在划定的范围内，自由发挥以精选个股。如果你对某个主题有深入研究，并且看好其未来一段时间的上涨趋势，那么选主题型基金更好。如果你对主题没有明确的偏好，那么你就精选一下基金经理，让基金经理来做决策吧。

实 例

行业或板块的超额收益

2020年上半年，医药行业和创业板指数大涨，相关行业和板块的主题型基金的净值都迎来大幅上涨，但上证综指和沪深300指数却涨得不多（见表3-4、表3-5和图3-1）。

表3-4 2020年上半年部分业绩优秀的医疗行业基金

代码	名称	2020上半年总回报率（%）
003230.OF	创金合信医疗保健股票A	83.170 7
003231.OF	创金合信医疗保健股票C	82.528 5
004851.OF	广发医疗保健股票A	77.936 8
001915.OF	宝盈医疗健康沪港深股票	75.838 3
001717.OF	工银前沿医疗股票	75.756 0
161616.OF	融通医疗保健行业混合A、B	73.680 5
006002.OF	工银医药健康股票A	73.202 3
006003.OF	工银医药健康股票C	72.688 4
006228.OF	中欧医疗创新股票A	71.421 8
006229.OF	中欧医疗创新股票C	70.745 9
000452.OF	南方医药保健灵活配置混合	68.3193
003095.OF	中欧医疗健康混合A	67.628 4
003096.OF	中欧医疗健康混合C	66.935 9
005805.OF	华泰柏瑞医疗健康	66.719 7
000978	医药100指数	41.370 0

表3-5 2020年上半年部分业绩优秀的创业板基金

代码	名称	2020上半年总回报率（%）
001879.OF	长城创业板指数增强发起式A	50.478 4
006928.OF	长城创业板指数增强发起式C	50.124 4
004394.OF	华泰柏瑞量化创优混合	42.448 5
002862.OF	金信量化精选混合	41.608 9
007464.OF	交银创业板50指数A	41.523 9
007465.OF	交银创业板50指数C	41.261 8

（续表）

代码	名称	2020 上半年总回报率（%）
160420.OF	华安创业板50指数分级	39.679 8
160422.OF	华安创业板50ETF联接A	37.806 2
160424.OF	华安创业板50ETF联接C	37.633 7
003069.OF	光大保德信创业板量化优选A	36.733 7
399006	创业板指	35.600 0

图3-1 2020年上半年创业板及医药行业表现

如果你在2020年年初选了医药行业或创业板主题的股票基金，那么你就稳赢了！因为它们在2020年上半年迎来了惊人的上涨。这是因为这些基金经理特别专业吗？部分是，但更重要的是，你押中了这个行业或主题。当然，谁也不能保证每一次都押中，所以这并不能说明主题型基金就一定比泛主题型基金好。

热门股票行业概览

买股票基金，为什么要选择行业？不选行不行？

在回答这个问题之前，我们要先搞清楚股市中的收益到底源于何处。

假设一只基金在股市中赚到了钱，净值上涨，那么它所获得的收益可以分解成以下几个部分：

- 股市大盘收益。如果整个股市都在上涨，那么任何一只基金大概率都是上涨的。这与基金经理的能力无关，属于整体大盘带动的收益。这种收益（或亏损）叫贝塔（希腊字母 β，发音 beta）收益。
- 行业超额收益。同一时期，每个行业的涨跌情况是不一样的。这是因为每个行业都有自己的特点，有的行业属于成熟型甚至是夕阳行业，而有的行业（如医药、半导体等）属于快速增长的新兴行业，对应到股市上，行业的增长前景是完全不一样的。与行业相关的收益叫阿尔法（希腊字母 α，发音 alpha）收益，即行业超额收益。
- 个股超额收益。即使是同处一个行业，每个公司的行业地位、发展前景也是不一样的。有的行业属于成熟型，龙头股成为行业主要受益股。有的行业处于快速扩张期，中小市值公司的股价上涨潜力更大。基金经理通过挑选一个行业内不同的公司组合，以期跑赢此行业的整体上涨幅度，这部分收益属于精选个股的个股超额收益。

整体投资收益＝股市大盘收益＋行业超额收益＋个股超额收益

超额收益也可以为负。假设某一年，以沪深300指数为代表的大盘指数上涨了10%。某只基金投资于医药生物方向，而当年医药生物行业上涨了25%。到年底时，这只基金单位净值上涨了30%，则：

股市投资收益30%=股市大盘收益10%+行业超额收益15%+个股超额收益5%

也就是说，选基金时，选对了行业，会为你创造非常可观的行业超额收益；选错了行业，即使大盘上涨，行业也可能会下跌。所谓“男怕入错行”，基金也是如此。

当然，上述的收益分解只是一个简单的模型。在实际投资中，专业机构会分得很细，比如与风格或主题相关的超额收益。

行业如此重要，以至往往“投得好不如选得好”。个人投资者有必要对未来几年比较热门的行业有个大概的了解。

医药行业

医药行业涉及药品、医疗器械、医疗服务等与医药相关的业务。最新中信行业分类标准（由中信证券制定和发布）将医药行业分成如图3-2所示的子行业。

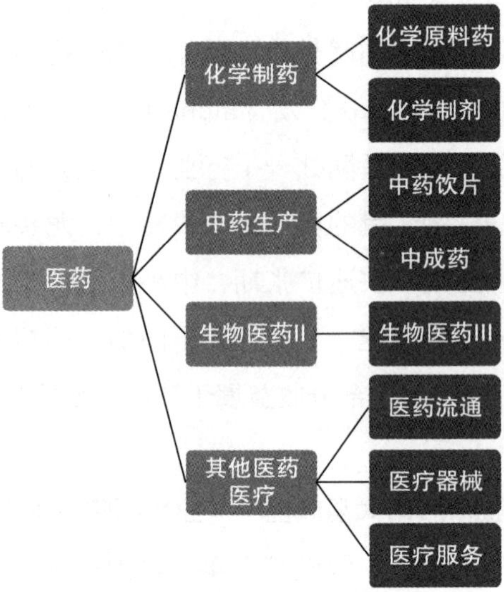

图3-2 医药行业的分类

- 化学制药：可以细分为化学原料药和化学制剂。化学原料药指用于生产各类化学制剂的原料药物，是制剂中的有效成分，由化学合成、植物提取或者生物技术制备，但不能给病人直接服用。化学制剂就是把这些化学原料药变成病人可以直接服用的西药制剂。
- 中药生产：中药包括中药饮片和中成药。

- 生物医药：指通过基因工程、细胞工程、蛋白质工程等生物技术获得的生物性药品，用于疾病预防、治疗和诊断。疫苗、生长激素等就是最常见的生物医药。
- 其他医药医疗：包括医药流通（主要负责药品的市场流通）、医疗器械（用于人体的仪器、设备、体外诊断试剂等设备或材料）和医疗服务（指医院或医疗技术人员提供的医疗健康服务，例如体检、保健、手术等）。

医药行业属于科技含量很高的行业，很多原创研发药的研发费用高、研发周期长，但一旦成功投向市场，它们就能够赚取很高的利润。表3-6所示的是2019年全球药品销售额前10名。

表3-6 2019年全球药品销售额前10名

序号	药品	公司	适应症	2019年销售额（亿美元）
1	Humira（阿达木单抗）	艾伯维	自身免疫疾病	191.69
2	Eliquis（阿哌沙班）	BMS、辉瑞	血栓、卒中、肺栓塞等	121.49
3	Keytruda（帕博利株单抗）	默沙东	黑色素瘤、非小细胞癌、膀胱癌、头颈癌、结直肠癌等	110.84
4	Eylea（阿柏西普）	再生元、拜耳	wAMD、CVRO-ME、DME、糖尿病、视网膜病	99.51
5	Revlimid（来那度胺）	塞尔基因、BMS	MM、MDS、MCL、FL	93.78
6	Imbruvica（依布替尼）	艾伯维、强生	CLL或SLL、MCL、GVHD	80.85
7	Avastin（贝伐单抗）	罗氏	结直肠癌、乳腺癌、肺癌、胶质母细胞癌等	73.37
8	Opdivo（纳武利尤单抗）	BMS、小野	黑色素瘤、非小细胞癌、膀胱癌、头颈癌、肾细胞癌等	72.04

（续表）

序号	药品	公司	适应症	2019年销售额（亿美元）
9	Enbrel（依那西普）	安进、辉瑞	自身免疫疾病	69.25
10	Xarelto（利伐沙班）	拜耳、强生	血栓、卒中等	68.62

数据来源：各公司报表。

我们可以看到，仅凭单款药物，艾伯维公司的全球销售额就可以达到近200亿美元。随着全球人均寿命的增长及老龄化，大众对医药的需求越来越旺盛。因此，医药公司往往处于营收高增长、高估值的状态。

以2020年7月末为时间点，沪深300指数的3年年化收益率是7.9%，而同期中证医药100指数的年化收益率为17.29%。医药行业近些年涌现出不少的大牛股，这也促使医药行业的基金表现亮眼（见表3-7）。

表3-7 国内医药行业的龙头公司

公司	所属行业	简介
恒瑞医药	化学制药	国内创新药研发的领军企业，目前产品线主要覆盖抗肿瘤、手术麻醉和造影剂等领域，后续进一步向免疫疾病、糖尿病等大病种领域扩展
迈瑞医疗	医疗器械	国内领先的医疗设备与解决方案供应商，主要提供生命信息与支持类、体外诊断类、医学影像类产品
药明康德	医疗服务	一家覆盖新药研发全产业链的全球性医药研发服务企业，其服务范围涵盖化学药研发生产、细胞及基因疗法研发生产、医疗器械测试等领域
智飞生物	生物医药	集疫苗、生物制品研发、生产、销售、推广、配送及进出口为一体的生物医药公司
长春高新	生物医药	主营业务以生物制药、中成药生产及销售为主，目前是国内生长激素龙头企业，并涉足水痘疫苗、流感疫苗等疫苗研发业务
爱尔眼科	医疗服务	国内规模领先的眼科医疗连锁机构
复星医药	生物医药	业务范围广，涵盖医药制造与研发、医疗器械与诊断、医疗服务、医药商业多个领域，业务覆盖医药产业全产业链

目前，医药行业部分业绩出众的股票基金如表3-8所示。

表3-8 医药行业部分业绩出众的股票基金

代码	简称	基金公司	现任基金经理	晨星评级
000960	招商医药健康产业股票	招商基金	李佳存	五年：五星 三年：五星
000913	农银医疗保健主题股票	农银汇理	赵伟	五年：五星 三年：四星
399011	中海医疗保健主题股票	中海基金	刘俊	五年：五星 三年：四星
161726	招商国证生物医药指数分级	招商基金	侯昊	五年：四星 三年：四星
519673	银河康乐股票	银河基金	余科苗	五年：四星 三年：四星
161122	易方达生物科技指数分级	易方达基金	刘树荣	五年：四星 三年：三星
000711	嘉实医疗保健股票	嘉实基金	颜媛	五年：四星 三年：三星
000831	工银瑞信医疗保健行业股票	工银瑞信基金	谭冬寒	五年：三星 三年：四星
003095	中欧医疗健康混合A	中欧基金	葛兰	五年：一 三年：五星
004075	交银施罗德医药创新股票	交银施罗德基金	楼慧源	五年：一 三年：五星
001717	工银瑞信前沿医疗股票	工银瑞信基金	赵蓓	五年：一 三年：五星
001766	上投摩根医疗健康股票	上投摩根	方钰涵	五年：一 三年：五星

消费行业

除了医药行业，消费行业是另一个A股市场非常活跃的行业。按照消费品的特性，我们可以将消费分为主要消费和可选消费。

主要消费品又叫必选消费品，主要包括生活必需消费品，比如食品饮料、家庭个人用品等。我们所熟知的酒、牛奶、面包、大米、调味品等，都属于必选消费品。主要消费行业的特点是产品升级换代慢，比如主食、牛奶等多年不变。

可选消费品包括的是可买可不买的消费品，比如汽车、家电、纺织服装及奢侈品等。可选消费行业的特点是产品迭代周期短，比如家电、汽车等往往过几年就会升级换代。

近几年，消费行业的投资收益率相当不错，大量资金逐步向消费龙头股集中，推高了消费龙头股的估值水平。比如贵州茅台、五粮液、海天味业、美的集团、格力电器等，过去几年都取得了数倍的上涨。

过去3年（2017年7月31—2020年7月31），中证主要消费指数年化收益率为33.08%，上证消费50年化收益率为15.90%，大幅超越了股市宽基指数。

受益于全社会的消费升级，老百姓对消费类产品的品质要求越来越高，促进了消费行业的发展。另外，一些主营家电、汽车等产业的公司，在全世界的竞争力也越来越强，海外出口收入占比逐步提高，这也对消费行业利润形成实质利好。

消费行业部分业绩表现优秀的基金如表3-9所示。

表3-9　消费行业部分业绩表现优秀的基金

代码	简称	基金公司	现任基金经理	晨星评级
519002	华安安信消费混合	华安基金	王斌	五年：五星 三年：五星
000083	汇添富消费行业混合	汇添富基金	胡昕炜	五年：五星 三年：五星
110022	易方达消费行业股票	易方达基金	萧楠	五年：五星 三年：五星
519714	交银施罗德消费新驱动股票	交银施罗德基金	韩威俊	五年：五星 三年：五星

（续表）

代码	简称	基金公司	现任基金经理	晨星评级
160127	南方新兴消费增长分级股票	南方基金	茅炜	五年：五星 三年：四星
001044	嘉实新消费股票	嘉实基金	谭丽	五年：五星 三年：五星
270041	广发消费品精选混合	广发基金	李琛	五年：五星 三年：四星
540009	汇丰晋信消费红利股票	汇丰晋信基金	是星涛	五年：五星 三年：四星
310388	申万菱信消费增长混合	申万菱信基金	孙琳	五年：四星 三年：五星

信息产业

信息产业包括电子行业、计算机行业、传媒行业和通信行业。由于信息产业包含了电子硬件、软件、互联网、通信等高速发展的高科技行业，因此相关基金发行得较多，过去几年也取得了很好的投资收益。

计算机行业包括计算机设备、计算机应用（软件开发和IT服务）。传媒行业包括文化传媒、营销传播、互联网传媒。通信行业包括通信运营和通信设备。

电子行业属于高科技行业。随着中国产业链的升级以及科技产业独立自主战略的展开，电子行业在过去几年一直处于高速增长期，也一直是A股市场的热点之一。

根据申万行业分类标准（由申万宏源证券制定与发布），电子行业可以细分为（见图3-3）：

在电子行业中，半导体产业属于一颗耀眼的明星。半导体最近2～3年属于市场火热的行业或主题。随着中美贸易摩擦不断，美国对我国企业实施半导体核心技术的封锁，半导体产业的国产替代成为未来几年的市场焦点之一。

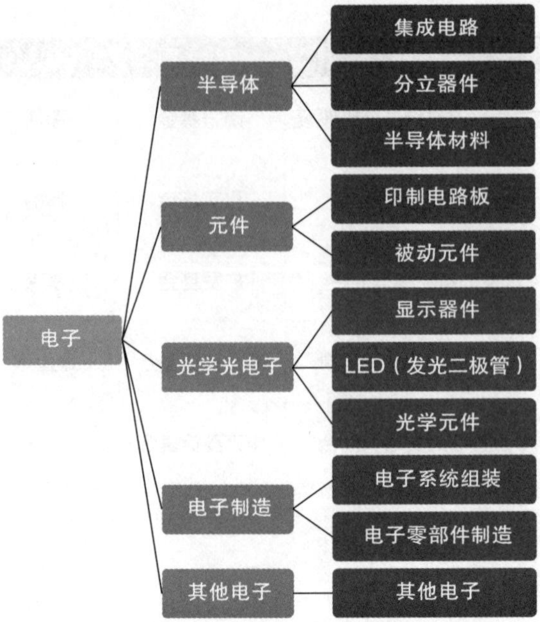

图3-3 电子行业的分类

从工业流程上看，半导体产业链主要包括芯片的设计、制造、封装和测试，以及在这个过程中使用到的软件及上游原材料（见图3-4）。

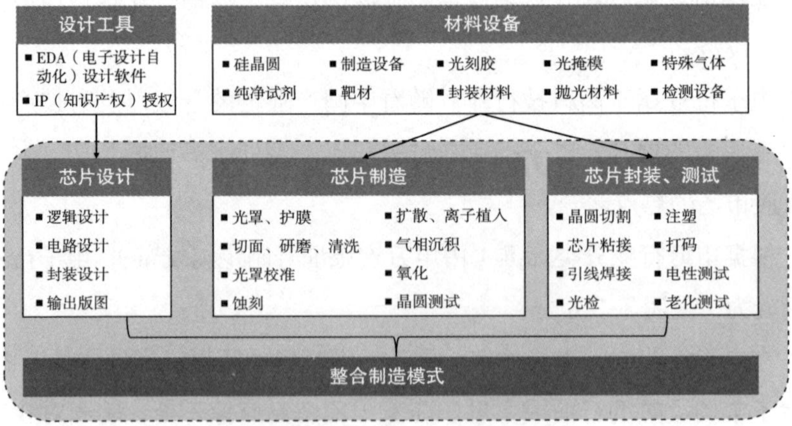

图3-4 半导体产业链全景图

数据来源：平安证券研究所。

从产品上看，半导体产业链可以分为集成电路、分立器件、光电器件和传感器（见图3-5）。

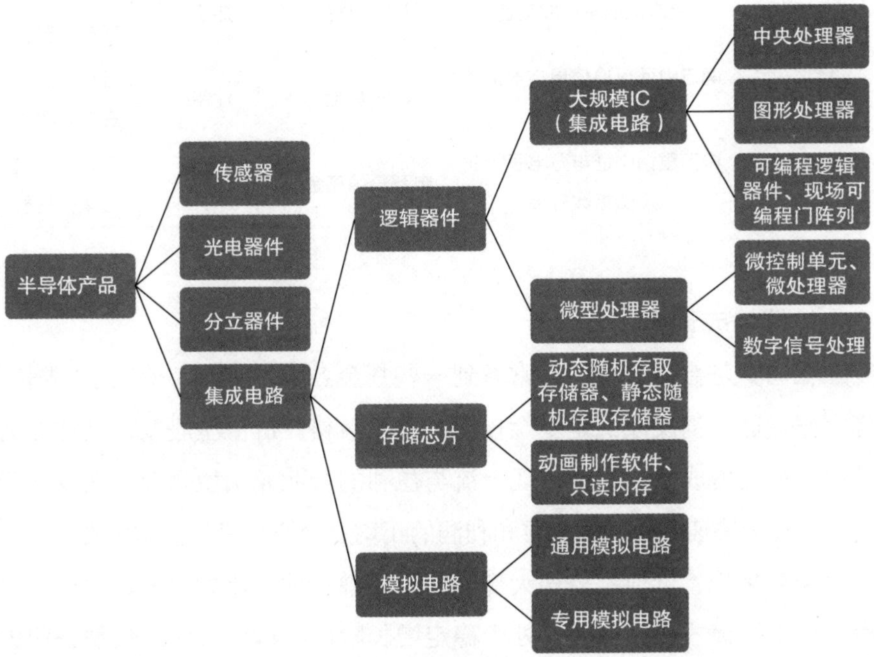

图3-5 半导体产业链

数据来源：平安证券研究所。

信息行业部分业绩表现优秀的基金如表3-10所示。

表3-10 信息行业部分业绩表现优秀的基金

代码	简称	基金公司	现任基金经理	晨星评级
001070	建信信息产业股票	建信基金	邵卓	五年：五星 三年：五星
001319	农银汇理信息传媒主题股票	农银汇理基金	韩林	五年：五星 三年：五星
160626	鹏华中证信息技术指数分级	鹏华基金	闫冬	五年：三星 三年：四星

（续表）

代码	简称	基金公司	现任基金经理	晨星评级
001513	易方达信息产业混合	易方达基金	郑希	五年：一 三年：五星
512330	南方中证500信息技术指数ETF	南方基金	孙伟	五年：三星 三年：四星
163116	申万菱信中证申万电子行业投资指数分级	申万菱信基金	龚丽丽	五年：五星 三年：三星

价值与成长

在购买基金时，我们经常看到一些基金名字中带有“价值”“成长”等字眼，这些词反映的是基金投向的股票风格。价值型股票，又称作蓝筹股，是发展成熟、有稳定现金流与盈利的行业龙头型企业。而成长股的公司处于快速增长期，营收和利润的年均复合增长率都非常可观。

一般来说，价值型公司大部分处于成熟行业，比如金融、地产、家电、化工等模式业已成熟、处于稳定增长阶段的行业。而成长型公司大部分处于新兴行业，比如电子、互联网、医药等，行业整体处于上升期，公司业务增长很快。当然，这并不是绝对的，也需要看具体公司的业务模式。

有的基金提到的“价值”，说的是价值型投资，即在深入的基本面研究基础上，投资股价相对于内在价值明显被低估的股票。这种股票可能是蓝筹股，也可能是成长股，具体取决于当前股价与内在价值之间的差异。

简单来说，带有“价值”二字的基金求的是稳，目标是控制净值回撤幅度，追求稳稳的收益，在行情好且估值提升时能够获得不菲的投资收益。而带有“成长”二字的基金，往往以获取高回报为目标，并愿意承担一定的净值回撤风险。不过，仅看基金名字是不够的，投资者还要看基金经理具体的持仓情况，基金出现风格漂移是很常见的事。有的基金直接把“价值”“成长”两个词都带上，期望在价值型股票与成长型股票之间均衡配置。

部分业绩突出的价值或成长型基金如表3-11所示。

表3-11 部分业绩突出的价值或成长型基金

代码	简称	基金公司	现任基金经理	晨星评级
000362/3	国泰聚信价值优势灵活配置混合A、C	国泰基金	程洲	五年：五星 三年：四星
460005	华泰柏瑞价值增长混合	华泰柏瑞基金	李晓西	五年：五星 三年：五星
100020	富国天益价值混合	富国基金	唐颐恒	五年：五星 三年：五星
000577	安信价值精选股票	安信基金	陈一峰	五年：五星 三年：四星
260108	景顺长城新兴成长混合	景顺长城基金	刘彦春	五年：五星 三年：五星
200012	长城中小盘成长混合	长城基金	何以广	五年：五星 三年：五星
519736	交银新成长混合	交银施罗德基金	王崇	五年：五星 三年：五星
519674	交银创新成长混合	银河基金	郑巍山	五年：五星 三年：五星
162703	广发小盘成长混合（LOF）A	广发基金	刘格菘	五年：五星 三年：五星
519068	汇添富成长焦点混合	汇添富基金	雷鸣	五年：五星 三年：四星
166006	中欧行业成长混合（LOF）A	中欧基金	王培	五年：五星 三年：四星
202023	南方优选成长混合A	南方基金	骆帅	五年：五星 三年：四星
000418	景顺长城成长之星	景顺长城基金	邓敬东	五年：五星 三年：五星

指数基金：我负责躺赢

指数基金属于被动型投资，基金经理只要模拟某个市场指数的成分股即可。相比于主动管理型基金，指数基金似乎属于懒人策略，不必做个股挑选、择时，也没有什么仓位控制。那么，指数基金的收益到底行不行？这是很多个人投资者比较疑惑的问题。

实 例

巴菲特的赌局

巴菲特一直对指数基金情有独钟。2008 年，巴菲特与一名叫泰德·西德斯的基金经理进行了一场为期 10 年的赌局。巴菲特让对方任选 5 只主动管理型股票基金作为持仓组合，并在 10 年后与标准普尔 500 指数比较，看哪个的复合收益率更高。

泰德·西德斯选了 5 只主动管理型股票基金组合成 FOF。到 2017 年，泰德·西德斯的持仓组合平均年化收益率只有可怜的 2.96%，而同期标准普尔 500 指数的年化收益率却高达 8.5%（见表 3–12）。泰德·西德斯只能认输，巴菲特最终胜出。

表3–12　对冲基金FOF组合与标准普尔500指数的业绩对比（2008—2017年）

年份	FOF主动管理组合					标准普尔500指数
	基金A	基金B	基金C	基金D	基金E	
2008	−16.5%	−22.3%	−21.3%	−29.3%	−30.1%	−37.0%
2009	11.3%	14.5%	21.4%	16.5%	16.8%	26.6%
2010	5.9%	6.8%	13.3%	4.9%	11.9%	15.1%
2011	−6.3%	−1.3%	5.9%	−6.3%	−2.8%	2.1%

（续表）

年份	FOF主动管理组合					标准普尔500指数
	基金A	基金B	基金C	基金D	基金E	
2012	3.4%	9.6%	5.7%	6.2%	9.1%	16.0%
2013	10.5%	15.2%	8.8%	14.2%	14.4%	32.3%
2014	4.7%	4.0%	18.9%	0.7%	−2.1%	13.6%
2015	1.6%	2.5%	5.4%	1.4%	−5.0%	1.4%
2016	−3.2%	1.9%	−1.7%	2.5%	4.4%	11.9%
2017	12.2%	10.6%	15.6%	0.0%	18.0%	21.8%
累计收益率	21.7%	42.3%	87.7%	2.8%	27.0%	125.8%
平均年化收益率	2.0%	3.6%	6.5%	0.3%	2.4%	8.5%

由此可见，在成熟且高度有效的美国股票市场，主动管理型基金的收益想要显著超过指数基金，没那么容易。

为什么主动管理型基金很难持续超越市场指数呢？主要原因有以下几个：

- 金融市场的有效性。市场的有效性是指，市场上每只股票的价格都已经如实反映了当前公司的所有经营状况和市场动态，因此企图挑选出被低估股票的努力是徒劳的。当然，这只是理想情况，市场不可能完全有效。不过在美国这样的成熟市场，市场有效性很高，因此基金经理想要通过主动选股、主动择时跑赢市场指数，是比较困难的。而国内股票市场的有效性较差，存在大量散户，因此主动管理型基金仍然能够跑赢市场指数。随着国内资本市场的成熟，这会变得越来越困难。

- 空仓的机会成本。指数基金由于是模拟指数的成分股，因此永远是几乎满仓的状态，永远不会错失任何上涨的机会。而主动管理型基金则需要择时，频繁控制仓位的高低。在看空市场的时候，主动管理型基金的账上现金比较多。这种方法的潜在风险是，可能错过市场的上涨。例如在2020年年初疫情暴发的时候，标准普尔500指数暴跌32%左右，但随后迎来反弹，并超过疫情前水平（见图3-6）。在此暴跌暴涨过程中，美国很多对冲基金出于对净值回撤的控制，进行了大量的减仓。但在随后的股市反弹中，它们没有及时加仓以赶上股市上涨的节奏，最终其业绩大幅低于标准普尔500指数。

图3-6 标准普尔500指数2020年以来的表现

- 交易费率。由于管理较为简单，因此指数基金的交易费率较低。主动管理型基金，我们以“易方达消费精选股票”（代码：009265）为例，其管理费率为1.5%，托管费率为0.25%，合计1.75%。指数基金，我们以“嘉实沪深300ETF联接A”（代码：160706）为例，其管理费率为0.5%，托管费率为0.1%，合计0.6%。两者相差1.15%，看起来成本差异并不大。但10年时间，净值差异就可以达到12.11%；20年时间，净值差异就可以达到25.7%（见表3-13）。

表3-13　主动管理型基金与指数基金的费率对比

收费项目	主动管理型基金	被动管理型（指数）基金
管理费	1.5%	0.5%
托管费	0.25%	0.1%
合计	1.75%	0.6%
10年净值差异（被动>主动）	12.11%	
20年净值差异（被动>主动）	25.70%	

所以普通人选择指数基金，是一个非常不错且聪明的懒人策略：不用担心某只心仪的基金又换基金经理了，也不用担心基金经理的风格漂移，也不用担心市场风格的切换。静静地持有指数基金，享受市场上涨带来的收益，难道不“香”吗？

不过，指数基金品类繁多，在挑选之前，龙叔有必要带大家把所有类型都梳理一遍，以使大家心中有数。

宽基指数

从指数的覆盖面来说，指数可以分为宽基指数与窄基指数。宽基指数包括的成分股的行业或主题范围比较广，没有明显的倾向性。比如我们常听到的上证50、上证综指、深证成指、创业板指、沪深300指数等，都是宽基指数。而窄基指数是具有鲜明的行业、风格或主题特点的指数，比如中证指数公司发行的沪深300医药、沪深300消费、沪深300价值、沪深300成长等。

上证50指数

上证50指数属于宽基指数，由上海证券交易所制定和发布，由沪市A股中规模大、流动性好的最具代表性的50只股票组成，反映上海证券市场最具影响力的一批龙头公司的股票价格表现。上证50指数按照成分股的流通市值加权。

上证50指数虽属于宽基指数，但其偏向性非常严重。以2020年7月末的数据为例，各行业在上证50指数中的占比如表3-14所示。

表3-14 上证50指数的行业权重

行业	权重（%）	行业	权重（%）
金融地产	48.16	原材料	5.31
主要消费	16.67	信息技术	2.72
工业	8.66	能源	2.32
医药卫生	8.44	电信业务	2.25
可选消费	5.49	—	—

注：数据截至2020年7月末。

我们可以看到，金融地产占上证50指数权重的48.16%。所以，有的小伙伴在买了上证50指数后，看到医药行业、TMT行业涨得如火如荼，自己的基金却不动如山，是再正常不过的。只有当金融地产板块上涨时，上证50指数才会一飞冲天。

目前市面上发行的挂钩上证50指数的基金比较多，有代表性意义的几只如表3-15所示。

表3-15 部分挂钩上证50的指数基金

代码	简称	基金公司	规模（亿元）	运作方式
510050.SH	华夏上证50ETF	华夏基金	482.77	ETF
110003.OF	易方达上证50指数A	易方达基金	179.76	开放式基金
001051.OF	华夏上证50ETF联接A	华夏基金	16.24	ETF联接基金
001548.OF	天弘上证50指数A	天弘基金	10.18	开放式基金

注：数据截至2020年7月末。

沪深300指数

沪深300指数是另一个非常重要的宽基指数。上证50指数的问题在于，只包括了上海证券市场的前50只股票。沪深300指数由上海和深圳证券市场中市值大、流动性好的300只股票组成，综合反映中国A股市场上市股票价格的整体表现。沪深指数由中证指数有限公司创建和发布，也是按照流通市值加权。

我们可以看到，沪深300指数要比上证50指数的行业分布更为均衡，不过金融地产依然占据了31.6%的权重，消费（包括主要消费、可选消费）占了24.7%（见表3-16）。

表3-16　沪深300指数的行业权重

行业	权重（%）	行业	权重（%）
金融地产	31.60	可选消费	9.80
主要消费	14.90	原材料	6.20
工业	11.20	电信业务	2.30
信息技术	10.60	公用事业	1.80
医药卫生	10.00	能源	1.40

注：数据截至2020年7月末。

目前市面上发行的挂钩沪深300指数的基金比较多，有代表性意义的几只如表3-17所示。

表3-17　部分挂钩沪深300的指数基金

代码	简称	基金公司	规模（亿元）	运作方式
510300.SH	华泰柏瑞沪深300ETF	华泰柏瑞基金	379.84	ETF
000051.OF	华夏沪深300ETF联接A	华夏基金	133.68	ETF联接基金
100038.OF	富国沪深300指数增强	富国基金	84.59	指数增强
000613.OF	国寿安保沪深300ETF联接	国寿安保基金	55.06	ETF联接基金

注：数据截至2020年7月末。

中证500指数及中证800指数

上证50指数和沪深300指数都属于超大市值的股票指数，但A股有4 000只左右的股票，如果想要投资中小盘股票怎么办呢？中证500指数就覆盖了这些中小盘股票。

中证500指数由全部A股中剔除沪深300指数成分股及总市值排名前300名的股票后，总市值排名靠前的500只股票组成，综合反映中国A股市场中一批中小市值公司的股票价格表现。中证500指数的行业权重如表3-18所示。

表3-18 中证500指数的行业权重

行业	权重（%）	行业	权重（%）
工业	20.43	金融地产	8.92
原材料	15.84	主要消费	6.90
信息技术	15.61	公用事业	2.26
医药卫生	15.14	电信业务	2.13
可选消费	11.16	能源	1.63

注：数据截至2020年7月末。

目前市面上发行的挂钩中证500指数的基金比较多，有代表性意义的几只如表3-19所示。

表3-19 部分挂钩中证500的指数基金

代码	简称	基金公司	规模（亿元）	运作方式
510500.SH	中证500ETF	南方基金	406.72	ETF
001052.OF	华夏中证500ETF联接A	华夏基金	28.52	ETF联接基金
000478.OF	建信中证500指数增强A	建信基金	53.67	指数增强
510510.SH	中证500ETF	广发基金	39.15	ETF
160119.OF	南方中证500ETF联接（LOF）A	南方基金	88.98	LOF

注：数据截至2020年7月末。

中证800指数由中证500指数和沪深300指数成分股组成，综合反映中国A股市场上大中小市值公司的股票价格表现。

我们可以看到，中证500指数覆盖了中小盘股票（扣除了沪深300指数后的前500名），而中证800指数则覆盖了沪深排名前800的股票。因此，中证800指数是大中小盘通吃，可谓是真正的宽基指数。

中证800指数的行业权重如表3-20所示。

表3-20　中证800指数的行业权重

行业	权重（%）	行业	权重（%）
金融地产	25.98	可选消费	10.17
工业	13.50	原材料	8.60
主要消费	12.94	电信业务	2.29
信息技术	11.87	公用事业	1.94
医药卫生	11.29	能源	1.43

注：数据截至2020年7月末。

目前市面上发行的挂钩中证800指数的基金比较少，规模不大，有代表性意义的一只如表3-21所示。

表3-21　部分挂钩中证800的指数基金

代码	简称	基金公司	规模（亿元）（截至2020年7月末）	运作方式
515810.SH	中证800ETF	易方达基金	1.46	ETF

其实为了模拟中证800指数，你可以同时购买沪深300指数基金和中证500指数基金，这样流动性更好。

创业板指数

创业板指数属于宽基指数，是以从创业板中选取的市值大、流动性好的100家公司为样本，按照流通市值做加权平均。

由于创业板以高新企业为主，因此在创业板指数中，高新技术企业的占比超过九成。在市场偏好于新经济、高科技等主题时，创业板指数往往表现得非常好。

创业板指数的各行业权重如表3-22所示。

表3-22 创业板指数的行业权重

行业	权重（%）	行业	权重（%）
医药卫生	32.56	信息技术	27.90
工业	15.35	金融	6.72
主要消费	5.79	可选消费	5.15
原材料	3.40	电信业务	3.14

注：数据截至2020年7月末。

除了上述的创业板指数，还有一些创业板指数的变种，例如华安基金和其他公司联合开发的创业板50指数，是在创业板指数的100只股票中，选取最近半年日均成交额排名靠前的50只股票作为创业板50指数的样本股。

挂钩创业板指数的基金较多，表3-23所示的是几只典型的基金。

表3-23 部分挂钩创业板指的指数基金

代码	简称	基金公司	规模（亿元）	运作方式
159949.SZ	华安创业板50ETF	华安基金	139.51	ETF
159915.SZ	易方达创业板ETF	易方达基金	188.48	ETF
110026.OF	易方达创业板ETF联接A	易方达基金	46.17	ETF联接基金
159948.SZ	南方创业板ETF	南方基金	24.44	ETF
002656.OF	南方创业板ETF联接A	南方基金	13.24	ETF联接基金

注：数据截至2020年7月末。

科创 50 指数

上证科创板50成分指数（简称科创50指数，代码000688），由上海证券交易所科创板中市值大、流动性好的50只证券组成，反映最具市场代表性的一批科创企业的整体表现。科创50指数的计算方法也是按照流通市值加权。由于科创板定位于高科技型企业，因此科创50成分股大多属于高研发、高增长的新兴产业。科创50指数的行业权重分布如表3-24所示。

表3-24 创板50指数的行业权重

行业	权重（%）	行业	权重（%）
信息技术	55.95	原材料	7.30
医药卫生	19.89	电信服务	5.01
工业	10.35	可选消费	1.50

注：数据截至2020年8月末。

如果未来10年，中国能够成功地转型升级为科技创新大国，解决科技领域“卡脖子”核心技术的自主知识产权，那么科创板有可能成为中国版纳斯达克，涌现出一批世界级的企业。科创50指数从市盈率角度来看比较高，主要原因有两点：一是科创板的很多企业尚未实现稳定的盈利；二是市场对其未来高增长的预期。因此，科创50指数虽然从短期看波动较大，但从长期看，实际上是做多中国的科技业。

截至2020年9月末，已经上市的挂钩科创50指数的基金如表3-25所示。

表3-25 部分挂钩科创50的指数基金

代码	简称	基金公司	规模（亿元）	运作方式
588000	华夏上证科创板50成分ETF	华夏基金	51.34	ETF
588080	易方达上证科创板50成分ETF	易方达基金	51.06	ETF
588090	华泰柏瑞上证科创板50成分ETF	华泰柏瑞基金	54.99	ETF
588050	工银上证科创50成分ETF	工银瑞信基金	52.43	ETF

窄基指数

窄基指数是由特定行业或主题下面的成分股所构建的指数。因此，窄基指数与特定行业或主题的股价表现高度相关，往往会出现独立于股市大盘的行情。窄基指数可以按照行业、主题、风格或其他标准加以分类。图3-7所示的是中证指数公司发布的各类典型的窄基指数（不完整，只选取了有代表性的几个）。

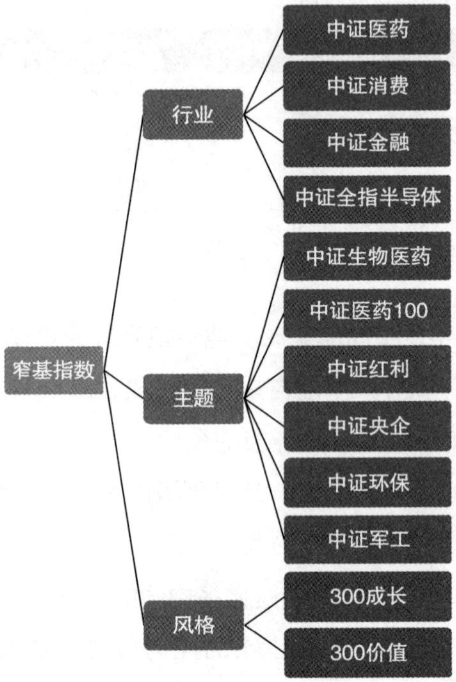

图3-7　窄基指数的分类

医药行业指数

医药行业属于科技含量很高的行业，很多原创研发药的研发费用高、研发周期长，但一旦成功投向市场，它们就能够赚取很高的利润。

正是由于医药行业的高成长性，市场给医药行业公司的市盈率也很高，反映了对其未来业绩增速的高预期（见图3-8）。从长期来看，医药行业前景广阔；不过在短周期内，市场会过度透支未来的增长预期。

图3-8 医药100指数的市盈率走势

目前主流的医药行业指数如表3-26所示。

表3-26 主流的医药行业指数

代码	指数简称	说明
000913	300医药	沪深300医药卫生指数由沪深300指数样本股中的医药卫生行业股票组成，以反映该行业公司股票的整体表现；该指数反映的是医药行业市值处于第一梯队的公司，属于医药大盘股
000978	医药100	中证医药100指数由医药卫生和药品零售行业市值较大的100只股票组成，以反映医药相关行业公司股票的整体走势。该指数选取了市值前100的医药公司，基本覆盖了医药行业的大中型企业
000933	中证医药	中证医药卫生指数由中证800指数样本股中的医药卫生行业股票组成，以反映该行业公司股票的整体表现
000991	中证全指医药	中证全指医药指数从中证全指样本股医药卫生行业内选择流动性和市场代表性较好的股票构成指数样本股，以反映沪深两市医药卫生行业公司股票的整体表现

（续表）

代码	指数简称	说明
930726	中证生物医药	中证生物医药指数选取提供细胞医疗、基因测序、血液制品、生物技术药物、疫苗、体外诊断等产品和服务的上市公司作为样本股，采用自由流通市值加权方式，并对单个股票设置5%的权重上限，以反映生物医药上市公司的整体表现
399989	中证医疗	中证医疗指数从沪深A股医药卫生行业的上市公司中，选取业务涉及医疗器械、医疗服务、医疗信息化等医疗主题的上市公司股票作为指数样本股，以反映医疗主题上市公司股票的整体表现

目前市场上主流的医药行业指数基金如表3-27所示。

表3-27　部分挂钩医药行业的指数基金

代码	简称	基金公司	规模（亿元）	挂钩指数	运作方式
512290.SH	国泰中证生物医药ETF	国泰基金	44.92	中证生物医药指数	ETF
512010.SH	易方达沪深300医药ETF	易方达基金	27.42	沪深300医药卫生指数	ETF
000059.OF	国联安中证医药100A	国联安基金	25.80	中证医药100指数	开放式基金
159938.SZ	广发中证全指医药卫生ETF	广发基金	26.79	中证全指医药卫生指数	ETF
001180.OF	广发医药卫生联接A	广发基金	14.08	中证全指医药卫生指数	ETF联接基金

注：数据截至2020年7月末。

消费行业指数

除了医药行业，消费行业是另一个A股市场非常活跃的行业。按照消费品的特性，消费可以分为主要消费和可选消费。

消费行业是一个弱周期行业，在经济增长低迷时，股价表现仍然比较坚挺。而且，国内的消费升级对消费行业龙头企业是一个长期利好。

目前，市场上主流的消费指数如表3-28所示。

表3-28 市场上主流的消费指数

代码	指数简称	说明	成分股数量（可变）
000932	中证主要消费（中证消费）	中证主要消费指数由中证800指数样本股中的主要消费行业股票组成，以反映该行业公司股票的整体表现	48
931139	中证消费50	中证消费50指数由沪深两市可选消费与主要消费（剔除汽车与汽车零部件、传媒子行业）中规模大、经营质量好的50只龙头公司股票组成，以反映沪深两市消费行业内50家龙头公司股票的整体表现，为指数化产品提供新的标的	50
000036	上证消费	上证消费指数选择上海证券市场主要消费行业股票，以反映该行业公司股票的整体表现	30
000126	上证消费50	上证消费50指数是以上证全指为样本空间，由过去一年日均总市值和日均成交金额排名靠前的50只可选消费和主要消费公司股票组成，以反映沪市A股中消费类股票的整体表现	50
000989	中证全指可选消费	中证全指可选消费指数从中证全指样本股可选消费行业内选择流动性和市场代表性较好的股票构成指数样本股，以反映沪深两市可选消费行业内公司股票的整体表现	435
399997	中证白酒	中证白酒指数以中证全指为样本空间，选取涉及白酒生产业务的相关上市公司股票作为成分股，为市场提供多样化的投资标的	18

过去3年（2017年7月31日—2020年7月31日），中证主要消费年化收益率为33.08%，上证消费50年化收益率为15.90%，大幅超越了股

市宽基指数。

目前，市面上主流的消费行业指数基金如表3-29所示。

表3-29 部分挂钩消费行业的指数基金

代码	简称	基金公司	规模（亿元）	挂钩指数	运作方式
159928.SZ	汇添富中证主要消费ETF	汇添富基金	78.38	中证主要消费指数	ETF
000248.OF	汇添富中证主要消费ETF联接	汇添富基金	31.44	中证主要消费指数	ETF联接基金
515650.SH	富国中证消费50ETF	富国基金	9.27	中证消费50	ETF

注：数据截至2020年7月末。

半导体行业指数

半导体行业一直是近几年的股市热点。随着美国对中国半导体技术的封锁，国产替代成为未来10年的主要议题之一。因此，虽然半导体行业的很多公司目前仍然处于研发、追赶阶段，利润很少甚至是长期亏损，但它们未来的市场前景可期。

海关总署的数据显示，2019年我国集成电路进口额高达3 055亿美元，且在2007—2019年，进口额呈逐步上升趋势（见图3-9）。而2019年原油进口额为2 413亿美元，低于集成电路进口额。如果国产替代的趋势成立，那么半导体行业未来几年将大概率维持高增长格局。

当然，和医药行业一样，高成长性行业的市盈率都非常高，会透支未来的高增长预期（见图3-10）。如果投资择时不当，半导体指数可能会处于估值消化期，投资收益有限。

目前，市场上主流的半导体指数如表3-30所示。

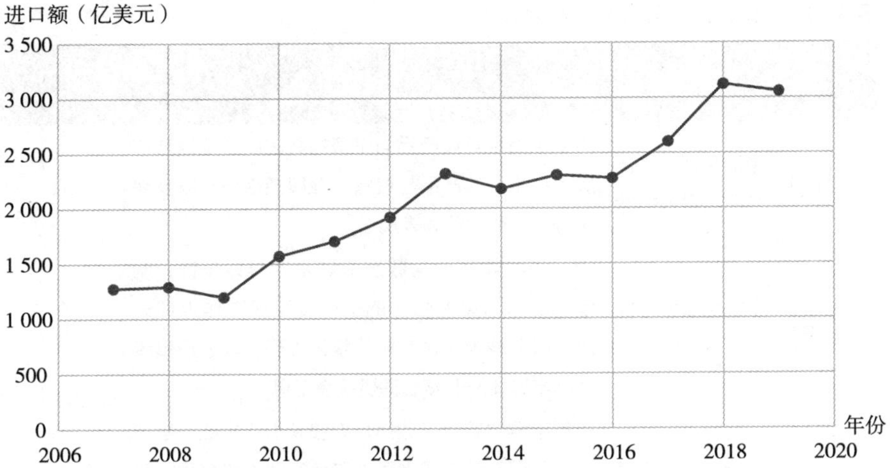

图3-9 我国集成电路进口额（2007—2019年）

数据来源：海关总署。

图3-10 中证全指半导体指数的市盈率走势

数据来源：Wind。

目前，市面上主流的半导体行业指数基金如表3-31所示。

表3-30 市场上主流的半导体指数

代码	指数简称	说明	成分股数量（可变）
H30184	中证全指半导体产品与设备指数	中证全指半导体产品与设备指数由中证全指样本股中的半导体产品与设备行业股票组成，以反映该行业股票的整体表现	31
931081	中证半导体产业指数	中证半导体产业指数选取涉及半导体设计、制造、应用与设备生产的上市公司股票作为成分股，以反映半导体产业的整体表现，并为投资者跟踪半导体产业发展提供投资工具	45
990001	中华半导体芯片行业指数	中华半导体芯片行业指数为股票价格指数，旨在追踪中国A股市场半导体芯片行业上市公司的股价表现，相关公司经营范围涵盖半导体芯片材料、设备、设计、制造、封装和测试	48
931079	中证5G通信主题指数	中证5G通信主题指数选取产品和业务与5G通信技术相关的上市公司作为样本股，包括但不限于电信服务、通信设备、计算机及电子设备、计算机运用等细分行业，旨在反映相关领域的A股上市公司整体表现	61

表3-31 部分挂钩半导体行业的指数基金

代码	简称	基金公司	规模（亿元）	挂钩指数	运作方式
512480.SH	国联安中证半导体ETF	国联安基金	67.20	中证全指半导体产品与设备指数	ETF
007300.OF	国联安中证全指半导体产品与设备ETF联接A	国联安基金	15.11	中证全指半导体产品与设备指数	ETF联接基金
007301.OF	国联安中证全指半导体产品与设备ETF联接C	国联安基金	20.68	中证全指半导体产品与设备指数	ETF联接基金
008281.OF	国泰CES半导体芯片行业ETF联接A	国泰基金	8.30	中华半导体芯片行业指数	ETF联接基金

（续表）

代码	简称	基金公司	规模（亿元）	挂钩指数	运作方式
008282.OF	国泰CES半导体芯片行业ETF联接C	国泰基金	15.64	中华半导体芯片行业指数	ETF联接基金

注：规模数据截至2020年7月末。

金融业指数

金融业主要包括银行与非银行金融机构。上市的非银行金融机构主要包括证券和保险公司等。

银行业的特点是稳！稳有两层含义：一是下跌的机会不多，二是上涨的动力不大。过去10年，整个银行业的市盈率、市净率都处于一个非常低的水平，但银行股票的股息率还不错。你可以把银行业想象成一个成熟的中年人——老成持重，每年有稳定的利润，但不能像年轻小伙子一般意气风发。

目前，最常见的银行业指数如表3-32所示。

表3-32 主流的银行业指数

代码	指数简称	说明	成分股数量（可变）
399986	中证银行	中证银行指数由中证全指样本股中的银行业股票组成，以反映该行业股票的整体表现	36

目前，市场上主流的银行业指数基金如表3-33所示。

表3-33 部分挂钩银行业的指数基金

代码	简称	基金公司	规模（亿元）	挂钩指数	运作方式
512800.SH	华宝中证银行ETF	华宝基金	64	中证银行	ETF
001594.OF 001595.OF	天弘中证银行指数A、C	天弘基金	61	中证银行	开放式基金

注：规模数据截至2020年7月末。

证券行业的特点是股价弹性大。当股市处于熊市时，券商股业绩下滑，估值下跌，形成“戴维斯双杀”。当股市处于牛市时，公司业绩上涨，估值水平也上涨，形成“戴维斯双击”。因此，证券行业的指数基金非常适宜在股市处于熊市底部区域时大量建仓。

目前，最常用的证券行业指数如表3-34所示。

表3-34 主流的证券行业指数

代码	指数简称	说明	成分股数量（可变）
399975	中证全指证券公司	中证全指证券公司指数由中证全指样本股中的证券公司行业股票组成，以反映该行业股票的整体表现	45

目前，市场上主流的证券行业指数基金如表3-35所示。

表3-35 部分挂钩证券行业的指数基金

代码	简称	基金公司	规模（亿元）	挂钩指数	运作方式
512880.SH	国泰中证全指证券公司ETF	国泰基金	276.15	中证全指证券公司指数	ETF
512900.SH	南方中证全指证券公司ETF	南方基金	45.57	中证全指证券公司指数	ETF
004069.OF	南方中证全指证券ETF联接A	南方基金	7.97	中证全指证券公司指数	ETF联接基金
004070.OF	南方中证全指证券ETF联接C	南方基金	26.76	中证全指证券公司指数	ETF联接基金

注：规模数据截至2020年7月末。

另外，一些指数基金挂钩的是非银行金融，成分股主要是券商与保险。目前，最常见的非银行金融指数如表3-36所示。

表3-36 主流的非银行金融指数

代码	指数简称	说明	成分股数量（可变）
H30035	沪深300非银行金融指数	沪深300非银行金融指数选取沪深300指数中综合金融、保险行业的股票作为样本，旨在反映该类股票的整体表现	39

目前，市场上主流的非银行金融指数基金如表3-37所示。

表3-37 部分挂钩非银行金融的指数基金

代码	简称	基金公司	规模（亿元）	挂钩指数	运作方式
512070.SH	易方达沪深300非银行金融ETF	易方达基金	30	沪深300非银行金融指数	ETF
000950.OF 007882.OF	易方达沪深300非银行金融ETF联接A、C	易方达基金	18	沪深300非银行金融指数	ETF联接基金

注：规模数据截至2020年7月末。

指数增强型基金

在指数基金序列中，有一种指数基金显得尤为另类：指数增强型基金。这类基金的名字中，都带有“增强”二字。传统指数基金几乎100%是模拟跟踪指数的成分股，管理起来当然很轻松，但也有个缺陷，即没有发挥基金经理的主观能动性。传统指数基金的收益表现基本和跟踪指数的走势保持一致。指数增强型基金，就是在传统指数基金上加入一些基金经理主动管理的“作料”，以图在保持偏离跟踪指数幅度不太大的前提下，增强收益，从而获得比跟踪指数更高的投资收益。

增强收益主要是通过以下几种方式进行的：

- 指数成分股内部做权重调整。传统的指数基金需要完全复制指数各成分股的权重。指数增强型基金可以不完全按照这个权重，而是在这个权重的基础上，根据对行业和个股的研究，进行权重的调整，从而提高投资收益。

- 加入非成分股，进行优选增强。有些股票并不在指数范围内，但具备上涨潜力，基金经理可将其纳入投资序列，以提高投资收益。

大部分指数增强型基金对于成分股内部的权重调整以及非成分股挑选，都是基于量化模型来做决策的，有的还辅之以人工的基本面研究。目前最为流行的量化指数增强模型是多因子选股模型，基于盈利、成长、流动性、营运能力、现金流、估值、交易量、规模、波动性、红利等因子进行建模。

当然，指数增型强基金也不能过分地偏离跟踪指数，否则就不是指数基金了。基金的招募说明书中都对偏离度做了明确限制。例如，一种典型的偏离度限制是，日均跟踪偏离度不超过0.5%，年跟踪误差不超过7.75%。

指数增强型基金，是否真的在传统指数基金的基础上做到了收益增强，这取决于基金公司的多因子量化模型的有效性，以及基金经理的基本面研究能力。在极端情况下，增强成了负增强（低于跟踪指数），也是完全有可能的。

我们以市场中跟踪沪深300指数的指数增强型基金为例。2019年，管理规模比较大的基金，比如富国沪深300增强、兴全沪深300指数增强A等，跟踪误差都比较小，控制在±7.75%以内。当然，也有负增强的基金，景顺长城沪深300增强就跑输沪深300指数1.09%。不过，如果我们考虑到管理费1.0%、托管费0.2%，那么合计每年1.2%的综合费率基本与指数收益是持平的。毕竟，指数基准是没有费用的。一些规模较小的（<10亿元）指数增强型基金能够做到明显的收益增强，比如广发沪深300指数增强A的2019年收益增强高达11.30%；但也有负增强的，比如

国泰沪深300指数增强A在2019年的收益就大幅跑输沪深300指数。

指数增强型基金能否做到正收益增强，取决于增强的量化选股模型的有效性、基金经理的基本面研究能力以及市场的风格转换等因素。我们不能轻易下结论——今年跑输业绩基准的，就是差基金。

一般来说，任何量化模型策略都有一定的市场容量。因此，管理规模越大的基金越不好做收益增强，而规模较小且比较灵活的基金容易获得超额的正向收益增强。这也是收益增强靠前的基金规模都不大的原因。

部分指数增强型基金如表3-38所示。

表3-38　部分指数增强型基金

证券代码	证券简称	2019年回报（%）	对沪深300的增强（%）	基金规模（亿元，2019年）
006020.OF	广发沪深300指数增强A	47.37	11.30	5.71
003876.OF	华宝沪深300指数增强A	46.54	10.47	3.60
162213.OF	泰达宏利沪深300指数增强A	44.44	8.37	3.40
000176.OF	嘉实沪深300增强	39.93	3.86	12.81
163407.OF	兴全沪深300指数增强A	39.22	3.15	51.68
100038.OF	富国沪深300增强	38.83	2.76	118.95
110030.OF	易方达沪深300量化增强	37.27	1.20	12.35
000300.SH	沪深300指数（基准）	36.07	—	—
000311.OF	景顺长城沪深300增强	34.98	−1.09	94.93
005137.OF	长信沪深300指数增强A	30.06	−6.01	1.14
000512.OF	国泰沪深300指数增强A	20.44	−15.63	7.16

指数增强型基金虽好，但是需要投资者付出代价：费率比传统指数基金要高！传统指数基金的管理费、托管费分别是0.5%/年和0.1%/年，合计0.6%/年。而指数增强型基金管理费、托管费分别是1.0%/年和0.2%/年，合计1.2%/年，比传统指数基金要高。

怎么选指数基金

如前所述，指数基金选得好，可以躺赢。但是市面上的指数基金琳琅满目，发行指数基金的基金公司也非常多，投资者该如何挑选呢？

龙叔总结了指数基金挑选“三看法”：一看指数，二看规模，三看费率。

看指数

如前所述，指数基金跟踪的指数非常多，有宽基指数和窄基指数。即使是窄基指数，也分不同的行业、风格、主题等。最重要的是，投资者要了解每种指数的特点，并根据自己的风险偏好和收益预期来选择。

龙叔把个人投资者分为如表3-39所示的几种人，并根据相应特点做了不同的指数基金匹配。

表3-39　不同指数的风格特征

投资者风格	特点	推荐的跟踪指数	指数基金特征
稳健型	■ 我要稳，不要大起大落 ■ 最好还能吃点股息	■ 上证50 ■ 上证180 ■ 中证消费50	■ 成分股都是大盘股，稳字当先 ■ 股息率较高，以金融、地产股为主
茫然型	■ 觉得股市可以涨 ■ 对风格、行业没有明显偏好，也不熟悉	沪深300	■ 沪深两市中市值靠前的300只股票 ■ 行业和风格比较均衡 ■ 由于是大中盘，不至于出现妖股
小票型	喜欢中小票，股价弹性高（过山车式的行情表现）	■ 中证500 ■ 创业板指	■ 中小票居多，妖股集散地 ■ 指数弹性大，暴涨暴跌的可能性高
新兴产业型	喜欢未来发展前景广阔的行业，比如医药、电子、新能源等	■ 中证全指半导体 ■ 医药100、医药300 ■ 科创50 ■ 中证新能源 ■ 中证新能源汽车	■ 行业处于高速发展阶段，还未到盈利收获期，行业市盈率普遍较高 ■ 行业指数弹性大，暴涨暴跌的可能性高

（续表）

投资者风格	特点	推荐的跟踪指数	指数基金特征
金融型	偏好金融行业的股票	■ 中证银行 ■ 中证全指证券公司 ■ 沪深300非银行金融指数	低估值、高股息

看规模

指数基金大部分是ETF或LOF，这些都属于场内基金，而场外基金有ETF联接基金。由于指数基金大部分在场内交易，因此规模越大，流动性越好。

另外，有些基金公司重点发展ETF，旗下的代表性指数基金比较多，规模比较大。例如，华泰柏瑞基金、华宝基金、华夏基金、南方基金等公司，都在ETF领域拥有市场领先品种。

一般来说，百亿规模以上的ETF的流动性非常好，值得投资。表3-40所示的是截至2020年7月底部分规模超过100亿元的指数基金（不包括债券指数基金）。

表3-40　部分规模靠前的指数基金

证券代码	基金简称	挂钩指数	基金规模（亿元）	基金管理人
510050.SH	上证50ETF	上证50	395.11	华夏基金
510500.SH	中证500ETF	中证500	384.60	南方基金
510300.SH	沪深300ETF	沪深300	342.05	华泰柏瑞基金
510330.SH	300ETF基金	沪深300	270.53	华夏基金
515050.SH	5GETF	中证5G通信主题指数	256.24	华夏基金
159919.SZ	300ETF	沪深300	227.25	嘉实基金
512880.SH	证券ETF	中证全指证券公司指数	197.64	国泰基金

（续表）

证券代码	基金简称	挂钩指数	基金规模（亿元）	基金管理人
510180.SH	上证180ETF	上证180	194.04	华安基金
110003.OF	易方达上证50指数A	上证50	179.76	易方达基金
159915.SZ	创业板	创业板指数	172.61	易方达基金
160706.SZ	嘉实300A	沪深300	164.73	嘉实基金
159995.SZ	芯片ETF	国证半导体芯片指数	150.12	华夏基金
000051.OF	华夏沪深300ETF联接A	沪深300	133.68	华夏基金
161725.OF	招商中证白酒指数分级	中证白酒指数	129.25	招商基金
512950.SH	央企改革ETF	中证央企结构调整指数	127.88	华夏基金
512960.SH	央调ETF	中证央企结构调整指数	121.90	博时基金
512000.SH	券商ETF	中证全指证券公司指数	116.92	华宝基金
512760.SH	国泰CES芯片ETF	中华交易服务半导体芯片行业指数	114.91	国泰基金
515900.SH	央创ETF	中证央企创新驱动指数	111.09	博时基金
510810.SH	上海国企ETF	中证上海国企指数	100.42	汇添富基金

注：规模数据截至2020年7月末。

看费率

指数基金最大的优势就是费率低。主动管理型基金的持续费率大约为1.75%/年（包括1.5%/年的管理费和0.25%/年的托管费），而指数基金的持续费率大约只有0.6%/年（包括0.5%/年的管理费和0.1%/年的托管费），两者相差超过1%/年。更何况，在申购费、赎回费、销售服务费方面，指数基金也要比主动管理型基金低。如果投资者是在二级市场购买ETF，就没有申购费；同样，在二级市场卖出，也没有赎回费。

指数增强型基金由于加入了一些主动管理的元素，持续费率会更高。一般而言，指数增强型基金的管理费为1%/年，托管费为0.2%/年，两者合计为1.2%/年。

指数基金的费率普遍比较低，不过具体到每个产品，可能略有差异。在跟踪同一个指数的情况下，我们可以选取费率更低的产品。

债券基金：稳定的收益

为什么要投资债券基金

债券基金是资金主要投资于债券市场的基金。不同于股票市场，大量散户可以直接买卖股票，债券市场是相对专业化的市场，绝大部分散户直接参与债券投资的渠道很少，只有少部分合格投资者可以参与。因此，个人投资者参与债券市场最常见的方式就是购买一只债券基金。

个人投资者为什么要买债券基金？理由如下：

（1）净值波动不大、回撤小，收益稳定，适合风险偏好较低的投资者。

股票型基金（包括股票基金、偏股混合基金、股票指数基金）的长期赢利能力很强，过去17年（2003—2019年），中证股票基金指数年化收益率为13.15%，大幅超越通胀和债券基金，但其净值波动也非常剧烈。股票型基金过去17年年度最大净值亏损为51.42%，超过了很多人的心理承受能力。很多保守稳健型的个人投资者受不了净值的大起大落，而债券基金就非常适合他们：收益非常稳定，净值回撤非常小。过去17年（2003—2019年），中证债券基金指数年化收益率为6.19%，年度最大净值亏损为2.89%，实在是“稳稳的收益”！

通过对比中证的股票基金指数、混合基金指数、纯债债基指数、非纯债债基指数的表现，我们可以看到，股票型基金（包括股票基金、混合基金）指数上涨速度非常快，但波动非常大，单年度下跌甚至超过50%。而债券基金（包括纯债债基、非纯债债基）指数一直是稳步上涨的，虽然上涨速度不及股票型基金指数，但胜在稳定（见图3-11）。

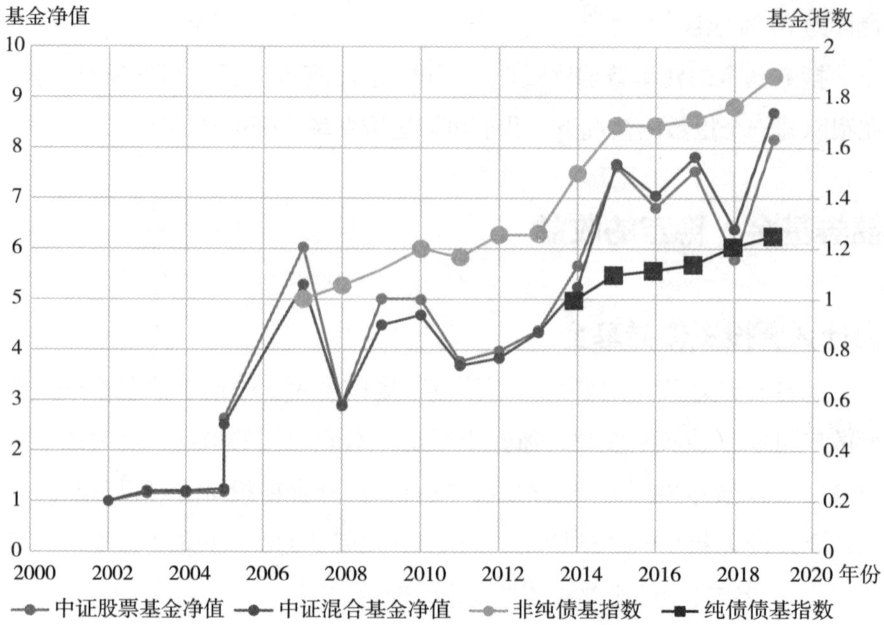

图3-11 债券基金与其他指数的比较

（2）适合短期投资者。

如果你有一笔短期闲钱，想通过配置资产获取一些收益，那么债券基金就非常符合你的胃口。如果把短期资金投资于股票基金，短期收益又高度不确定，那么你在赎回这笔资金时很可能面临投资亏损的情况。

债券基金的净值回撤较小，即使是短期投资（比如3个月左右），也能大概率获得稳稳的收益。当然，只是说概率更大，没人能够保证一定不会亏损。但债券基金即使出现亏损，亏损幅度也不会太大。

（3）多种类型可供选择。

债券基金也分很多类型，以满足不同投资者的不同风险需求。如果资金投资期限短、求安稳，那么你可以购买中短期纯债基金。如果投资时间相对较长，而你又不希望净值波动太大，那么你比较适合持有长期纯债基金。如果觉得债券收益达不到自己的收益预期，你可以试试混合债券基金，其中至多可以配置20%的股票。混合债券基金既有债券资产

“稳稳的收益”，又有潜在的股市上涨收益，属于收益增强型产品。

（4）适合对利率走势有一定研究的个人。

有些个人投资者对未来利率走势有相当专业的研究。利率与债券价格的关系是：利率越低，债券价格越高；反之亦然。有些投资者在当前市场利率处于相对高位时购买一只债券基金，除了能够享受债券利息收入，还能享受未来市场利率下行导致的债券价格上涨，从而获得价差收益。

什么是债券

债券就是企业或政府发行的标准化的债权凭证，可以在二级市场买卖。如果一家银行给某个企业发放了一笔贷款，这笔贷款是很难在二级市场流通的，因为贷款本身并非标准化产品。但是如果企业发行了一只债券，那么购买了这只债券的金融机构随时可以在二级市场以合理价格变现。

按照属性，我们可以将债券分成如下几类（见图3-12）。

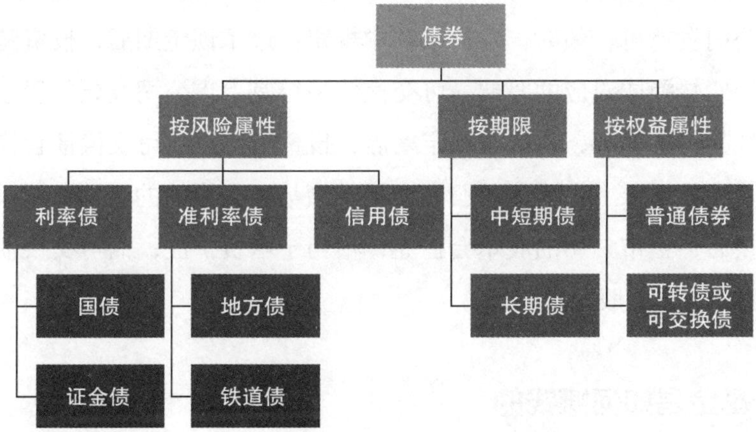

图3-12　债券的分类

利率债是信用风险极低的债券，主要是中央政府或有中央政府信用背书的机构发行的债券。第一类是国债，由财政部发行；第二类是政策性金融债（简称证金债），是由三大政策性银行（国开行、进出口银行、农发行）发行的债券。持有利率债的投资者，不用担心其违约风险，只需要考虑利率涨跌对其价格的影响。

准利率债的信用资质仅次于利率债。第一类是地方债，是由省级政府发行的债券；第二类是铁道债，是由铁路总公司发行的债券。持有这类债券的投资者，其实也不用担心违约风险。

信用债就是一般企业发行的债券。如果细究起来，信用债还可以分为由金融机构发行的金融债和一般工商企业发行的信用债。金融机构的信用资质高、融资能力强，因此金融债的信用等级普遍要高于普通的信用债。

债券的剩余期限越长，久期越大，其价格的波动性越高；剩余期限越短，久期越小，其价格的波动性越低。因此，很多债券基金为了区分风险特性，会发行中短期债券基金、长期债券基金，以满足投资者的不同风险偏好。

普通债券是纯粹的债权，到期后发行人还本付息。但可转债不一样，上市公司发行可转债时，发行条款中规定：过了锁定期后，投资者可以将可转债转换成对应的股票。可交换债是持有上市公司股票的股东发行的特殊品种的债券，在过了锁定期后，投资者可以将可交换债置换成发行人手中的某家上市公司的股票。可转债与可交换债的区别在于：可转债转换后，上市公司的股本会扩充，相当于增资扩股；而可交换债只是将债券和存量的股票做置换。

债券基金是如何赚钱的

我们购买了一只债券基金，基金经理会帮我们投资，为什么还要弄明白债券基金是如何赚钱的呢？正所谓“知道香肠怎么吃，也需要知道香肠是怎么做的”，我们只有做到心中有数，才能够粗略地判断预期的投资收益以及基金经理的投资水平。我们自己不必成为债券投资专家，但是需要了解债券投资是怎么回事。

如前所述，债券是标准化的债权资产，可以理解为标准化、可在二级市场自由买卖的信用贷款。债券投资的收益主要源于三处：（1）票息收入；（2）买卖价差收入；（3）杠杆性利差收入。

票息收入

票息收入就是债券的利息收入。任何一只债券，发行时都有特定的发行利率。每只债券的票面利率都不同。一般来说：（1）信用资质越高，利率越低，例如，利率债（包括国债、政策性银行债）的发行利率就比普通信用债要低；（2）在同等信用资质下，期限越长，利率越高，例如，5年期的信用债就会比3年期的信用债利率要高。

因此，一只债券基金，如果想获得更高的票息收入，要么拉长所投债券的剩余期限，要么降低信用资质要求，配置更多的信用债。不过，这也是有代价的：（1）债券剩余期限越长，意味着久期越大，价格波动性也就越大，基金净值波动也越大；（2）信用资质越弱，意味着债券的违约风险越大，一只持仓信用债如果出现违约，会造成基金净值的明显下跌。

准确地说，当你买入一只债券时，你所获得的票息收入并不是这只债券的票面利率，而是购买时这只债券的到期收益率。到期收益率的计算对于个人投资者来说，过于复杂。个人投资者只要记住一点：买入时的债券价格越低，到期收益率越高，票息收入也就越高。

实 例

债券基金的持仓明细

易方达富惠纯债债券（代码：003214）是易方达基金旗下基金

经理胡剑管理的一只纯债基金。我们在天天基金网查询到，其2020年2季度末披露的部分持仓明细如表3-41所示。

表3-41 易方达富惠纯债债券的部分持仓明细

序号	债券代码	债券名称	占净值比例（%）	持仓市值（万元）
1	180203	18国开03	4.15	18 295.20
2	101801189	18兖州煤业MTN002	2.32	10 240.00
3	112872	19GLPR1	2.28	10 056.00
4	112080904	20昆仑银行CD087	2.21	9 749.00
5	1780014	17龙湖绿色债03	2.10	9 239.40

持仓最大的债券是“18国开03”，是由国家开发银行发行的债券，属于利率债（违约风险极低），票面利率为4.62%；其次是“18兖州煤业MTN002”，属于兖州煤业股份有限公司发行的信用债，票面利率为4.39%。当然，票面利率不等于投资后基金所获得的票息收入的利率，因为我们并不清楚基金经理是何时以何种价格买入的，因此也就无从得知买入时的债券到期收益率。

买卖价差收入

债券发行上市后，就可以在二级市场自由流通，市场参与者可以进行买卖。如同股票一样，债券的卖出价格未必和买入价格相同，这就存在一个买卖价差。低买高卖会产生价差收入，而高买低卖则会产生价差亏损，这和股票的交易原理是一样的。如果持仓债券的当前市场价格上涨，即使基金经理不卖出，这些债券也会出现估值浮盈，基金净值上涨（在使用市价估值法的前提下）。

那么一只债券的价格为什么会产生波动呢？债券的价格主要取决于当前市场的利率水平。如果是信用债，还会受到发行人的信用资质的影响：信用资质恶化，则价格下跌；反之亦然。

债券价格与利率水平（收益率）是反向变化关系，如图3-13所示。

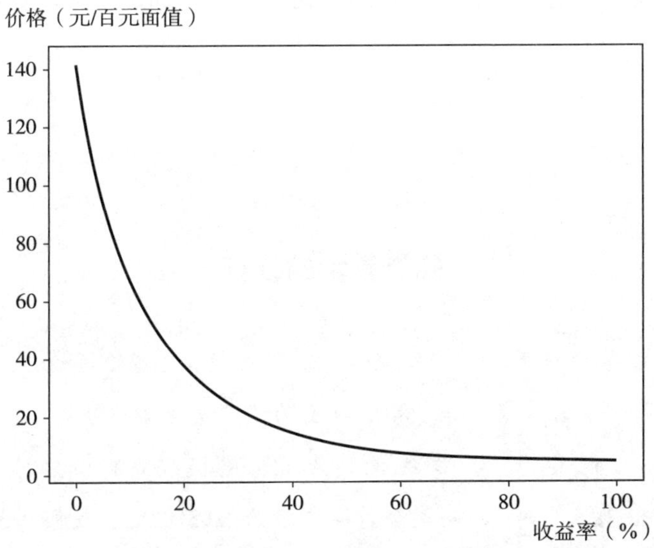

图3-13 债券价格与收益率的关系图

当你购买了一只债券基金后，如果金融市场通行利率下降，则你的债券基金净值很可能增长较快，这主要得益于利率下降导致了债券价格上升。即使基金经理不卖出持仓债券，债券也会出现估值浮盈，基金净值同步上升。

杠杆性利差收入

相比于股票，债券的年化收益率不高，所以需要辅以其他手段做收益增强。最常见的方法就是加杠杆：把基金持仓中的债券质押出去，获得融资，然后拿这些钱再买入新的债券。只要新买入债券的收益大于融资成本，就能提高整个基金持仓的投资收益。这和股票质押融资本质是一样的。

普通开放式债券基金要求杠杆率不得超过140%（定期开放式债券基金的杠杆率可以更高）。如果一只基金的净资产有100亿元，那么它最多可以借入40亿元，使总资产达到140亿元。也就是说，债券基金的总资产有可能大于它的净资产，而多出来的部分就是通过质押债券加杠杆借来的钱。

实 例

债券基金的杠杆

广发基金旗下的“广发纯债债券”纯债型基金，分为A、C两类，由张芊、宋倩倩管理。其中A类为“广发纯债债券A”（代码：270048），C类为“广发纯债债券C”（代码：270049）。截至2020年6月末，A、C两类合计净资产为6.95亿元。我们在天天基金网查询到的基金公司披露的资产配置明细如表3-42所示。

表3-42 广发纯债债券的资产配置明细

报告期	股票占净比	债券占净比（%）	现金占净比（%）	净资产（亿元）
2020-06-30	—	111.88	0.51	6.95
2020-03-31	—	118.35	0.73	6.43
2019-12-31	—	125.49	0.95	6.41
2019-09-30	—	126.45	0.66	8.01

我们可以看到，“债券占净比”（债券总资产/净资产）超过了100%，这说明该纯债基金使用了杠杆，以获得杠杆利差收入。当然，没有哪只债券基金能够把140%的杠杆全部加满，因为还需要预留额外的杠杆空间应付临时的基金净赎回。

根据所投资产的类型和比例，债券型基金又可以分为纯债基金和混合债券基金。

纯债基金

纯债基金的持仓全部是债券，没有股票。根据配置债券的期限长短，纯债基金又可以细分为中短期纯债基金、长期纯债基金。中短期纯债基金配置的债券期限比较短，因此净值波动较小，回报也会较低。而长期纯债基金主要配置的是长期限债券，净值波动较大，回报也会较高。纯债基金的名字往往都带有“纯债”两个字。

中证纯债债券型基金指数显示，2015—2019年纯债基金的平均年化收益率为3.69%，基本跑赢了通胀，但与银行理财收益相比，没有明显优势。这主要是因为其投资标的全部为债券，本身的利率收益并不高。不过，纯债基金有个巨大的优势：年度级别的亏损很少。对于保守型的投资者而言，纯债基金是一个非常不错的投资标的。

表3-43所示的是最近3～5年业绩表现优秀的部分长期纯债基金。2015—2019年，债券经历了2轮牛市、1轮熊市、1轮平市，跨越了2个利率周期。表3-43所示的名单中，剔除了规模较小的，只选取了最新管理规模在3亿元以上的基金。

表3-43 最近3～5年业绩表现优秀的部分长期纯债基金

证券代码	证券简称	最新规模（亿元，截至2020年8月5日）	3年复合年化收益率（%，2017—2019年）	5年复合年化收益率（%，2015—2019年）
000345.OF	鹏华丰融定期开放债券	7.77	10.85	8.91
000277.OF	博时双月薪定期支付债券	4.26	4.64	7.60

（续表）

证券代码	证券简称	最新规模（亿元，截至2020年8月5日）	3年复合年化收益率（%，2017—2019年）	5年复合年化收益率（%，2015—2019年）
100072.OF	富国强回报定期开放债券A、B	4.12	6.35	7.44
000552.OF	中加纯债一年A	12.96	5.16	7.32
000415.OF	大摩添利18个月开放债券A	12.44	6.13	7.26
000416.OF	大摩添利18个月开放债券C	3.53	5.70	6.81
550019.OF	信诚优质纯债债券B	3.54	5.26	6.78
000064.OF	大摩18个月定期开放债券	30.76	6.00	6.77
000310.OF	安信永利信用A	3.79	5.92	6.72
000267.OF	广发集利一年定期开放债券A	10.06	4.78	6.71
519675.OF	银河泰利债券A	10.15	2.71	6.61
161117.OF	易方达永旭定期开放债券	13.44	5.24	6.54
166904.OF	民生加银平稳添利债券A	10.09	4.46	6.54
000137.OF	民生加银岁岁增利A	19.31	5.82	6.36
206018.OF	鹏华产业债债券	20.90	6.84	6.35

混合债券基金

混合债券基金的持仓大部分是债券，还有一小部分可以配置股票，不过具体的股票配置比例需要根据合同来定，一般不超过20%。混合债券基金由于可以配置少部分股票，因此其收益明显要高于纯债基金。这类基金的名字也很有特点，一般包含“双利”“稳健”“增强”“增利”“强化”等字眼。

实 例

混合债券基金

“工银瑞信双利债券A”（代码：485111.OF）是工银瑞信基金发行的一款混合债券基金。其招募说明书中规定的资产配置比例要求如下：

本基金投资组合资产配置比例：债券（含可转换债券）等固定收益类资产占基金资产的比例不低于 80%，股票等权益类资产占基金资产的比例不超过20%，基金持有现金及到期日在一年以内的政府债券占基金资产净值的比例不低于5%，其中现金不包括结算备付金、存出保证金和应收申购款等。

我们可以看到，该款基金可以配置不超过20%的股票。2020年公布的中报显示，基金总资产为281.4亿元，其中债券243.9亿元，占比86.7%，股票22亿元，占比7.8%；剩余的是一些银行存款等其他资产。

表3-44所示的是最近3～5年业绩表现优秀的部分混合债券基金。2015—2019年，债券经历了2轮牛市、1轮熊市、1轮平市，跨越了2个利率周期；股市也经历了2个牛熊周期。表3-44所示的名单中，剔除了规模较小的，只选取了最新管理规模在3亿元以上的基金。

表3-44 最近3～5年业绩表现优秀的部分混合债券基金

证券代码	证券简称	最新规模（亿元，截至2020年8月5日）	3年复合年化收益率（%，2017—2019年）	5年复合年化收益率（%，2015—2019年）
110027.OF	易方达安心回报债券A	91.23	8.04	9.81
110028.OF	易方达安心回报债券B	29.18	7.67	9.44
000171.OF	易方达裕丰回报债券	143.28	8.20	9.37
000118.OF	广发聚鑫债券A	82.75	7.89	9.30
202101.OF	南方宝元债券A	75.38	6.99	9.23
000119.OF	广发聚鑫债券C	18.99	7.56	9.07
110008.OF	易方达稳健收益债券B	182.44	7.09	8.76
110007.OF	易方达稳健收益债券A	46.23	6.79	8.47
233012.OF	大摩多元收益债券A	31.56	5.27	8.20
050011.OF	博时信用债券A、B	15.08	7.47	7.98
233013.OF	大摩多元收益债券C	5.81	4.81	7.72
050111.OF	博时信用债券C	4.42	7.06	7.59

我们可以看到，在加入了少部分股票做收益增强后，混合债券基金的平均年化收益率明显比纯债基金高，平均高2%～3%。

如何挑选债券基金

个人投资者该如何挑选债券基金呢？龙叔总结了“五看法”，便于大家挑选到心仪的债券基金。

一看：风险偏好

债券基金有纯债基金、混合债券基金，纯债基金又可以分为中短期纯债基金、长期纯债基金。根据自己的投资需求和风险偏好，选择适合自己的一款基金，是关键的一步。

你如果有笔钱可做短期投资（例如不到1年），那么应该选择净值波动较小的中短期纯债基金。你如果有笔钱能够投资1年以上，那么可以考虑长期纯债基金。当然，纯债基金的收益率都不算太高，过去5年的年化收益率仅在4%左右，虽然出现年度净值亏损的情况很少，但收益也不够可观。在这种情况下，混合债券基金是一个比较好的选择，股票能够进行收益增强。

混合债券基金还有个很大的优点，即可以在债券、股票不同的资产大类之间做资产配置。假设股市处于熊市，那么混合债券可以不持仓股票，将所有的资金投入到债券资产中。而股票基金则不行，按照合同要求，一般最低持仓不能低于80%；在股市处于熊市时，持有人只能默默承受净值下跌了。

二看：基金公司

有些基金公司的传统优势是债券类投资，那么投资者就可以选择优先挑选这些公司的债券基金。我们可以参考社保基金理事会挑选的作为养老金投资管理机构的基金公司，这些基金公司都是社保养老金投资的委托机构，它们的投研能力得到了广泛的认可。

2019年年底，社保基金理事会的招标结果显示，有14家投研实力较强的基金公司中标：博时基金、大成基金、富国基金、工银瑞信基金、广发基金、海富通基金、华夏基金、汇添富基金、嘉实基金、南方基金、鹏华基金、易方达基金、银华基金、招商基金。当然，这不是说其他基金公司的管理能力欠缺。实际上，有些基金公司虽然成立时间不长，但一直将债券基金作为其业务特色，比如鹏扬基金。

三看：基金经理

基金经理对一只基金业绩的持续表现起着至关重要的作用，甚至在某种程度上，我们说“选基金就是选基金经理”。因此，如果一名基金经理有着历史较长的持续表现优秀的公开业绩，那么其管理的基金未来业绩表现优秀的概率更大，因为之前的历史业绩表明了基金经理的投研能力。

很多明星股票基金经理往往如流星一般，因业绩闪耀过1～2年，随后就泯然于众人。债券基金经理的发挥则相对稳定，由于债券的属性所致，其收益表现不会过于极端。

怎么选基金经理呢？当然要看基金经理的历史业绩回报！所谓“路遥知马力”，观察时间越长，越能检验一名基金经理的投资能力。当然，个人投资者不可能把市场上所有基金经理都分析一遍，因为他们根本就没有那个精力和时间。一个简易的方法是参照中国基金报每年颁发的英华奖获得者，他们基本都属于明星基金经理，其业绩经受了时间考验。与金牛奖（中国证券报颁发）侧重考察基金产品不同，英华奖更侧重于考察基金经理。以2019年英华奖获得者为例，债券领域获奖的基金经理如表3-45所示。

表3-45　2019年英华奖部分获奖者

三年期纯债投资最佳基金经理		五年期纯债投资最佳基金经理	
刘涛	鹏华基金	尹培俊	华富基金
李轶	摩根士丹利华鑫基金	王晓晨、张雅君	易方达基金
张雪	摩根士丹利华鑫基金	王立	大成基金
马龙	招商基金	代宇	广发基金
庄园	安信基金	贺涛	华安基金
王超	融通基金	李轶	摩根士丹利华鑫基金
黄纪亮	富国基金	于泽雨	新华基金
于泽雨	新华基金	陈凯杨	博时基金

（续表）

三年期纯债投资最佳基金经理		五年期纯债投资最佳基金经理	
张文平	平安基金	马龙	招商基金
周恩源	鹏华基金	史向明	农银汇理基金
苏玉平	华安基金	祝松	鹏华基金
蒋利娟	泰康资产		
三年期二级债投资最佳基金经理		**五年期二级债投资最佳基金经理**	
陈玮	中银基金	张清华	易方达基金
张清华	易方达基金	过钧	博时基金
过钧	博时基金	胡剑	易方达基金
胡剑	易方达基金	张芊	广发基金
赵晓东	国海富兰克林基金	李轶	摩根士丹利华鑫基金
黎颖芳	建信基金	欧阳凯、宋炳坤	工银瑞信基金
宋海娟	中信保诚基金	何秀红	工银瑞信基金
毛从容	景顺长城基金	刘怡敏	国海富兰克林基金
刘太阳	鹏华基金		

纯债投资就是纯债基金，二级债投资就是混合债券基金（可以配置不超过20%的股票）。三年期奖项需要看基金经理过去三年的业绩表现，而五年期奖项则需要看基金经理过去五年的业绩表现。因此，五年期奖项的含金量更高。

我们按照基金公司分类，汇总了过去三年（2017—2019年）获得过英华奖的债券基金经理，如表3-46所示。

表3-46所示的债券基金经理经受了相当长时间的业绩考验，其投资能力得到了市场认可。在购买债券基金时，我们可以参考上述名单。当然，历史业绩不代表未来收益承诺：做一件好事不难，难的是做一辈子好事。

选定了心仪的基金经理，我们还可以在天天基金网查看该基金经理管理过和现在管理的产品，以及对应的收益回报和排名，并作为选择产品的参考。

表3-46 过去三年（2017—2019年）获得过英华奖的债券基金经理

基金公司	近三年英华奖获得者（债券基金）	基金公司	近三年英华奖获得者（债券基金）
安信基金	庄园	农银汇理基金	史向明
博时基金	陈凯杨、过钧	鹏华基金	戴钢、刘太阳、周恩源、祝松
大成基金	王立	平安基金	张文平
东吴基金	王文华	融通基金	王超
富国基金	黄纪亮	泰康资产	蒋利娟
工银瑞信基金	杜海涛、宋炳坤、江明波、何秀红	天弘基金	姜晓丽
广发基金	代宇、张芊、任爽	新华基金	于泽雨
国海富兰克林基金	刘怡敏、赵晓东	易方达基金	胡剑、王晓晨、张雅君、张清华
国泰基金	吴晨	银河基金	韩晶
国投瑞银基金	李怡文	银华基金	邹维娜
华安基金	贺涛、苏玉平	长城基金	钟光正
华富基金	胡伟、尹培俊	长信基金	李小羽
华夏基金	柳万军	招商基金	马龙
建信基金	黎颖芳、李菁、钟敬棣	中加基金	闫沛贤
景顺长城基金	毛从容	中信保诚基金	宋海娟
摩根士丹利华鑫基金	李轶、张雪	中银基金	陈玮
南方基金	李璇		

四看：产品要素

产品要素包括：

（1）基金产品的类型：是纯债的还是混合的、是长期限的还是中短期限的；是以信用债投资为主的，还是以利率债投资为主的；是普通开放式基金，还是定期开放式或封闭式基金。搞清楚这些产品细节，是我们进行债券基金投资的第一步。

（2）目前的主要持仓配置。纯债基金毫无疑问配置的都是债券。混合债券基金的持仓配置是值得个人投资者看一看的——主要看债券与股票的持仓配置比例。如果一只混合债券基金最近净值上涨很快，我们要看看这是因为增配了很多股票，受益于股市上涨因素，还是因为债券市场的波段操作得当，获得了不菲的价差收益。在天天基金网输入任何一只基金代码，我们都能查到其披露的持仓情况。

实　例

摩根士丹利华鑫基金的李铁曾数次获得过英华奖，管理的混合型债券基金较多。“大摩多元收益债券A”（代码：233012）是混合型债券基金，有着良好的历史业绩。它的持仓配置及变化如表3-47所示。

表3-47　大摩多元收益债券A的持仓变化

报告期	股票占净比（%）	债券占净比（%）	现金占净比（%）	净资产（亿元）
2020-6-30	20.00	104.44	5.00	37.37
2020-3-31	14.60	82.44	0.49	49.28
2019-12-31	15.14	82.61	7.99	26.1
2019-9-30	10.38	100.33	4.92	17.48
2019-6-30	—	94.47	1.15	8.99
2019-3-31	0.75	102.18	1.12	7.34

我们可以发现，该基金从2019年下半年开始不断增持股票，

至2020年6月末，已达最高20%限额。进一步分析其债券持仓，我们发现，可转债占净资产的16.6%。由于可转债具有权益属性，其价格波动较大，因此该基金持仓中股票加可转债合计为37.6%。2020年年初至今（2020年8月6日），该基金取得了7.29%的绝对收益，这主要得益于其增配了股票资产。

（3）各项费率。费率也是很重要的因素，尤其是当长期持有一只基金时，费率的高低对净值增长有着明显的影响。一般来说，纯债基金费率最低，其次是混合债券基金。以李铁管理的“大摩多元收益债券A”为例，各项费率如表3-48所示。

表3-48 大摩多元收益债券A的费率表

费用科目	费率
管理费	0.75%/年
托管费	0.20%/年
销售服务费	不收取
申购费（打一折）	申购金额＜100万元：0.08% 100万元≤申购金额＜500万元：0.05% 申购金额≥500万元：单笔1 000元
赎回费	持有期限＜7天：1.50% 7天≤持有期限＜1年：0.10% 1年≤持有期限＜2年：0.05% 持有期限≥2年：0

五看：基金评级

市面上的基金公司很多，基金产品更多，个人投资者该如何挑选呢？所幸有独立第三方基金评价公司，为我们把市面上几乎所有的基金根据其历史业绩表现做了评级。我们在挑选的时候，可以参考它们的评级等级。

目前，国内最主流的基金评级机构有晨星、银河证券、招商证券、上海证券等。晨星作为全球知名的基金评级公司，权威度较高。在挑选债券基金时，我们可以选取三年晨星评级、五年晨星评级都在三颗星及以上的债券基金，如表3-49所示（晨星官网网址：www.morningstar.cn）。

表3-49 部分业绩优秀的债券基金

代码	基金简称	基金类型	晨星评级（三年）	晨星评级（五年）
360013	光大保德信信用添益债券A	混合债基	★★★★★	★★★★★
360014	光大保德信信用添益债券C	混合债基	★★★★★	★★★★★
000014	华夏聚利债券	混合债基	★★★★★	★★★★★
165509	信诚增强收益债券（LOF）	混合债基	★★★★★	★★★★★
162105	金鹰持久增利债券（LOF）C	混合债基	★★★★★	★★★★☆
001001	华夏债券A、B	混合债基	★★★★★	★★★★☆
206003	鹏华信用增利债券A	混合债基	★★★★★	★★★★★
161908	万家添利债券（LOF）	混合债基	★★★★★	★★★★☆
420102	天弘永利债券B	混合债基	★★★★★	★★★★★
206018	鹏华产业债债券	混合债基	★★★★★	★★★★☆
000187	华泰柏瑞丰盛纯债债券A	纯债基金	★★★★★	★★★★★
000186	华泰柏瑞季季红债券	纯债基金	★★★★★	★★★★☆
001578	博时裕瑞纯债债券	纯债基金	★★★★★	★★★★☆
000188	华泰柏瑞丰盛纯债债券C	纯债基金	★★★★★	★★★★☆
000148	易方达高等级信用债债券C	纯债基金	★★★★★	★★★★☆
001299	兴业添利债券	纯债基金	★★★★☆	★★★★★
000147	易方达高等级信用债债券A	纯债基金	★★★★☆	★★★★☆
000191	富国信用债债券A、B	纯债基金	★★★★☆	★★★★☆
530021	建信纯债债券A	纯债基金	★★★★☆	★★★★☆
100066	富国纯债债券发起A、B	纯债基金	★★★★☆	★★★★☆

另外，由中国证券报主办的基金业金牛奖也会对优质债券基金颁发

奖项。当然，金牛奖获奖的基金只有那么几个，不像晨星评级基本把主流的产品都给予评分（成立时间超过三年）。

以2020年颁发的第十七届中国基金业金牛奖为例，表3-50是获奖的债券基金。考核期限越长，说明其业绩经受了更长时间的考验，含金量越高。

表3-50 第十七届中国基金业金牛奖的获奖债券基金

获奖类型	基金名称	
七年期债券型基金	博时信用债纯债债券	国投瑞银优化增强债券
	招商产业债券	建信双息红利债券
五年期债券型基金	大摩添利18个月开放债券	工银瑞信双利债券
	南方通利债券	天弘永利债券
	鹏华丰融定期开放债券	

混合基金：进可攻退可守

股票型基金80%以上的持仓为股票，而债券型基金的80%以上持仓为债券。股票型基金虽然收益高，但波动也大，受制于最低持仓限制，熊市来了大概率跟着大盘一起跌。而债券型基金虽然收益稳定，但无奈收益不高，不够“性感”。基金能不能兼顾股票和债券呢？在股市上涨时多加仓股票，而熊市时可以减仓切换到更为安全的债券资产，岂不是一举两得？这就是混合型基金（简称：混合基金）的由来。

混合基金的特点是进可攻、退可守，可以在股票和债券资产之间来回切换。当然，切换的比例不是无限制的。根据其侧重点不同，混合基金又可以细分为偏股混合型基金、偏债混合型基金以及平衡混合型基金。

一般来说，偏股混合型基金的股票最低持仓为60%左右，偏债混合型基金的债券最低持仓在60%左右。而平衡混合型基金则根据其合同规定有所不同，但一般而言，股票债券的配比大约在1∶1。

还有一类混合基金，股票与债券的配置比例范围更宽，甚至达到0～100%。这类基金的产品名称往往带有“灵活”字眼。由于投资比例限制更少，我们很难界定其到底是股票多一些还是债券多一些，要看具体的持仓配置。这类基金有可能出现很大的风格漂移。

实 例

混合基金的持仓变化

易方达中小盘混合（代码：110011）是由易方达基金的张坤管理的一只偏股混合型基金。其招募说明书披露，股票资产占基金资产的60%～95%，债券及现金类资产占比0～40%。

东方红核心优选定开混合（代码：006353）是东方资管旗下的偏债混合型基金。其招募说明书披露，基金投资组合中的股票资产投资比例为基金资产的0～30%。

广发稳健增长混合（A类代码：270002，C类代码：009326）则是平衡混合型基金。其招募说明书披露，股票投资比例限制在30%～65%。

平衡混合型基金的股债比例范围比较宽，因此有较大自由进行调配。图3-14是“广发稳健增长混合”基金过去几年的股票与债券的持仓比例变化。

诺安灵活配置混合（代码：320006）是由诺安基金发行的一款平衡混合型基金。其招募说明书披露，该基金为灵活配置混合型基金，基金的资产配置比例范围为：股票资产占基金资产的30%～80%；现金、债券资产、权证以及中国证监会允许基金投资的其他证券品种占基金资产的20%～70%。由此可见，该基金的比例范围极宽。诺安灵活配置混合的资产配置走势如图 3-15 所示。

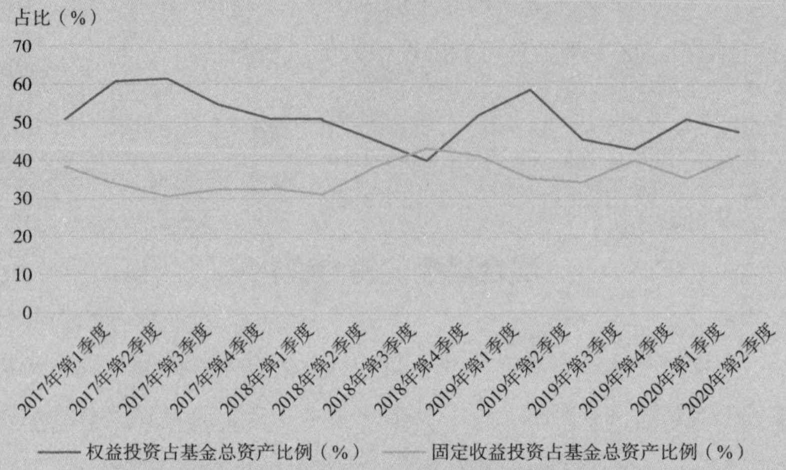

图3-14 广发稳健增长混合的资产配置走势

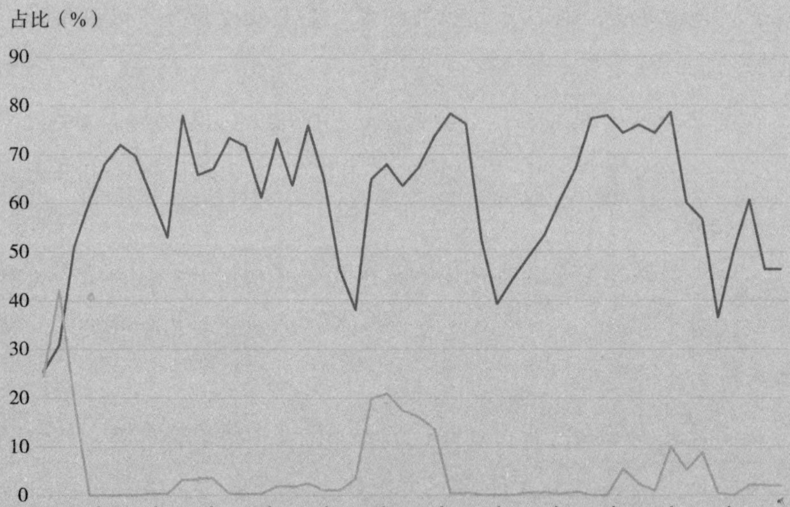

图3-15 诺安灵活配置混合的资产配置走势

易方达新兴成长灵活配置（代码：000404）则更为夸张，作为灵活配置型混合基金，其股票资产占基金资产的比例为 0 ~ 95%。仅凭合同约定，是很难知道这只基金的投资偏好的。但从 2014—2020 年的持仓配置来看，它无疑就是股票型基金，股票占总资产比例均值在 90% 左右。易方达新兴成长灵活配置的资产配置走势如图 3-16 所示。

图3-16 易方达新兴成长灵活配置的资产配置走势

混合基金能不能挣钱？龙叔统计了2013—2019年中证混合基金指数（代码：H11022），并与股票型基金做了对比。我们发现，混合基金的年均收益更高，而年度最大跌幅却比股票基金低。正是因为混合基金的持仓比较灵活，能在股市熊市时择机减仓，切换配置到债券资产，因而能够降低股市下跌的影响。而股票型基金最低持仓比例80%，只能和股市同呼吸共命运了。表3-51所示的为股票型基金与指数对比情况。

表3-51 股票型基金与指数对比（2003—2019年）

代码	简称	发布机构	总收益（%）	年化收益（%）	年度最大回撤（%）
H11021.CSI	中证股票型基金指数	中证指数有限公司	716.90	13.15	-51.42
H11022.CSI	中证混合型基金指数	中证指数有限公司	769.64	13.57	-45.40
000001.SH	上证指数	中证指数有限公司	124.66	4.88	-65.39
399001.SH	深证成指	中证指数有限公司	278.02	8.14	-63.36
881001	万得全A	万得信息技术	349.27	9.24	-62.92

当然，混合型基金由于持仓配置灵活，就需要基金经理具备很强的资产择时能力。如果择时不佳，基金经理的操盘收益很可能跑不赢业绩比较基准。

QDII基金：投资境外的好渠道

之前我们说的各类基金，不管是股票型、债券型还是混合基金，都是投资于国内的A股或债券市场的。如果我们看好境外的资产，比如美股、港股等资产，怎么办呢？QDII基金就是专门为此设立的。

QDII（Qualified Domestic Institutional Investor）是合格境内机构投资者的简称。境内的钱可以通过QDII基金投到境外去。与之相对的，QFII就是合格境外机构投资者——境外资金想要投资国内的股票和债券市场，可以借力QFII基金。QDII基金走的是额度审批制，由国家外汇管理局进行审批。也就是说，境内的钱想要出海，首先需要外汇管理局批准一定额度。这也是国内资本管制的表现。

就海外市场而言，目前主流QDII基金主要配置于美股及港股市场。

表3-52是部分管理规模靠前的有代表性的QDII基金。

表3-52　部分市场主流QDII基金

证券代码	证券简称	基金规模（亿元）	2017年回报（%）	2018年回报（%）	2019年回报（%）	主要投资市场
510900.OF	易方达恒生H股ETF	92.36	18.67	-7.02	16.22	港股，跟踪恒生中国企业指数
159920.OF	华夏恒生ETF	63.93	30.24	-8.53	14.37	港股，跟踪恒生指数
070012.OF	嘉实海外中国股票	43.69	34.44	-14.65	19.55	港股、美股
377016.OF	上投摩根亚太优势	43.16	31.58	-13.38	24.35	亚太股票市场
162411.OF	华宝标普油气A	37.47	-15.41	-23.84	-9.17	美股，跟踪标普石油天然气上游股票指数
000041.OF	华夏全球精选	37.02	36.54	-13.52	19.09	全球股票市场
513050.OF	易方达中证海外互联ETF	34.42	—	-29.39	32.37	港股、美股，跟踪中证海外中国互联网50指数
000290.OF	鹏华全球高收益债	34.32	1.72	-3.45	14.14	全球债券市场
202801.OF	南方全球精选	33.18	16.37	-8.83	28.50	部分市场的股票基金、港股
050030.OF	博时亚洲票息	25.77	0.24	2.62	11.54	亚洲市场债券及债券基金
100061.OF	富国中国中小盘	25.47	28.98	-13.33	20.74	部分市场的股票和基金
513500.OF	博时标普500ETF	20.56	13.01	-1.18	32.75	美股，跟踪标普500指数
001061.OF	华夏海外收益A	20.05	3.46	0.97	11.98	全球债券市场

注：基金规模截至2020年8月20日。

数据来源：Wind。

在很多的QDII基金的招募说明书中，写明的投资范围包括“……已与中国证监会签署双边监管合作谅解备忘录的国家或地区证券市场挂牌交易的……”。这是一份投资区域的白名单，只有在白名单内的国家的股票、债券或基金，才能进入投资范围中。当然，这个白名单是不断扩大的。截至2019年年底，证监会公布的白名单如表3-53所示。

表3-53 已与中国证监会签署双边监管合作谅解备忘录的国家或地区

地区	国家或地区
亚洲	阿布扎比、阿塞拜疆、文莱、柬埔寨、中国台湾、迪拜、阿联酋、中国香港、印度、印度尼西亚、伊朗、以色列、日本、约旦、哈萨克斯坦、韩国、科威特、老挝、马来西亚、蒙古、巴基斯坦、卡塔尔、新加坡、泰国、土耳其、越南
美洲	加拿大、美国、阿根廷、巴西、智利
欧洲	奥地利、白俄罗斯、比利时、塞浦路斯、法国、德国、希腊、爱尔兰、意大利、列支敦士登、立陶宛、卢森堡、马耳他、荷兰、挪威、波兰、葡萄牙、罗马尼亚、俄罗斯、西班牙、瑞典、瑞士、英国、乌克兰
非洲	埃及、尼日利亚、南非
大洋洲	澳大利亚、新西兰
离岸岛屿	开曼群岛、根西岛、马恩岛、泽西岛

注：数据截至2019年年底。

一般来说，名字中带有“全球”二字的QDII基金，可投范围都包括上述白名单中的国家或地区。不过，在实际投资中，投资者不可能普遍撒网。一般而言，美国和中国香港市场是最主要的投资地，毕竟这两个市场市场容量大，而且国内对其相对熟悉。另外，投资印度、越南、南非、巴西这样的新兴市场国家，也能提供很好的投资收益和风险对冲。

FOF：主打大类资产配置

FOF（Fund of Funds）是一种特殊的基金，名为“基金中的基金”。

传统基金的投资标的为股票、债券、货币市场工具等直接投资品，但FOF不同，其投资标的主要是其他各类基金产品。

既然有各类基金产品了，为什么还有投资于基金的基金呢？FOF主要是用作大类资产配置的，FOF基金经理根据对未来市场的研究，决定在哪些资产类别、行业、风格或主题之间进行配置。具体到某个细分资产类别的配置时，FOF不会挑选具体的投资标的，而是委托给对应的基金经理来操作，即挑选某个细分领域的优秀的基金经理管理的产品。

例如，FOF基金经理看好未来一年创业板、医药、TMT行业的收益潜力，因此会将FOF的资金中的大部分配置到创业板、医药及TMT行业的股票基金上去。具体到医药或TMT行业，FOF基金经理再去挑选这个细分领域业绩表现优秀的基金产品。FOF基金经理如果当年不看好股市而更看好债市，则可以将更多的资金超配到纯债基金产品上，以期获得超额收益。

因此，FOF的优势在于，将研究精力聚焦到大类资产配置与行业轮动上，具体的个股（或个券）挑选则由具体产品的基金经理去完成。FOF基金经理需要的是挑选出优秀的基金经理。

FOF在我国发展较晚。截至2020年6月末，部分规模较大的FOF如表3-54所示。

表3-54　部分规模较大的FOF

证券代码	证券名称	基金规模（亿元）
006991.OF	民生加银康宁稳健养老目标一年持有期混合（FOF）	58.59
006880.OF	交银安享稳健养老一年（FOF）	50.32
008886.OF	民生卓越配置6个月持有期混合（FOF）	37.96
202801.OF	南方全球精选配置（QDII-FOF）	33.18
008144.OF	工银智远配置三个月持有期混合（FOF）	31.81
008145.OF	兴全优选进取三个月持有（FOF）	24.41
008169.OF	汇添富核心优势三个月混合（FOF）	21.06

（续表）

证券代码	证券名称	基金规模（亿元）
007401.OF	浦银安盛颐和稳健养老一年混合（FOF）A	20.99
007643.OF	华安稳健养老一年（FOF）	18.13
501018.SH	南方原油LOF	16.82
007247.OF	易方达汇智稳健养老目标一年持有期混合（FOF）	16.52
007898.OF	富国智诚精选三个月持有混合（FOF）	14.08
006580.OF	兴全安泰平衡养老三年持有（FOF）	13.28

注：规模数据截至2020年6月末。

FOF虽好，但有个不得不面临的问题：双重收费。FOF所投资的基金产品，本身就收取各项费用（比如管理费、托管费、申购赎回费等），而FOF也会收取管理费、托管费、申购赎回费等各项费用。

为了解决双重收费问题，FOF对投资于自家公司管理的其他基金，不再收取FOF管理费、托管费等各项费用。不过，如果是投资于其他基金公司的基金产品，那么双重收费不可避免。

一般来说，FOF的年管理费率为0.5%～0.6%，年托管费率为0.15%～0.2%。如果是QDII的FOF，则管理费率更高。

对个人投资者来说，投资FOF，主要还是在于获取更为稳健的收益。不过，国内FOF刚起步，是否为市场所接受，还有待时间的检验。

私募基金：高净值人群专属

公募基金的好处是法规对其有严格的监管要求，例如对于持仓分散度、杠杆、定期公布报告的规定等约束，相对公开透明。而且，公募基金的起购金额比较低，一般100元起购，最低的甚至1元起购。公募基金的销售渠道也比较丰富，银行、券商、第三方平台（支付宝、微信、天天基金等）都能购买。所以对大部分个人投资者来说，公募基金的门槛较低，投资方便，是非常好的投资标的。

公募基金严格的投资限制，制约了投资者追求绝对收益的能力，因此它主要有以下几个缺陷。

- 公募基金有最低持仓要求，例如股票型基金最低持仓80%，偏股型混合基金最低持仓60%。在股市下跌的时候，公募基金的对冲手段有限，只能跟着大盘一起下跌。所以在股市熊市中，市场上绝大部分的股票型基金都是下跌的。这就是所谓的看天吃饭。
- 持仓分散度要求。公募基金有所谓的“双十规定”：一只基金持有同一股票不得超过基金净资产的10%；一家基金公司管理的全部基金持有的同一只股票，不得超过这只股票总股本的10%。持仓足够分散，固然降低了净值波动和流动性风险，但也限制了创造超额收益的能力。毕竟好的投资标的是极为稀缺的，撒胡椒面式的投资并不能持续创造超额收益。
- 投资策略相对有限。绝大部分公募基金采用的都是单纯的多头策略，尽管有少部分基金使用量化、宏观对冲、多资产配置等灵活的投资策略，但毕竟是非主流。主流的基金产品，还是以单纯的多头为主，无非在仓位上有所控制，手段相对有限。
- 投资者追涨杀跌的现象严重。大部分公募基金都是开放式基金，可每日申购赎回，其主要持有者是个人投资者，而个人投资最喜欢追涨杀跌。在股市进入泡沫化阶段，大量散户购买基金，使得基金经理被迫高位建仓。在股市下跌后，很多股票价值已经变得极为便宜，但基金又卖不出去，于是基金公司和基金经理便面临巧妇难为无米之炊的困境。

有没有基金能够避免公募基金上述的缺陷呢？私募基金应运而生。私募基金是专门为高净值人群设立的定制型基金。

私募投资基金（简称私募基金）是指在中华人民共和国境内，以非公开方式向投资者募集资金设立的投资基金。私募基金的财产投资包括股票、股权、债券、期货、期权、基金份额及合同约定的其他投资标的。

私募基金主要分为私募证券投资基金、私募股权投资基金、资产配置类私募投资基金。私募证券基金主要投资于公开交易的股份有限公司股票、债券、期货、期权、基金份额以及中国证监会规定的其他资产；私募股权投资基金主要投向未上市企业股权、上市公司非公开发行或交易的股票以及中国证监会规定的其他资产；资产配置类私募投资基金主要采用FOF的投资方式，主要对私募证券投资基金和私募股权投资基金进行跨类投资。

简而言之，私募股权投资基金就是做PE（私募股权）、VC（风险投资）等一级市场股权投资的；资产配置类私募投资基金，主要以FOF形式进行跨资产类别投资。私募证券投资基金主要投资于二级市场，这也是我们狭义上所说的私募基金，也是本章讨论的内容。

相对于公募基金，私募基金有什么优势呢？

- 没有最低持仓要求。以股票型基金为例，私募基金股票资产比例为0～100%，最低可以空仓。所以私募基金非常灵活，在股市下跌或熊市中，可以躲过大跌。因此，我们经常看到，熊市中的一些私募基金创造了非常惊艳的收益。
- 持仓集中度进一步提升。公募基金受限于“双十规定”，不能在一只或几只股票上重仓，而一般的私募基金单个资产的持仓比例可以放宽到30%。
- 有一定的封闭期。大部分的公募基金都是普通开放式的，即每日可以申购赎回，这增加了基金经理的投资管理难度，对追求长期化收益不利。而大部分私募基金产品发行时都有一定的封闭期，比如一年或三年。这样，私募产品的基金经理可以专注于中长期投资，而不用担心短期的流动性干扰。

- 策略灵活多变。私募基金的投资策略包括股票策略、宏观策略、管理期货、事件驱动、相对价值、固定收益、组合策略、复合策略等多样化的投资策略。另外，资产配置类的私募基金，还可以通过FOF形式进行跨资产类别的投资。

私募基金产品的资金来源是非公开募集，《中华人民共和国证券投资基金法》规定，非公开募集基金应当向合格投资者募集，合格投资者累计不得超过二百人。什么是合格投资者呢？《私募投资基金监督管理暂行办法》规定：

私募基金的合格投资者是指具备相应风险识别能力和风险承担能力，投资于单只私募基金的金额不低于100万元且符合下列相关标准的单位和个人：

（一）净资产不低于1 000万元的单位；

（二）金融资产不低于300万元或者最近三年个人年均收入不低于50万元的个人。

简单点说，想要投资私募基金产品，最低起投金额100万元，这个门槛比公募基金的100元要高得多。也就是说，私募基金产品主要针对的是高净值人群。

基金业协会发布的信息显示，截至2019年12月底，备案私募证券基金数量4.1万只，备案私募证券基金管理规模2.45万亿元。这么多私募基金公司发行这么多私募产品，个人投资者该如何挑选呢？买私募基金，最需关注的就是私募基金公司的投研能力。毕竟私募江湖鱼龙混杂，能够穿越周期证明长期投资业绩的私募公司相对更为靠谱。

私募管理人

私募江湖凭业绩说话，业绩好的私募基金，能够在短短几年内规模增长数倍甚至几十倍；业绩欠佳的私募基金，从百亿元规模到默默无闻的也常有发生。公募基金追求的是相对收益，即超出业绩比较基准即可——哪怕业绩基准亏损30%，如果该基金亏损10%，超额业绩就是+20%，算是业绩表现优秀的。

私募基金追求的是绝对收益，要的是正回报。试想，如果市场大盘亏损30%，一只私募基金亏损10%并从高净值客户那儿收取超额业绩提成，客户会高兴吗？

因此，那些成立时间悠久、创始人历史业绩辉煌、规模稳定的私募基金公司，往往历经了时间的考验，在多轮牛熊周期中存活了下来，证明了其穿越周期的投资研究能力。

行业一般会将私募基金的管理规模按照100亿元以上、50亿～100亿元、20亿～50亿元、10亿～20亿元、1亿～10亿元、1亿元以下分成多个层级。管理规模多年稳定在100亿元以上的私募基金，属于第一梯队的头部私募公司。这里排除债券私募基金，因为债券的低风险特性，管理规模往往做得很大，不具有比较意义。

在投资策略方面，大部分百亿级的私募公司以股票策略为主，也有少部分使用复合策略、管理期货、量化投资等。值得关注的是，近几年量化投资兴起很快，出现了几家百亿级私募公司，比如宁波幻方量化、九坤投资、明汯投资等。

具体该如何选择私募基金公司及私募产品呢？首先最好选择成立时间较久、规模较大的私募公司。这类公司可参考的历史业绩时间较长，投资者能够更好地衡量公司穿越周期的投资能力。产品方面，没有具体的定量标准，但是一般来说，一家私募公司有其优势特长，比如有的擅长长期价值投资，有的擅长发现高成长性股票，有的擅长量化投资。选择一家公司的优势产品是一个合理选择。

还有一个简易方法：可以参考私募金牛奖的获奖公司和产品。私募金牛奖也是由中国证券报举办的。当然，私募金牛奖只是依据历史业绩来进行评定的，历史业绩并不代表未来。以2020年的私募金牛奖为例，部分获奖情况如表3-55所示。

表3-55 2020年的私募金牛奖部分获奖名单

<table>
<tr><th>奖 项</th><th colspan="2">获奖名单</th></tr>
<tr><td>五年期金牛私募管理公司（股票策略）</td><td colspan="2">上海少数派投资管理有限公司
北京汉和汉华资本管理有限公司
上海世诚投资管理有限公司
上海景林资产管理有限公司
上海重阳投资管理股份有限公司
北京源乐晟资产管理有限公司
深圳丰岭资本管理有限公司
上海名禹资产管理有限公司
深圳东方港湾管理股份有限公司</td></tr>
<tr><td rowspan="11">五年期金牛私募投资经理（股票策略）</td><td>姓名</td><td>机构</td></tr>
<tr><td>陈龙</td><td>宁波美港投资管理中心（有限合伙）</td></tr>
<tr><td>杨建海</td><td>北京源乐晟资产管理有限公司</td></tr>
<tr><td>夏春</td><td>深圳天生桥资产管理有限公司</td></tr>
<tr><td>童驯</td><td>上海同犇投资管理中心（有限合伙）</td></tr>
<tr><td>张可兴</td><td>北京格雷资产管理中心（有限合伙）</td></tr>
<tr><td>胡建平</td><td>海宁拾贝投资管理合伙企业（有限合伙）</td></tr>
<tr><td>颜克益</td><td>上海大朴资产管理有限公司</td></tr>
<tr><td>吴伟志</td><td>深圳市中欧瑞博投资管理股份有限公司</td></tr>
<tr><td>鲍际刚</td><td>深圳悟空投资管理有限公司</td></tr>
<tr><td>谭琦</td><td>上海七曜投资管理合伙企业（有限合伙）</td></tr>
</table>

淡水泉投资

淡水泉是国内老牌的私募基金公司，成立于2007年，同时开展私募证券投资基金、海外对冲基金、QFII基金或机构专户等业务。客户群体包括全球范围内的政府养老金、主权基金、大学捐赠基金、保险公司等机构客户及高净值个人客户。公司在北京、香港、上海、深圳及新加坡设有办公室。其管理规模很早就突破了百亿元。

淡水泉创始人赵军曾任嘉实基金总裁助理、机构投资总监等职务，2007年从嘉实基金离职创立淡水泉。赵军推崇逆向投资和行业轮动策略，淡水泉旗下大部分产品都由赵军管理。

从过去十几年的投资业绩来看，淡水泉往往能够在熊市或结构性牛市中抓住部分行业的成长机会，创造超额正收益。从投资风格来看，淡水泉擅长提前埋伏、淡化择时和行业轮动。

旗下第一只产品“淡水泉成长一期”，自2007年成立以来净值增长表现优秀，已成为公司的标杆性产品。在2007—2020年的13年里，“淡水泉成长一期”的净值增长了约6.4倍，平均年化收益率在16%以上（见图3-17）。

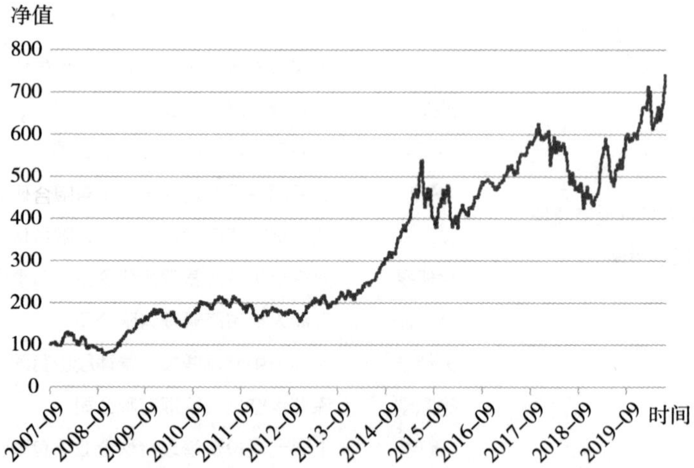

图3-17 “淡水泉成长一期”的净值走势（2007—2020年）

注：净值为后复权。

数据来源：东方财富Choice。

图3-18是私募排排网统计的自公司成立以来，淡水泉部分阳光私募产品的业绩表现。

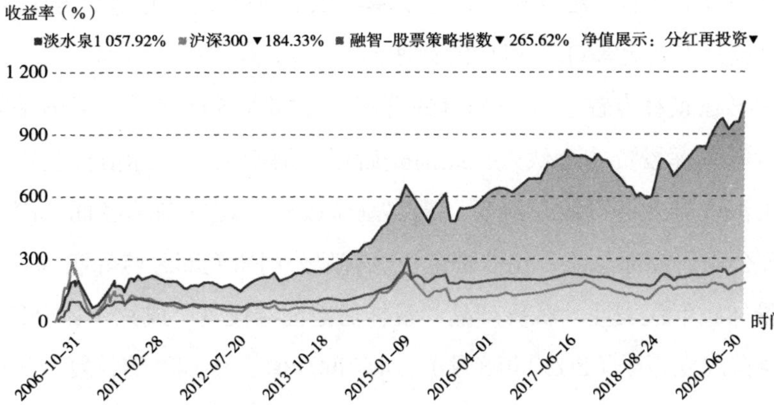

图3-18 淡水泉部分产品组合的收益表现

数据来源：私募排排网。

景林资产

上海景林资产管理公司成立于2004年，是一家以投资境内外上市公司股票为主的私募基金。景林资产在境内A股、境外港股与美股的投资布局都非常多。除了二级市场，景林还从事一级股权市场业务（市盈率投资），专注于消费、医药、TMT等高增长领域。

作为国内最早一批从事私募基金的管理人，景林资产很早就突破了百亿元管理规模，并且过去十几年创造了超过20%的年均复合收益率，成为私募投资界的传奇。

景林资产的创始人蒋锦志，硕士毕业于中国人民银行研究生部。在创立景林资产之前，蒋锦志历任香港粤海证券董事长、国信证券总裁助理、深圳证券交易所债券和期货部总经理等职。景林资产的主要基金经理有蒋锦志、高云程、蒋彤等。

高云程毕业于英国埃塞克斯大学，获得金融和商业经济学硕士；曾先后在中国科技证券、泰信基金、APS资产管理公司等国内外金融机构从事研究和投资管理工作；联合管理APS China Ashare Fund（APS中国A股基金）及若干独立账户，总规模约21亿美元，同时是如盖茨基金、安大略教师养老金等QFII机构的管理人。

蒋彤在景林专注于A股基金的管理。在加入景林之前，蒋彤是鼎辉投资旗下润晖投资的合伙人，此前先后担任海南港澳国际信托投资有限公司上海证券业务部副总经理、嘉实基金投资管理部副总经理、南方基金管理公司研究部总监、建信基金管理有限公司研究部总监等职务。

景林旗下代表性的私募产品"景林稳健证券投资"成立于2006年10月底，自成立至今（2020年8月），14年间净值上涨14.4倍，复合年均收益率高达21%（见图3-19）。

图3-19 景林稳健证券投资的净值走势（2006—2020年）

数据来源：东方财富Choice。

图3-20是私募排排网统计的自公司成立以来，景林资产部分阳光私募产品的业绩表现。

图3-20　景林资产部分产品组合的收益表现

数据来源：私募排排网。

高毅资产

高毅资产成立于2013年，历史不算悠久，但公司甫一面世便是豪华阵容。高毅资产推崇长期价值投资，在成立后的几年中业绩表现出色，短短几年便突破了几百亿元的管理规模。

公司创始人邱国鹭，高毅资产董事长兼CEO（首席执行官），曾任南方基金投资总监和投委会主席，20多年从业经历中包含了60亿美元资产管理公司合伙人、跨国对冲基金创始人、2 800亿元公募基金公司投研负责人等身份；曾获评中国基金报"英华奖"中国基金业20年最佳基金经理（1998—2018年）等多个奖项；著有《投资中最简单的事》一书。

高毅资产的投研团队的一大特色是，汇聚了一大批长期业绩优秀的明星基金经理，包括邱国鹭、邓晓峰、孙庆瑞、卓利伟、冯柳、王世宏和吴任昊等。

邓晓峰，高毅资产首席投资官，曾任博时基金权益投资总部董事总经理兼股票投资部总经理，公募股票型基金8年业绩冠军（2007—2014年）；在博时基金任职期间，管理的社保基金组合在9.5年中取得了10.47倍回报，年化收益率高达29%。

孙庆瑞，曾任中银基金权益投资总监，公募偏股混合型基金6年业绩亚军（2007—2013年），曾获中国基金业金牛奖十周年特别奖。

卓利伟，高毅资产首席研究官，曾任上海景林资产合伙人、建信基金投资部副总监，曾获中国证券报“金牛奖”三年期（2012—2014年）金牛私募投资经理（股票策略）。

冯柳，属于民间派，在个人的投资生涯中创造了显著超越大盘的投资收益，且投资风格自成体系，后加入高毅资产。

王世宏，曾在高瓴资本担任总监和QFII团队核心成员，曾在泰康资管担任投资经理。

吴任昊，曾任中金公司资产管理部权益投资总监，2010—2018年在外管局旗下中国华安投资公司担任高级基金经理及研究主管，具备A股、港股及海外市场股票深耕多年的投资经验，曾管理超百亿美元投资组合。

高毅资产在人才激励方面比较有特色。首先，旗下发行的产品名称与基金经理名字挂钩，一看产品名称就知道是谁管理的。其次，高毅资产实行跟投机制，即基金经理要拿出自有资金跟投自己管理的基金，促使管理人与投资者的利益保持一致。最后，基金经理根据业绩直接提成。

图3-21是私募排排网统计的自公司成立以来，高毅资产部分阳光私募产品的业绩表现。

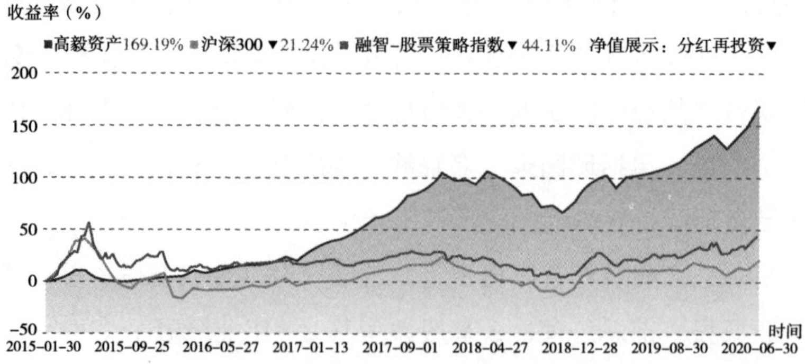

图3-21 高毅资产部分产品组合的收益表现

数据来源：私募排排网。

星石投资

星石投资成立于2007年，是国内最早的私募公司之一，2015年成为全国首批百亿级私募公司。

公司创始人江晖，中国第一代明星基金经理和第一批“公奔私”的私募基金经理，1998年参与筹备华夏基金并担任基金经理，2005年加入工银瑞信基金任投资总监，2007年创立星石投资。星石投资旗下汇聚了江晖、万凯航、郭希淳、汪晟、方磊、喻宗亮等投资经验丰富的基金经理。

星石投资囊括了行业国内外100多个奖项，是业内少有的实现荣誉大满贯的私募公司，其中包括9届14座国内私募权威奖项——由中国证券报主办的“中国私募金牛奖”、首届“晨星中国对冲基金奖”，以及19座5年期和10年期长期大奖，投资实力稳定位于行业前列。

图3-22是私募排排网统计的自公司成立以来，星石投资部分阳光私募产品的业绩表现。

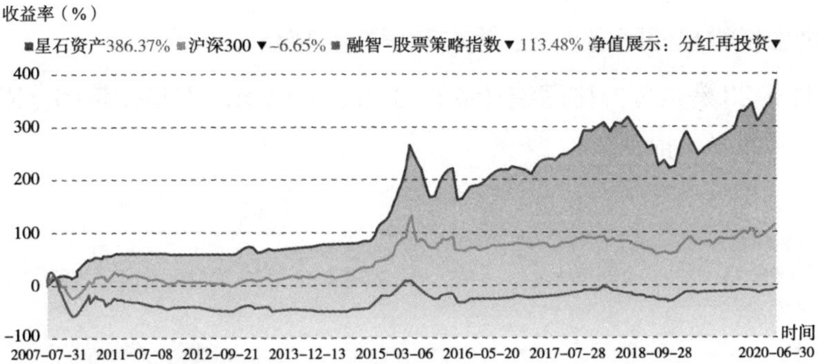

图3-22 星石投资部分产品组合的收益表现

数据来源：私募排排网。

重阳投资

上海重阳投资有限公司成立于2001年，开始主要管理自己的钱。2009年，上海重阳投资管理有限公司成立，专注于资产管理业务，是最早一批百亿级私募公司之一。

公司创始人裘国根，科班出身，经历颇为传奇。裘国根毕业于中国人民大学，获得经济学硕士。在大学时代我国还设有证券交易所时，裘国根就开始模拟炒股，并编纂有《投资学》和中国第一部证券辞典《股票债券全书》；毕业后入职君安证券，几年后专职投资。最为轰动的是，裘国根夫妇于2012年向母校中国人民大学一次性捐款2亿元，成为人大校史上最大的单笔捐款。

重阳投资以投资风格稳健著称，降低净值回撤幅度，坚持基本面研究和长期价值投资。

王庆，公司总裁兼首席经济学家，美国马里兰大学经济学博士，曾先后担任国际货币基金组织经济学家、摩根士丹利大中华区首席经济学家、中国国际金融有限公司投资银行部执行负责人。

陈心，公司联席首席投资官，芝加哥大学工商管理硕士，特许金融分析师（CFA），曾先后在中国国际金融有限公司、摩根士丹利、里昂证券等金融机构担任固定收益、汽车和银行业高级分析师。

图3-23是私募排排网统计的自公司成立以来，重阳投资部分阳光私募产品的业绩表现。

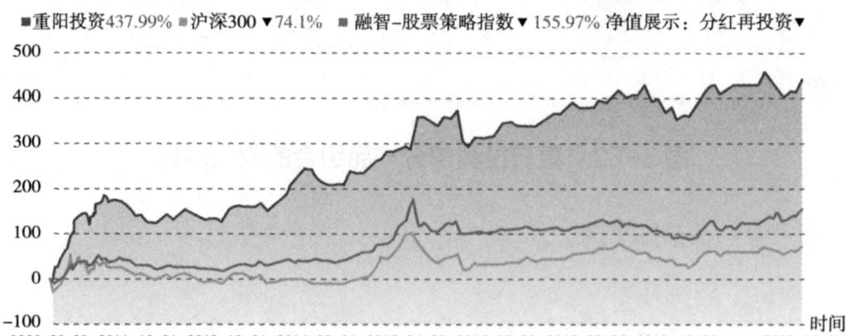

图3-23 重阳投资部分产品组合的收益表现

数据来源：私募排排网。

敦和资管

敦和资管由国内期货界的传奇人物叶庆均创办。叶庆均俗称“叶大户”“期货界的南帝”。叶庆均早期依靠大豆期货、棉花期货等期货交易发家，并成为宁波涨停板敢死队的灵魂人物。依靠自身的交易天赋与勤奋，叶庆均逐渐积累了上百亿元的身家，2011年成立了敦和资管，专注于股票、债券、大宗商品的多资产类别配置。

公司核心人物施建军，曾是永安期货的灵魂人物，用了20年将永安期货从一家小期货公司打造成全国期货行业的龙头企业。2017年施建军加入敦和资管，任董事长。

张拥军，敦和资管首席投资官，并担任敦和系统化多策略系列基金、敦和云栖系列基金的基金经理。张拥军从1992年开始从事金融投资和研究工作，在超过27年的投资生涯中，从商品入手逐步扩展到股票、债券和外汇等，形成了从宏观驱动和安全边际两个维度来看待资产轮动的投研框架。张拥军先生善于构建对冲和运用多资产、多工具、多策略来管理投资组合，有较好的风险收益比，连续18年实现正收益。

徐小庆，敦和资管首席经济学家，从事全球大类金融资产配置的研究工作，并担任敦和宏观对冲系列基金的基金经理。徐小庆2002年加入中金公司，曾任固定收益部董事总经理，在中金公司从事国内固定收益市场策略的研究工作近11年。其间，他带领的研究团队连续10年荣获《新财富》杂志评选的债券研究“最佳分析师”称号前三名。徐小庆毕业于清华大学国际金融专业，获经济学学士和硕士学位。

俞培斌，敦和资管副总经理、资产配置部高级总监，并领衔担任敦和八卦田系列基金、敦和多策略系列基金、敦和永好系列基金、敦和多资产稳健系列基金的基金经理。俞培斌拥有逾15年的研究和投资经历，曾担任永安期货研究中心经理，擅长以全球宏观视野开展跨类别资产投资。

从投资风格上看，敦和资管倾向于宏观对冲，在股票、债券、大宗商品之间做多资产类别的配置，并灵活使用衍生品进行风险管理和对冲。

源乐晟资产

源乐晟成立于2008年，公司创始人曾晓洁。2017年，公司管理规模超过百亿元。曾晓洁现任公司总经理、投决会主席，北京大学经济学学士、金融学硕士，曾就职于中国人寿资金运用中心、中国人寿资产管理有限公司。源乐晟资产和曾晓洁本人揽获14座金牛奖，曾晓洁曾荣获“十周年金牛杰出私募投资经理”大奖。

吕小九，公司创始合伙人、投资经理，南开大学商学院学士、北京大学硕士，曾先后就职于中国人寿、中信证券、交银国际，多次获得“新财富”“水晶球”最佳分析师等荣誉，于2019年获五年期“金牛”阳光私募投资经理奖。

杨建海，公司合伙人、投资经理，中央财经大学经济学学士、北京大学金融学硕士，曾先后就职于交通银行、光大证券、安信证券。在安信证券期间，杨建海历任分析师、高级分析师、首席分析师和安信证券投资（香港）投资总监，屡获“新财富”“水晶球”“金牛奖”等“最佳分析师”。

在具体产品管理上，公司于2013年成立了西藏源乐晟资产管理有限公司，是北京源乐晟的平行公司。

图3-24是私募排排网统计的自公司成立以来，源乐晟资产部分阳光私募产品的业绩表现。

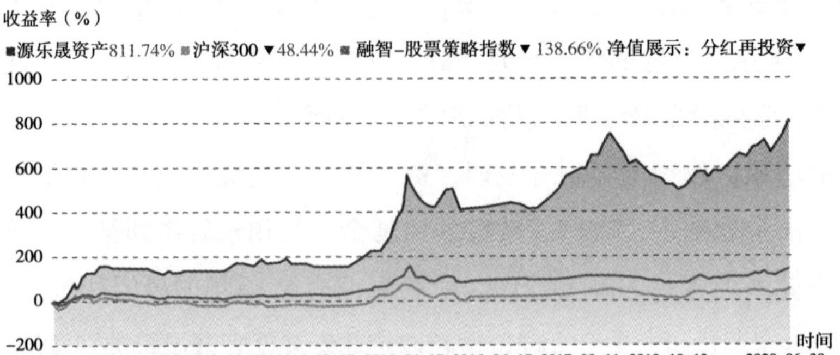

图3-24 源乐晟资产部分产品组合的收益表现

数据来源：私募排排网。

林园投资

深圳林园投资成立于2006年，属于国内最早一批从事私募基金的公司之一。公司创始人林园，毕业于临床医学专业，曾就职于深圳红十字会医院，后于1989年以8 000元入市。截至目前，其个人及家族累计持有股票市值超过数百亿元，其间经历多轮牛熊切换。2006年，林园创办阳光私募公司。他运用一套统一的方法体系和思维模型（投资“垄断”和“成瘾”性商品，把行业方向视为投资的第一关键因素）投资了30年，其中具有代表性的核心投资品种累计复合涨幅均相当可观（股价、股本、分红叠加复合收益）。

图3-25是私募排排网统计的自公司成立以来，林园投资部分阳光私募产品的业绩表现。

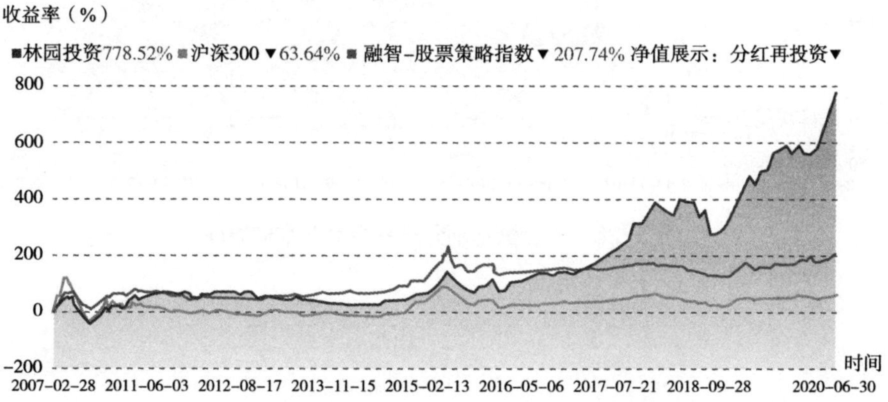

图3-25　林园投资部分产品组合的收益表现

数据来源：私募排排网。

千合资本

千合资本管理有限公司成立于2012年，创始人为王亚伟。作为曾经的安徽省高考理科状元，王亚伟毕业于清华大学，履历十分光鲜。任职华夏基金期间，王亚伟管理的华夏大盘精选在接近8年时间内增长1 186%，年化收益39%，相对同期沪深300指数的超额收益达26%。王亚伟创造了公募基金界的神话，被称作“公募一哥”。

2012年，王亚伟创立了千合资本。但转战私募之后的业绩相对平淡，并不如在公募基金时亮眼。

图3-26是私募排排网统计的自公司成立以来，千合资本部分阳光私募产品的业绩表现。

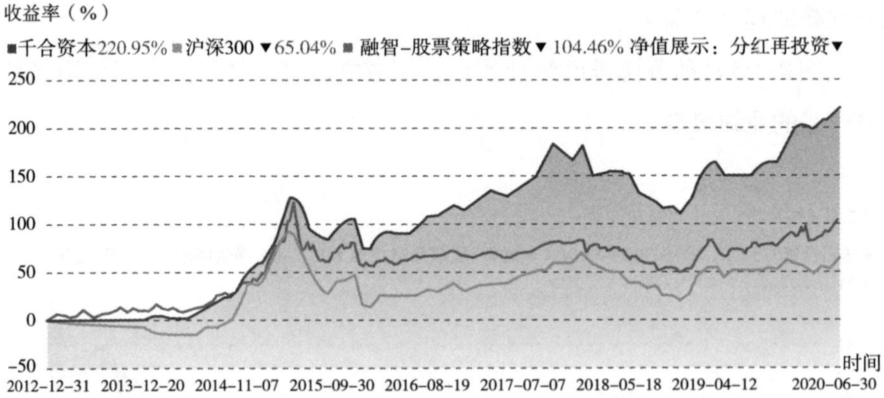

图3-26　千合资本部分产品组合的收益表现

数据来源：私募排排网。

东方港湾

深圳东方港湾投资管理股份有限公司成立于2004年，是国内最早的私募公司之一。公司创始人但斌，中国人民大学法学硕士、中欧国际工商学院EMBA（高级管理人员工商管理硕士），历任君安证券研究员、大鹏证券资产管理部首席投资经理。但斌在市场上最为知名的是坚定的贵州茅台持有者和吹鼓手，十年如一日地宣传贵州茅台的投资价值。

周明波，公司执行总裁，清华大学工学硕士，自2001年起从事证券投资研究，历任深圳大鹏资产管理公司交易员和研究员、Sourcelink Shipping公司宏观经济分析师。

黄海平，公司投研总监、基金经理，英国爱丁堡大学会计金融学硕士，自2011年起从事证券投资研究，曾作为投资策略研究员服务于爱丁堡大学捐献基金投资委员会，并于Dundas Global Investor，Ltd（邓达斯全球投资有限公司）任中国区股票分析员。

图3-27所示的是私募排排网统计的自公司成立以来，东方港湾部分阳光私募产品的业绩表现。

图3-27　东方港湾部分产品组合的收益表现

数据来源：私募排排网。

几家量化私募基金

量化私募基金最近几年发展迅猛，管理规模上升得很快，成为私募界耀眼的新星。近几年管理规模在百亿级的量化私募基金有北京九坤、幻方量化、上海明汯、宁波灵均等几家。

所谓量化投资，简单说就是使用计算机模型进行高频交易，以获得超额收益。量化投资的核心在于量化策略模型的有效性，因此量化私募公司的创始人往往学历背景都是计算机、数学、物理等专业。量化投资对数学模型的要求很高。

九坤投资（北京）有限公司2012年成立，是国内最早一批从事量化投资的私募公司之一，公司创始人为王琛和姚齐聪。王琛毕业于清华大学，曾就职于美国顶级量化对冲基金Millennium（千禧资本）。姚齐聪毕业于北京大学，也在美国顶级量化对冲基金Millennium公司工作过。九坤投资主要投资策略以CTA（管理期货）策略和市场中性策略为主。

幻方量化旗下有浙江九章资产和宁波幻方量化投资两家私募公司。公司创始人徐进，本科毕业于浙江大学竺可桢学院，浙江大学信电学院信号与信息处理专业博士。

上海明汯成立于2014年。公司创始人裘慧明，历任全球知名对冲基金HAP Capital高级投资经理、Millennium投资经理，还曾于全球知名投资银行瑞士信贷自营量化交易部门担任投资经理。裘慧明拥有美国宾夕法尼亚大学物理学博士、硕士学位，复旦大学物理学学士学位。

宁波灵均成立于2014年。公司创始人马志宇，美国斯坦福大学金融数学与电子工程专业双硕士，毕业后即进入美国最大的量化对冲基金之一Millennium，其间从事美国、欧洲、日本及中国香港等全球股票市场多因子策略的模型研究与投资。

量化投资在某些时候（包括熊市时）能够取得惊人的收益。不过所有的量化模型都有一个问题：策略的市场容量。当一些量化私募基金凭借出色的投资收益吸引大量的资金进入时，管理规模暴涨，给量化模型的有效性带来了不小的挑战。很多量化私募基金在规模达到一定程度后，投资收益黯然失色，除了市场风格转换因素之外，模型的市场容量也是不得不考虑的因素。

如何挑选私募产品

相对于公募基金，私募基金的信息披露较少，透明度不如公募基金，且投资金额较大。因此，很多人对于如何挑选私募基金产品，往往依赖于身边人介绍或是银行渠道推荐。目前来说，银行是私募产品的主要销售渠道。个人投资者不能简单听信银行销售人员的介绍，还需要一点自己的判断。

首先，我们需要挑选私募基金公司。私募基金最核心的资产是人，因此我们之前罗列了一些第一梯队的私募公司，就是让大家有个概要的了解。公司创始人的履历背景、投研团队的整体实力、公司过去的长期历史业绩，都需要综合考虑。

其次，我们需要考虑产品的投资策略。私募公司奉行的是股票策略、管理期货、宏观对冲还是其他策略，投资者需要事先知晓。不同的投资策略，对应不同的收益与风险特性。有的产品宣扬的是低净值回撤、稳定回报，有的产品宣扬的是长期价值投资，有的产品则强调高弹性。在投资之前，我们需要熟知产品的特性，看其是否符合自己的风险偏好。

最后，我们要关注产品的封闭期。为了提升负债端的稳定性，私募产品往往都会设置较长的封闭期，比如1年、3年等，有的甚至达到5年。龙叔觉得，封闭期长一点不是坏事，基金经理的投资策略可以考虑得更为长远。当然，大部分私募产品都会设置清盘线（比如净值低于0.7或0.5），当净值跌破事先设置的阈值时，产品需要被动清盘，达到及时止损的目的。

基金定投：静待时间的玫瑰

为什么要选择基金定投

基金能不能挣钱？当然能挣钱！我们之前统计了2003—2019年17年间股票型基金和债券型基金的收益数据，发现股票型基金年化收益率为13.15%，债券型基金年化收益率为6.19%，都大幅跑赢了通货膨胀。

但与此同时，散户在基金上赚到的钱极少。所谓“七亏二平一赚”，

70%的人投资都是亏损的，20%左右打平，只有10%的人是赢利的。

一方面，股市和债市确实有明显的赚钱效应，但另一方面，大部分散户并没有把这个钱挣到。这又是为什么呢?

答案在于：追涨杀跌。

先给大家看一幅图：经典散户心态图（见图3-28）。大家对号入座，看看在买股票或基金的过程中，你们是否有过类似的心路历程。

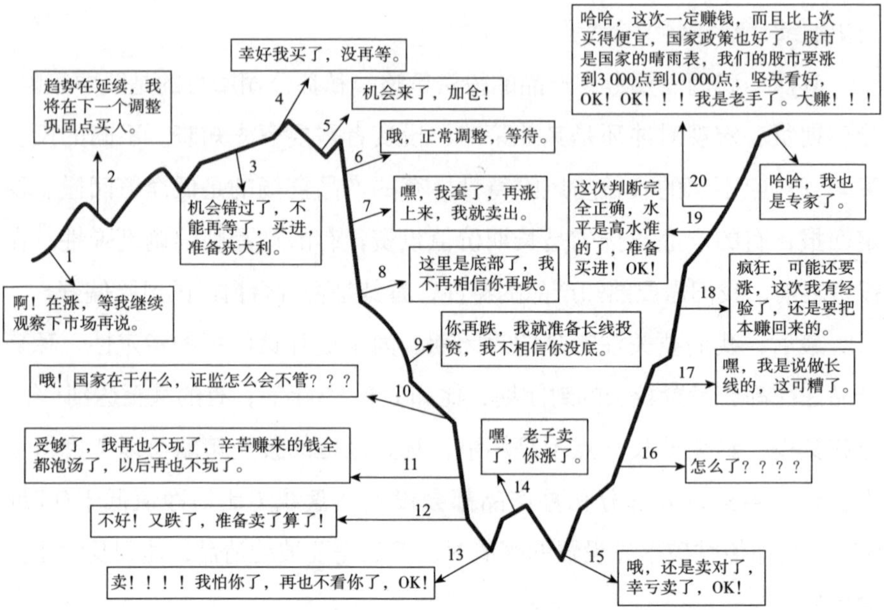

图3-28　经典散户心态图

注：图片源于百度文库。

也就是说，虽然金融市场整体是赚钱的，但是散户频繁的追涨杀跌的操作，将赚钱效应挥霍得精光！往往是高位建仓、低位割肉，赚小钱亏大钱。

上交所对2016—2019年的股市交易数据统计显示，散户作为一个整体全面亏损，而机构投资者和公司法人投资者均为赢利者（见表3-56）。

表3-56　股市交易数据统计（2016—2019年）

账户	总收益（元）	择时收益（元）	选股收益（元）	交易成本（元）
散户：10万元以下	−2 457	−774	−1 532	151
散户：10万～50万元	−6 601	−3 018	−2 443	1 140
散户：50万～300万元	−30 443	−15 558	−10 171	4 714
散户：300万～1 000万元	−164 503	−80 767	−65 269	18 466
散户：1 000万元以上	−89 890	−411 584	402 271	80 577
机构投资者	13 447 655	−4 176 872	18 074 792	450 265
公司法人投资者	23 440 904	−14 766 355	38 244 620	37 361

注：数据为2016年1月至2019年6月单个账户的年化水平。
数据来源：上海证券交易所。

散户之所以在具有正收益的金融市场中赚不到钱，核心的一点是追涨杀跌。即使是买基金，让专业的基金经理管理投资，散户还是止不住一时手痒，把基金当作股票频繁操作，最终竹篮打水一场空。

那么，该如何才能避免这种“追涨杀跌”的无效操作呢？一个简单的方法就是：选择基金定投。

我们在购买基金时，凭借个人的能力，难以判断什么时候市场估值偏高，而什么时候市场估值偏低。比这更难判断的是，什么时候股市开始启动，什么时候股市开始下跌？估值水平高低，虽较难判断，但仍然有很多专业而有效的方法。然而，判断什么时候是股市拐点，恐怕是神仙也未必能够做到的。上交所披露的2016—2019年的交易数据显示，所有投资者（包括散户、机构投资者、公司法人投资者）的择时收益都是负数，可见择时是一种玄学，可遇不可求。

既然股市整体有正向收益，且年化收益不低，那么一个规避掉择时难题的投资方法就是基金定投。所谓基金定投，就是定期投入一定比例的资金购买基金。定期可以是每个月，也可以是每个季度，根据自身偏好定制即可。到底投入多少资金呢？不同的资金比例，决定了有几种基金定投方法。

因此，基金定投的好处主要有如下两点。

- 规避了择时难题。无论牛市熊市，投资者都可以稳定投入，使自己的持仓成本平均化，以获得股市本身的收益。
- 选择基金可以让专业的基金经理成为自己的管理人，降低投资门槛。投资者只需要把主要精力放在筛选具体基金产品上。

几种定投方法

假设你个人或家庭每个月税后收入1万元，扣除各类成本支出4 000元，还剩余6 000元，你想将其中大约1/3用来基金定投，该如何分配呢?

普通定投

这种定投方法出现得最早，也最简单：每个月投资固定金额，比如2 000元，购买心仪的基金产品。

例如在支付宝理财模块中，你就可以设置基金固定金额的定投。这样，支付宝每个月都会从你的账上扣除固定金额，用于购买指定的基金产品。

这种方法虽简单易行，但也有严重的缺点。

- 与你的收入增长不匹配。目前你的税后收入是每个月1万元，但随着工作经验的积累，你的收入会逐渐增长。当你每个月收入2万元时，如果还是每个月固定投资2 000元，那么真实的投资比例其实已经下降了。
- 没有考虑到购买力的下降。由于通货膨胀的存在，现在的2 000元比10年前的2 000元购买力要低。尤其是随着房价、物价的上涨，实际的货币购买力以可见的速度在稳步下降。如果我们一直都是投资2 000

元在基金定投上，其实际的投资金额在逐步减少，财富效应不明显。

- 没有考虑股市的涨跌效应。股市有周期性效应，有的时候涨得过高，有的时候又跌得过多。如果我们在股市低位时更多地买入，股市高位时更少地买入，那么我们的平均成本一定是更低的。但是，固定金额定投法并没有有效利用这个优势。无论市场涨跌，每个月都投入固定金额有点机械。

实　例

固定金额定投的收益测算

假设在2017年7月末至2020年7月末的3年时间里，每个月末固定投资2 000元到沪深300指数基金上，累计投入了36个月，本金总额72 000元。截至2020年7月末，所投资的基金份额总市值上涨到90 546.63元，投资收益25.8%，年化收益率7.94%（见图3–29）。

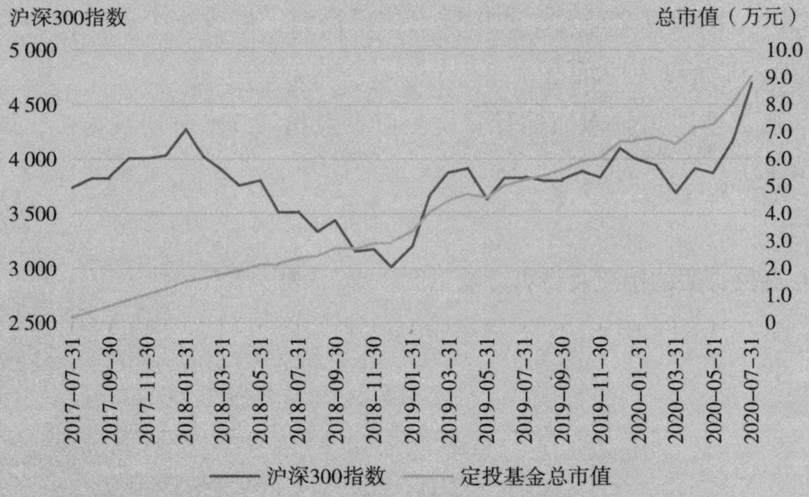

图3–29　固定金额定投的收益测算（2017年7月—2020年7月）

智能定投

智能定投又叫慧定投，旨在解决固定金额定投法的问题。智能定投在股市高位时少投，低位时多投，从而提高投资收益。

智能定投是怎么判断股市的高位、低位的呢？我们以支付宝中的智能定投为例，看看它是怎么运作的。

首先，我们需要一只指数基金，比如最常见的沪深300指数基金。智能定投将申购基金时当前沪深300指数点位与其历史均线比较（可以是500日、250日或180日均线），若当前指数点位高于历史均线，则判断当前股市点位偏高，少投；超过历史均线越多，投得越少。如果当前指数点位低于历史均线，则判断当前股市点位偏低，多投；低于历史均线越多，投得越多。

如果普通定投每个月申购2 000元的指数基金，则智能定投每个月的投资金额：

实际定投金额 = 基础定投金额 × 当期扣款率

（注：60% ≤ 当期扣款率 ≤ 210%）

也就是说，在指数点位很低时，最多每个月投资金额为2 000×210%=4 200元；在指数点位很高时，最少每个月投资金额为2 000×60%=1 200元。

那么当期扣款率如何计算呢？以参考指数500日均线为例，规则如下。

- 高位少买的情况及计算方法见图3-30、表3-57。

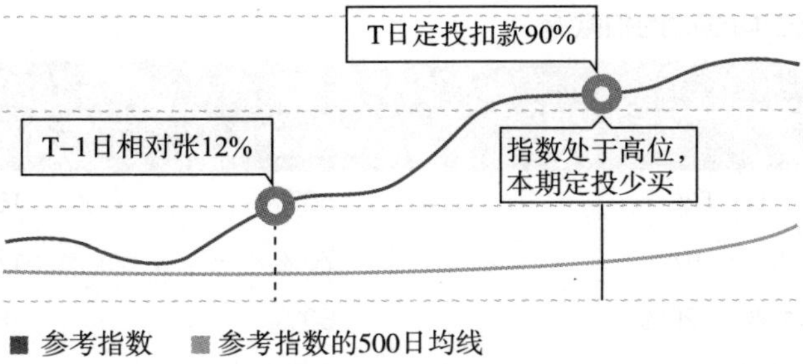

图3-30　高位少买

表3-57　高于均线时的扣款率

若T-1日指数收盘价高于500日均值	实际扣款率
0 ~ 15%	90%
15% ~ 50%	80%
50% ~ 100%	70%
100%以上	60%

- 低位多买的情形见图3-31、表3-58。

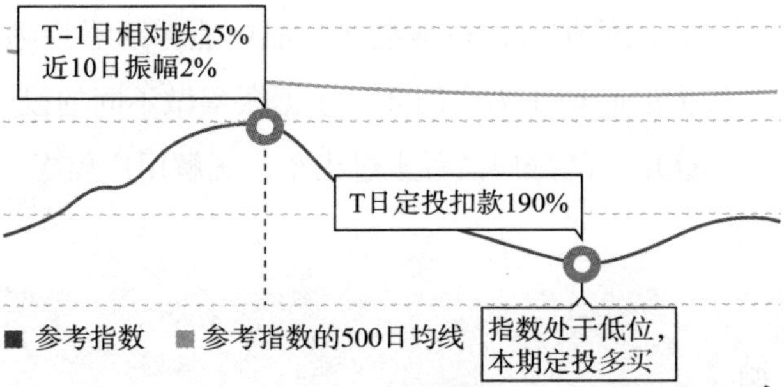

图3-31　低位多买

表3-58 低于均线时的扣款率

若T-1日指数收盘价低于500日均值	近10日振幅>5% 实际扣款率	近10日振幅≤5% 实际扣款率
0 ~ 5%	60%	160%
5% ~ 10%	70%	170%
10% ~ 20%	80%	180%
20% ~ 30%	90%	190%
30% ~ 40%	100%	200%
40%以上	110%	210%

$$\text{过去10日指数振幅}=\frac{\text{过去10日最高收盘价}}{\text{过去10日最低收盘价}}-1$$

对于参考指数当前点位偏高的情况，其计算公式很好理解。对于参考指数当前点位偏低时，为什么还要根据过去10日指数振幅，来决定投资比例呢？这主要是基于以下两个原因。

- 如果振幅过大，指数不稳定，那么我们不能明确看出当前的指数走势，所以先少投为妙，看看情况再说。
- 振幅过大时，点位越低，投得越多，很可能浮动亏损越大，用户可能承受比较大的心理压力。因此，根据振幅做不同的投资比率设计，也是为了不让用户的账户盈亏坐过山车，缓解用户焦虑。

实 例

智能定投的投资收益

假设在2017年7月末至2020年7月末的3年时间里，我们使用智能定投，每个月月末定投沪深300指数基金2 000元。累计投入了36个月，本金总额68 600元。截至2020年7月末，所投资的基金份额总市值上涨到86 888.50元，投资收益26.66%，年化收益率8.20%（见图3-32）。

可以看到，相比于普通定投，智能定投的总投入本金略有减少，但提高了最终的投资年化收益率，从7.94%提升到8.20%。

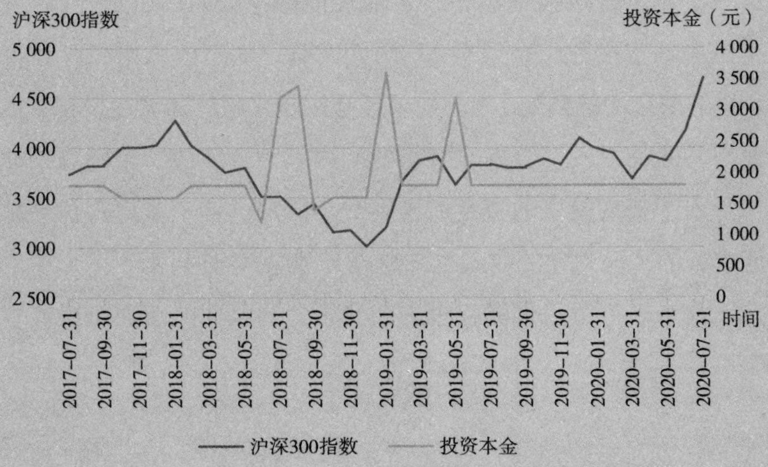

图3-32 智能定投的投资本金走势

定投中的几个问题

在实际操作中，基金定投有几个细节需要解决。

第一，智能定投参考的一般是宽基指数，比如沪深300指数、中证500指数、创业板指数等。我们购买的基金未必就是这些宽基指数基金，那么参考指数均线还有没有意义？假设我们投资的是消费、医药、金融或其他行业的主动管理的基金，又该怎么办呢？这确实是一个问题。目前在支付宝上，智能定投只提供了沪深300指数、中证500指数、创业板指数这三个宽基指数。不过未来很可能会添加更多的行业细分指数，比如医药、消费等行业指数，届时这个问题就可以得到解决了。另外，即使目前没有这些细分行业指数作为参考线，使用沪深300指数（针对大盘）或中证500指数（针对中小盘）作为日均参考线，也能获得比普通定投更高的收益。

第二，智能定投的参考均线使用多少天的？目前大部分基金能够提供180（半年）、250（一年）、500（两年）日均线。建议使用500日均线，该均线更能反映当前指数点位的分位数。

第三，怎么把定投金额和收入增长挂钩？假如，在刚开始工作时，你每个月能够定投的资金只有2 000元左右；随着收入增长，你每个月能够定投的资金增长到1万元。如果还是按照之前的普通定投和智能定投法，你都将面临投入资金相对较小的问题。为了解决这个问题，你可以将每个月用于长期投资的资金汇集到一个账户，这个账户资金余额必然是加速增长的（因为你的收入越来越高）。然后，你再基于账户中的资金余额，以及未来每个月你能存进去的资金，调整你的普通定投或智能定投金额。

第四章

股票投资入门

股票投资中的误区

对自己实力的迷之自信

龙叔身边有很多个人投资爱好者。在这些人当中，有的刚入行没几年，有的则身经百战；有的炒短线，有的做长线；有的痴迷于技术分析，有的钟情于基本面分析；有的热衷于打听内幕消息，还有的则对这些视而不见。他们身上往往都有一个共同特点：对自己投资实力和方法的迷恋和自信。

比如，朋友透露了一个让A欣喜若狂的内幕消息，A就自信满满地准备全仓，仿佛这是个躺着挣钱的机会，而不会花两分钟时间思考一下：这个消息除了他，市场上有多少人已经知道了？这些内幕消息会不会已经反映在股价上了？再比如，最近几个月市场和媒体一直在宣传国产芯片，B看了很多研究报告和数据，越发觉得某只股票未来一定会成为10倍股。

如果让股票市场上的所有散户都给自己打个分，自己的炒股水平是低于、等于、还是高于平均水平，那么70%以上的散户都认为自己炒股高于平均水平。一般人在股市投资中，往往较多地关注自己而较少关注别人。在知己不知彼的情况下，对自己的实力有着迷之自信是再正常不过的事情。

孙子兵法有云："知彼知己，百战不殆；不知彼而知己，一胜一负；不知彼不知己，每战必殆。"股市是一个由多人参与的动态博弈的市场，我们究竟能不能赢，取决于我们在这场动态博弈中的相对优势，而不是绝对优势！正如在高考时，你的绝对分数是600还是650并不关键，关键在于你在全省的相对排名是多少。这决定了你能够考上什么样的大学！

所以，很多对自己股市投资实力迷之自信的散户，并不是他们没有投资水平，而是他们往往较少地考虑，在这场动态博弈中，相对于市场上的其他投资者，他们有什么相对优势能够战胜其他散户。是能够更快地获取有效信息，是对于企业基本面的深入理解，还是比他们更有耐心？这是我们在投资股票时，首要考虑的问题！

在中国股市投资者中，散户与机构投资者（比如基金、保险、证券公司等）的持仓比例大约为6∶4，散户占比超过一半。在投资股票的时候，我们的对手除了其他散户之外，还有机构投资者。那么我们要经常问自己一个问题：相比于机构投资者，自己的相对优势在哪儿？是信息获取的能力吗？似乎不是，机构投资者少则几十人、多则几百人的团队每天十几个小时地全职工作，全市场搜集新闻资讯（包括一些内幕消息），似乎不应该输给一个单打独斗且时间上也得不到保证的你。是对企业基本面的分析与理解吗？似乎也不是，几十人乃至百人的投资研究团队，日夜勤奋地长时间工作和企业调研，在对企业的了解和熟悉程度上，应该也比一个人的小作坊要优秀。当只评估自己，即"知己"时，我们很迷之自信；当同时评估自己和市场上的其他对手、"知彼知己"时，似乎我们就丧失了原先以为拥有的优势，变得不那么自信了。能够破除对自己的迷之自信、变得敬畏市场和对手，这是一件莫大的好事，因为知彼知己是我们成长为优秀个人投资者的最关键一步！

有人可能会说：我不想这么费力地寻找并培育什么相对竞争优势，我就想在股市里随大溜或浑水摸鱼，赚点买菜钱，或者干一票就跑！如果你的目标就是想赚点买菜钱，那么有可能买肉的钱也要亏进去。如果你把股市当成一个赌场，干一票就跑，那么相对优势不重要，重要的是运气。如果你真的是干一票就跑，并且赚到了，那么其实是没有任何问题的。不过，我很少见过那么自律的人，赌一次就收手。我见过更多的人，是已经做了很多回“干一票就跑”的，长赌必输的定律在他们身上逐渐应验。

所以，我们如果真的打算靠自己的实力在股市中挣到钱，就必须解决一个核心问题：与专业投资者相比，自己有何相对优势？在后续的章节中，龙叔会回答这个问题。

被某一年或某一只股票的收益迷惑

我们往往有这样的经历：身边炒股炒得不错的朋友，往往会跟你反复分享某只股票赚了3倍甚至更多；或者听闻某个朋友的朋友，某一年投资收益高达200%。这样的见闻和传说屡见不鲜，让我们自己心生羡慕。大家都痴迷于一战成名的故事，因为这类故事非常振奋人心，且具有相当的诱惑力。

实际上，在牛市中，这样的消息更是满天飞，普通人都变成了股神，身价一年翻倍不在话下。然而，正如巴菲特所说：“只有在退潮时，才知道谁在裸泳。”某一只股票的投资业绩神话可能掩盖了整个持仓组合业绩的平庸，而某一年的业绩神话可能掩盖了持续稳定赢利能力的不足。

在围棋界，真正的高手往往是通盘无妙手。比如李昌镐，在职业巅峰时期的棋局，往往没有明显的一着妙手，但是经常最后赢得半目或一目。为什么呢？因为这种顶尖高手，往往着眼于全局的胜利，而不会过于计较局部的得失。

投资中有句箴言：一年翻倍者如过江之鲫，三年翻倍者寥若晨星。为什么做到一年翻倍容易，反而三年翻倍更难呢？因为一年区间的投资收益，往往带有大盘牛市因素或个人运气因素，不能完全验证一个人的持续投资能力。而三年的时间跨度，往往会剔除那些由偶然性因素造成的一年翻倍者，留下的真正具备持续赢利能力的人当然就稀少了。当然，我不是说三年时间就一定足够验证一个人的投资能力，但相比于一年时间，三年的考核周期更为客观。“路遥知马力，日久见人心”，生活尚且如此，何况投资呢？

对于那些某一只股票翻倍者，我们需要进一步研究整体持仓组合的收益如何。如果某只涨了一倍的股票整个持仓只有5%，那么翻倍对整个持仓组合的收益贡献只有5%，组合收益立刻变得黯淡！实际上，社会上有很多所谓的“股神”，给追随者们秀某只股票投资翻了几倍的时候，往往就使用这种诡计：一个账户里买上几十只甚至上百只股票，每只占比都很小，当某一只股票的价格翻了一倍甚至数倍，他就拿出来炫耀，但永远不会给你看其他股票的收益如何。

不管是某只股票收益翻倍，还是某一年收益翻倍，都含有相当大的运气成分（可能是市场配合，也可能是赌对了），不足以证明什么。假如我们设计一个试验，找来1 024个人，两两组队猜拳，猜赢者进入下一轮继续两两猜拳，那么最终肯定有一人胜出。此人连续十把都赢了，但是你会认为他是个猜拳高手拜他为师吗？

过分憧憬公司的美好前景

每个人在购买某只股票时，肯定都是看好这家公司未来股价的上涨，即使是短期炒作也是如此。股价的上涨，除了大盘的带动之外，利好消息及公司的经营基本面向好都是决定因素。在买入一家公司的股票后，这种情况变得更为突出。由于对利好消息及对自己判断正确性的渴望，投资者往往会夸大公司业务美好的一面，而不自觉地忽视对公司经营不利的信息，总之就是对某个公司的内心戏加得太多，过分憧憬公司的美好前景。

很多人买某只股票的决策原因，大多来自媒体的消息、卖方的研究报告等，而较少有自己的独立判断。在目前财经媒体高度发达、各种消息狂轰滥炸的时代，投资者接触了太多的媒体信息，到最后，我们对某些公司的印象和经营的判断，到底真的是自己的独立判断，还是这些信息在大脑中潜移默化造成的效果，有时候已无从分辨。

对于投资股票这件事，媒体很难说得公正客观，它公布出来的信息都是有目的性的，不管是正面的还是负面的。当然，正面的信息报道更为主流，因为媒体和相关公司将皆大欢喜，和气生财。卖方的研究报告，更难看空一家上市公司，因此它更难把所有的实话说出来。一家券商如果发布了一份看空的研究报告，那肯定要在业界掀起一场轩然大波。

所以我们日常接触到的关于某一家上市公司的信息，大部分都是偏正面的，这潜移默化地影响了我们对于这家公司的认知。另外，如果你已经买入了一家公司的股票，那么你的内心会不自觉地喜欢听到利好的消息，而无意识地过滤掉那些你讨厌的利空消息。上面两种因素都使得你对一家公司的未来前景产生了美好的憧憬，似乎一年翻倍、三年三倍的神话指日可待。

实 例

乐视网的教训

还记得乐视网（代码：300104）的例子吗？在2014—2015年的股市牛市中，乐视网是创业板的龙头，最高市值高达1 500亿元左右，风光一时。当时公司提出的“生态化反”概念，经过公司和多家媒体的宣传之后，变成了最时尚的商业模式。乐视网在一些人口中变成了一个“新物种”，代表着未来互联网生态的方向。所谓“生态化反”，就是视频、手机、电视、体育、金融等多个业务板块之间发生化学反应，形成协同效应，从而提升公司整体的竞争力。“生态化反”满足了乐视网的散户投资者对于公司未来美好前景的一切想象，乐视网股价也从2014年年底的8元/股（前复权）左右一飞冲天，涨到2015年中的40元/股（前复权）左右，短短半年涨了4倍。然而，股价的上涨掩盖不住乐视生态体系中无一板块是“现金奶牛”、全靠融资输血的窘境。当牛市退去，融资受阻，所谓的“生态化反”中的所有板块都成了公司的出血点，最终乐视以退市收场（见图4-1）。

图4-1 乐视网的股价走势（2013—2020年）

注：股价使用前复权数据。

越前沿的业务越“性感”

如果一家上市公司从事的是前沿尖端科技类的业务，那么它一般都会受到资本市场的宠爱，哪怕它的这种尖端业务没有想象中的那么有竞争力。这种前沿尖端科技类业务在每个时期都不一样，在2000年的美国是互联网浪潮。在中国，2015年是互联网金融、移动互联网，2016年是共享单车，2018年是人工智能，2020年是5G。这种商业前沿或是顶尖科技类的业务，听起来非常振奋人心，让人对未来业务的前景充满了无限遐想，这种遐想也会反映在股价上，体现为股价的上涨。

我们不单穿着打扮讲究时髦，投资也是如此。如果你投资了5G芯片概念股，而你朋友投资了化工股，似乎你不自觉地站在了道德的高点，你掌握了最前沿的科技，而你朋友似乎还处在20世纪。这种代入感，让你觉得你自己的投资很“酷”。如果业务越前沿越高科技，这种感觉就越发强烈，似乎你的投资在为整个世界的科技进步做贡献。

在这种市场偏好下，有的公司可能会钻空子，趁着市场热点宣传一拨题材。如果当前市场人工智能最火，那么公司高调宣布进入人工智能领域，将人工智能运用于现有的成熟业务，让公司如虎添翼，摇身一变为“AI+”公司。这种故事，市场上总是有很多散户爱听并为之买单。然而又有多少人愿意去细究：公司在人工智能方面有多少技术储备？现有业务能否和人工智能很好地融合，能够对将来的利润增长产生多少贡献呢？如果你足够冷静，把这种题材看作击鼓传花，倒还理性，但是谁能保证当你拿到花的那一刻，鼓声不会停呢？

还有一类公司，业务本身确实属于前沿科技行业（无论是高端制造、生物医药，还是互联网），但这类前沿业务最大的特点就是商业价值的高度不确定性。有的处于研发探索阶段，离商业应用尚有距离（比如自动驾驶）；有的处于高成本投入阶段，投资回报率尚不明朗；有的处于群雄争霸状态，谁能胜出还未可知。

不管是哪一种情况，都需要深入地进一步探究，用数据来证实或证伪这种前沿业务在商业上的营利性。就投资本身来说，通过前沿行业股票投资赚到的100万元，和通过传统行业股票赚到的100万元，是没有高低贵贱之分的。

用短期思维长期炒股

有些人虽然一直在股票市场摸爬滚打，有些已经持续了好多年，投资经验不可谓不丰富，但是一直在用短期思维干着投资的事。短期思维要求见效快，今天买了，最好明天就能涨。如果只是在股市中玩一票就走，这种短期思维无可厚非，无非是把股市看成赌场，无论输赢，玩几把就走。但是，很多人一直在股市中投资，持续数年甚至十几年，如果一直用短期思维干着一件事，问题就逐渐凸显了。

很多人以短期股价的涨跌来评判一家公司好不好——昨天买入的一只股票，今天涨了，公司就变成好公司了；明天如果跌了，这家公司就变成坏公司了。一家公司经营得好不好，反倒是用股价的短期涨跌来判断了，这就仿佛用一夜情的态度来经营婚姻，最终的结果可想而知。

我们如果打算在股市中进行长期投资，以获得比存款、理财更高的收益，那么一定要有与之匹配的长期性思维。所谓长期性思维，就要着眼于一家上市公司未来1～3年、3～5年及以上的业务发展与收入增长，而不要把主要精力放在预测短期股价的涨跌上。

对持有的股票倾注了太多感情

在购买一只股票前，我们也许经过了深思熟虑并经过仔细的基本面分析。在买入后，我们当然希望自己的分析是正确的：股价在未来一段时期会上涨，并以此获益。不过，在做任何投资前，我们无法100%保证我们的决策是正确的；有时候即使你的分析是正确的，但市场绝大部分参与者是错的，那么股价也许会与你的期望背道而驰。所有的投资决策，最终都要以投资结果（盈亏）来衡量，这是客观现实。如果我们心爱的一只股票的股价持续走低，与我们之前的分析大相径庭，我们到底是继续相信自己的判断，还是以市场为准，承认我们的错误呢？

在价值投资中，股价没有充分反映公司内在价值的情况非常常见。当我们买入一只事先看好的股票后，股价持续下跌，导致我们出现估值亏损。如果分析正确，我们在这种情况下应该继续持有，更好的办法是适度加仓。不过有时候，我们觉得之前的分析是正确的，并不是因为我们足够冷静客观，而是因为我们对自己持有的股票倾注了太多感情，我们已经爱上所持有的股票了，从而让爱情蒙蔽了自己的双眼，眼里只有这家公司好的方面，而忽视了公司基本面的恶化。这种情感的倾注可能让我们陷入价值陷阱而不能自拔，当出现巨大损失时，已悔之晚矣。

几种类型的公司股票

在决定是否要投资一家公司的股票前，我们首先要研究的是这家公司属于什么类型，或者说，这只股票属于什么类型。投资研究就和教学一样，一定要因材施教，根据不同的公司类型，决定应该采取何种研究分析方法。

在交易所上市的公司，它们所从事的行业、商业模式、产业链位置、公司组织各不相同。行业与行业之间的业务模式完全不同，隔行如隔山；商业模式、产业链也是如此。那么，我们究竟该根据什么标准来对上市公司进行分类呢？

一个简单的方法是，根据公司的业务和利润增长的特性来划分！公司存在的一个主要目的就是赢利，而赢利又和业务增长（包括营收增长）息息相关。所以，如果我们关注公司的业务和利润增长，那么不同行业、不同商业模式之间的公司就有了可比性。根据增长特性的不同，美国传奇基金经理彼得·林奇将公司股票分成了六种类型。龙叔根据国内市场特殊性，以及个人投资者的可适用性，将公司股票简化分成四种类型：缓慢增长型、稳定增长型、快速增长型、周期型。

一家公司的业务增长到底是快还是慢，取决于多个因素。首先，取决于这家公司所在国家的经济增长。同样都是从事消费行业的公司，美国、欧洲及中国公司的增长表现是完全不同的，这主要取决于当地国家的经济增长。在中国经济高速增长过程中，几乎所有的行业都在快速增长，尤其是消费行业。同样的业务如果是在日本、西欧等发达国家，增长可能极为缓慢。其次，取决于行业本身的增长，即公司处在哪个“赛道”上。如果一家公司是在2000年左右从事PC（个人电脑）互联网行业，那么它就赶上了整个行业每年百分之几百增长的快车道，就像是有人在跑步而有人却坐上了汽车赶往目的地。最后，取决于公司本身的增长，这方面最好的例子是拼多多。在电商业务已经非常成熟的环境下，拼多多能够抓住过去被忽视的三、四线城市人群的购物需求，从而实现公司业务在成熟行业的爆发式增长。

所以在分析一家公司究竟属于什么增长类型时，我们需要一看宏观环境、二看行业、三看公司，才能决定它到底处于什么增长阶段。

缓慢增长型

这种类型的公司往往规模十分巨大、历史非常悠久，能够持续稳定赢利，但增长非常缓慢，看上去非常乏味。这种公司并不是一开始就变得增长缓慢的，在历史上也有过快速增长的时期，但是往往由于整个行业进入成熟期或衰退期，作为行业龙头的它们也不可避免地受到影响。

这种类型的公司往往出现在公用事业（水电燃气、交通运输等）或成熟后期的行业等。比如，航空业的龙头企业中国国航（代码：601111），由于航空业已经是成熟了几十年的交通运输行业，且竞争比较激烈，提供的服务同质化严重，即使是行业龙头，其营收和利润的增长都极为缓慢（见表4-1）。

表4-1　中国国航的财务数据（2015—2019年）

类别	2019年	2018年	2017年	2016年	2015年
营业总收入（亿元）	1 361.81	1 367.74	1 213.63	1 139.64	1 089.29
同比增长（%）	−0.4	12.7	6.5	4.6	3.9
净利润（亿元）	72.52	82.01	86.37	77.64	72.20
同比增长（%）	−11.6	−5.0	11.2	7.5	68.0

注：2015年净利润的大幅增长主要由投资收益引起。

可以看到，中国国航无论是营业收入，还是净利润的增长，都非常缓慢而乏味。关键原因是，全球航空业早就过了快速增长的时期，整个航空业的增长都非常缓慢，且竞争激烈。体现在公司股价上，就是除了由于整体性大牛市能够带动股价上涨一波之外，其他时间都波澜不惊（见图4-2）。

图4-2　中国国航的股价走势（2013—2020年）

商业银行也是如此。随着我国经济从高速增长转向高质量增长，银行业也告别了2001—2010年的高速增长时代，逐步变成了缓慢增长型公司。以工商银行为例，其利润同比增速逐步下滑，增长乏力（见图4-3）。这种公司业务的缓慢增长也体现在公司股价上。

还有一类公司，其主营业务在行业初期属于快速增长型，但随着行业的转变，它们逐渐变成了缓慢增长型的行业。除非公司业务本身能够成功转型，切换到另一个快速增长的行业赛道，否则公司所在行业的缓慢增长会使得一个快速增长型公司逐渐变成缓慢增长型公司。

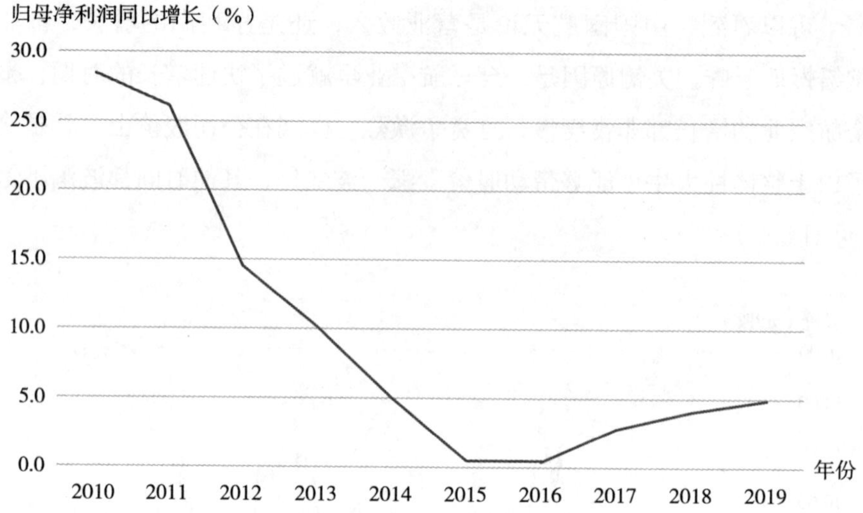

图4-3　工商银行归母净利润的同比增长

数据来源：东方财富Choice。

百度（代码：BIDU.O）就属于这种类型的公司。在2000年成立时，公司处于PC互联网的黄金时期，而搜索业务是PC互联网的核心业务。因此，从2000—2010年的10年，百度无论从营收还是利润，都经历了连续多年的高增长，此时的百度属于快速增长型公司。但在2010年以后，移动互联网逐渐替代了PC互联网，成为互联网行业新的风口，使得PC互联网时代的搜索业务逐渐下滑（见图4-4）。由于未能及时赶上移动互联网的快车道，增长遭遇了瓶颈，百度逐步从快速增长型变成了稳定增长型，再逐步变成如今的缓慢增长型公司。当然，如果百度能够在下一代互联网浪潮中（比如人工智能、自动驾驶）重新占据核心地位，则公司有可能重新变成快速增长型公司。图4-5所示为2005—2020的百度股价走势图。

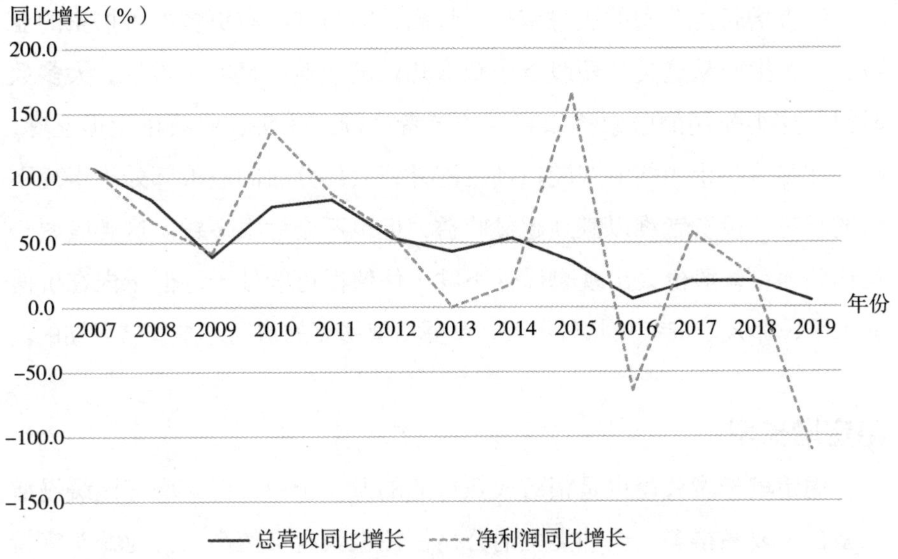

图4-4　百度的营收及净利润增长（2007—2019年）

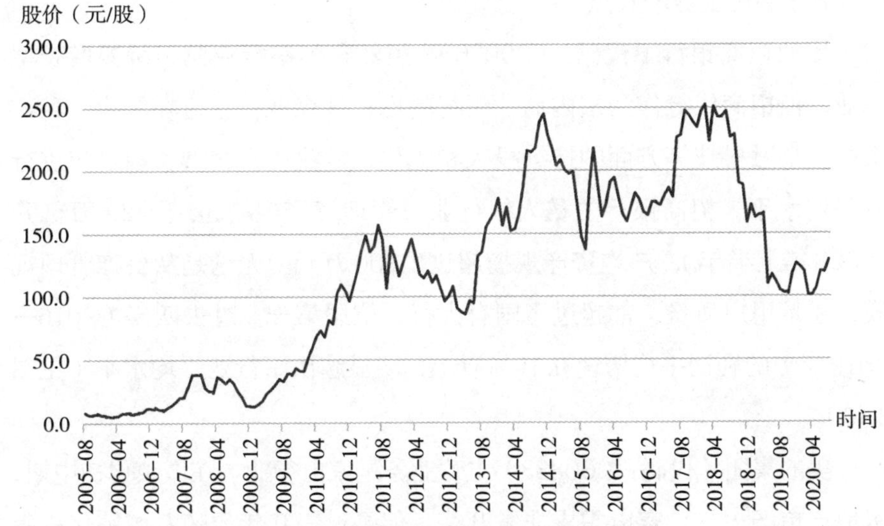

图4-5 百度股价走势图（2005—2020年）

注：股价使用前复权数据。

缓慢增长型公司的股息率相对较高，因为其没有更多的可扩张的业务。不过指望从这类公司股票中获取几倍的收益，是非常难的。大多数时候，这类公司的股票犹如睿智的老者：行业龙头、业绩稳定但乏味，除了在整体牛市中能够跟随市场上涨外，大部分时间股价都处于半死不活的状态，投资者难以赚到超额收益，但也不会亏很多钱。这类股票一旦遇到熊市，股价会出现恐慌性下跌，估值很可能处于远低于内在价值的水平，那么投资者在此时买入并享受估值修复的盈利，是非常可期的。

稳定增长型

稳定增长型公司也是相对成熟行业的龙头企业，但其增速比缓慢增长型公司要高得多。这种类型的公司往往也具有市值高、行业龙头等特点，它们的业务增速表现可圈可点。稳定增长型公司之所以能够稳定增长，要么是因为行业还处于稳定增长阶段，要么是因为公司在现有行业中找到了新的业务增长点。

比如招商银行（代码：600036）。虽然整体银行业属于缓慢增长型行业，但招商银行作为国内商业银行的标杆性企业，通过在零售、私人银行、金融科技等方面的持续投入和优化，营收和利润增长明显超过行业平均水平。招商银行的私人银行业务管理资产规模超过了2.5万亿元（2020年上半年），户均资产规模超过2 700万元。无论是从资产管理规模，还是用户质量，都超过了国有大行，位居第一。过去四年（2016—2019年）的利润平均增速在10%以上，明显超出了行业平均水平（见图4-6）。

美的集团（代码：000333）主营业务是家电行业。在城镇化初中期，房地产市场火热，家电需求非常旺盛。但是过去几年，随着城镇化进程进入尾声，房地产行业从黄金时期走向了白银时期，对家电行业的影响也是相当明显的。家电行业变成了稳定增长型行业，行业集中度进一步提升，美的集团、格力电器、海尔智家成为行业的前三强。在这个增量不明显的市场，行业集中度的提升对头部企业的业绩是有正向贡献的。因此，美的集团过去五年的归母净利润同比增速都维持在15%以上。

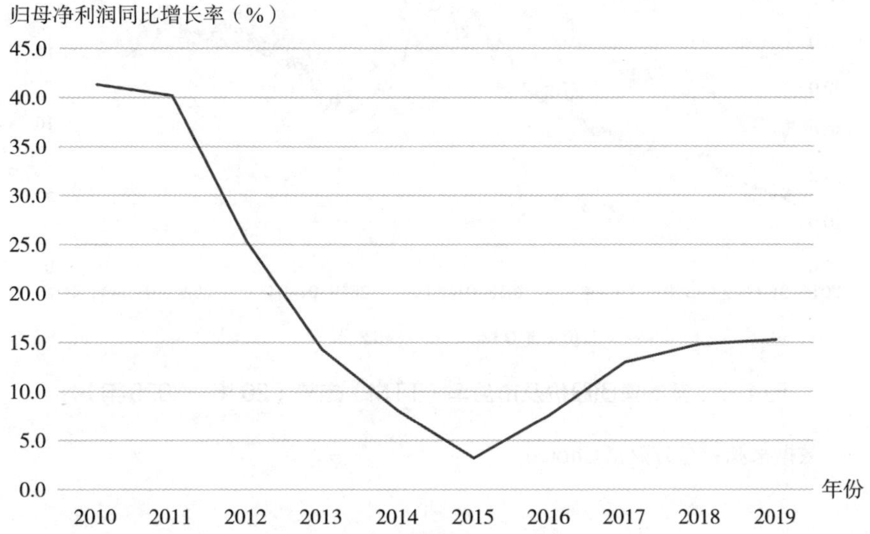

图4-6 招商银行的归母净利润同比增长率

数据来源：东方财富Choice。

另外，美的集团的股价最近四年（2016—2020年）的增长大幅超过净利润的同比增速。美的集团的股价从2016年到2020年的四年中涨了4倍（前复权），复合年化收益率约40%，明显超过同期净利润增速（16%），这又是为什么呢？秘密在于估值的提升！美的集团的市盈率自2015年以来一直在持续攀升（见图4-7），因此美的集团虽然属于稳定增长型公司，但是由于市场对其估值中枢的提升，股价上的回报却类似于快速增长型公司。

图4-7 美的集团股价及市盈率（TTM）走势（2016—2020年）

数据来源：东方财富Choice。

快速增长型

快速增长型公司股票是众多散户最爱的股票类型：市值规模较小，但成长性高，每年业绩百分之几十增长（甚至更高）。这类公司股票由于市值基数低，往往股价随着业绩出现爆发式增长，是最可能出现10倍股的地方。而且，由于市值较小，炒作所需的资金量也不大，此类股票往往是市场上被炒作的主要对象。

快速增长型公司很多处于快速增长的细分行业。由于是细分市场，所以业务能够迅速做到垄断地位，并带动营收及利润的迅速增加。还有一种情况是，过去的成熟行业中出现了一种新的商业模式并被迅速做大。

海天味业（代码：603288）是一家做调味品的上市公司，依靠海天酱油迅速做大，并扩充至蚝油、酱类等其他调味品，成为国内调味品行业的龙头企业。过去五年（2015—2019年），海天味业的营收增速和利润增速都明显高于行业平均水平。尤其是净利润增速，过去五年平均增速超过20%（见表4-2）。调味品行业稳步增长，受经济周期影响小，现金流较好。

表4-2 海天味业的业绩同比增长(2010—2019年)

年份	同比增长(%)	
	营业总收入	归母净利润
2010	23.03	-6.57
2011	10.43	44.74
2012	16.07	26.36
2013	18.84	33.03
2014	16.85	30.12
2015	15.05	20.06
2016	10.31	13.29
2017	17.06	24.21
2018	16.80	23.60
2019	16.22	22.64

数据来源:东方财富Choice。

反映在股价上,在2017—2020年的三年时间里,海天味业的股价上涨接近4倍,其中既有本身盈利的增加,也有市场对其估值水平的提升。市盈率从35倍提升到70倍,盈利的增加大约为其股价带来一倍的收益,总计收益接近原来的4倍。

恒瑞医药(代码:600276)也是快速增长型公司。公司主要从事创新药尤其是抗肿瘤药的研发,是国内创新药研发的龙头企业。恒瑞医药的快速发展,首先得益于医药行业的快速发展,尤其是随着国民平均寿命的提高,创新肿瘤药的需求越来越大。从过去五年(2015—2019年)来看,无论是营业收入还是净利润,恒瑞医药都取得了20%以上的增长,成为医药行业的明星企业。

在成熟的行业,通过模式创新,创业者也能打造一个快速增长型公司。拼多多是一家创立于2015年的电商公司,彼时国内电商业务格局已经成熟，阿里巴巴、京东、苏宁、当当等已经把国内电商行业瓜分完毕。然而，拼多多硬是在成熟的电商行业通过模式创新，对接那些三、四线城市的价格敏感型人群，这是过去被淘宝、京东忽略的巨大市场。通过这种商业模式的创新，拼多多的经营数据在过去几年呈现爆发式增长（见图4-8），对阿里巴巴、京东形成了明显的威胁。

图4-8　恒瑞医药的股价和市盈率走势

快速增长型公司当然是散户最爱的公司类型了。不过投资这类公司股票也有风险。第一个风险是行业风险：这类公司有些处于某个细分行业，当这个细分市场增速减缓或是行业集中度难以进一步提升时，公司本身的增速会从快速增长变为稳定增长。第二个风险就是对未来增长预期的透支：如果市场上大部分投资者都看好某个快速增长型公司，那么反映在股价上必然是估值水平的提高；如果公司未来几年增速达不到预期，那么股价势必会回调，从而对投资者造成亏损。

周期型

周期型公司都处于周期型行业，其收入和盈利没有稳定性，跟经济的增长周期紧密相关，随之浮动。钢铁、煤炭、化工、有色金属、机械、水泥、交通运输等都属于周期型行业，经济增长强劲时，这些行业受益，收入和盈利都能出现大幅增长；当经济出现衰退时，行业整体收缩，收入和盈利大幅下滑，可能出现亏损。

周期型股票的价格在经济繁荣时上涨较快，在经济衰退时下跌得也非常凶猛。周期型股票不是不可以赚钱，只是需要投资者对经济周期的准确判断并保持耐心。另外，低估值陷阱中的股票多是周期型股票：你以为估值已经处于低位，然后持有个两三年，却并没等到股价复苏的那天，因此你很可能会失去耐心。择时是投资周期型股票的关键，但择时并不容易。

以钢铁行业为例，河钢股份（代码：000709）就属于周期型公司。在经济增长强劲时，钢铁需求扩大，这对公司利润是正向贡献。但是当经济衰退时，行业面临产能过剩，盈利收缩甚至亏损。当然，如果是政策层面的供给侧改革导致的供给收缩，将使得钢铁价格上涨，钢铁龙头企业会从中受益（见图4-9）。

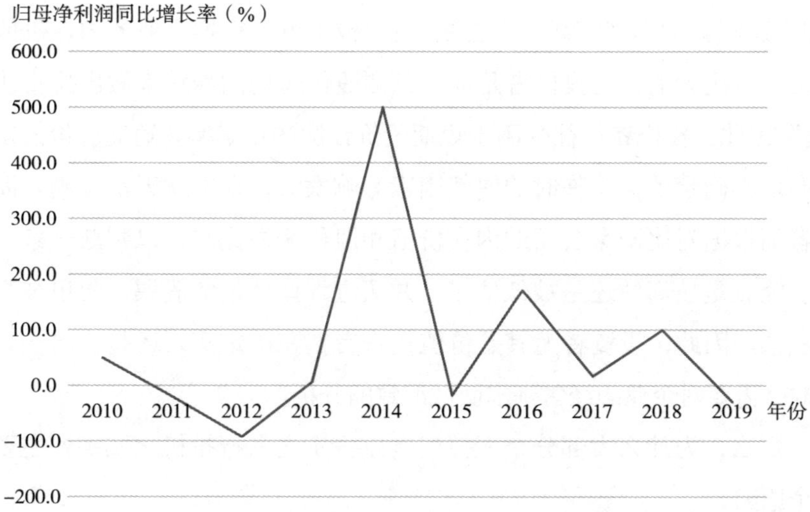

图4-9　河钢股份的归母净利润同比增长率

价值投资的方法论

投资与投机

在股市中投资并期望获得收益时，我们口口声声说自己是在做投资，却很少有人承认自己做的是投机。在主流的话语体系中，投资这个词充满了严肃、理性和技术性，而投机这个词却有点像投资的反面：短视、赌博和运气。投资仿佛是高尚的，而投机仿佛是粗鄙的。但是，凡事不但要听其言，更要观其行。

实际上，很多个人投资者的行为出卖了他们：他们非常关注一只股票次日或者下周的涨跌，到处搜集利好或利空的消息，并以此为根据来预测次日股市开盘到底是涨是跌；同时，他们持有股票的时间一般最多不超过三个月，换手率非常高；过去一周某只股票价格上涨了，他们欢欣鼓舞，认为这家公司是个优秀的公司；下一周这只股票价格跌了，他们垂头丧气甚至破口大骂，认为公司实在是烂。同一家公司，上周还前景光明，这周就变得前途黯淡了。

投资尤其是价值投资，并不能通过股价短期内的涨跌来证实或证伪。《安全边际》的作者塞斯・卡拉曼说："投资者是根据企业的内在价值来做出投资决策的，而投机者是通过预测股价短期的涨跌来做出投资决策的。"因此，投机者往往受困于短期股价预测的正确率。短期股价的走势是高度不确定的，受临时的偶然因素影响太大，根本就无法预测。而投资者则根据对比一家公司的内在价值和股价来做比较，以判断一家公司股价究竟是被高估还是被低估了，并买进那些低估的股票，卖出被高估的股票。因此，投资者尤其是价值投资者，在决定买入还是卖出一只股票时，需要对企业的经营基本面做细致的分析。

那么，为什么大部分个人投资者以投资之名行投机之实呢？主要有三个原因。

其一，大部分投资者都有一夜暴富的心理，更愿意赚快钱，他们不愿意慢慢变富，每年20%的收益对他们来说都是慢的，他们希望的是一个月20%的收益率。亚马逊的CEO贝佐斯曾问巴菲特："为什么你的价值投资原则都是公开的，也不是很难，但是为什么没几个人学会并赚到钱呢？"巴菲特回答："因为这个世界上没有人愿意慢慢变富。"

其二，价值投资需要的不只是耐心，还需要逆向投资及足够的对暂时亏损的忍耐力。很多人之所以不做价值投资，是因为承受不了投资过程中暂时的估值亏损，对持有股票的价值很快产生了怀疑，进而对价值投资的方法论产生了怀疑，转而投向"快进快出"的投机快感中。另外，逆向投资注定是孤独的，你要做到"别人贪婪时你恐惧，别人恐惧时你贪婪"。当你身边的朋友在牛市中翩翩起舞、投资收益率都是按周计算的时候，你能够冷静下来坚持自己的判断而不跟他们比较谁的收益高吗？当股市处于恐慌性下跌时，你身边的朋友大多夺路而逃，而你敢在这个时候加大投资、接天上掉下来的刀子吗？这么做注定是孤独的，因为大部分人不会理解你，而且没人保证你的做法就是对的，甚至有时候你是众人嘲笑的对象。相比于赚钱，大部分人更在意的是避免承受孤独或是被别人嘲笑。

实 例

贵州茅台的赌局

贵州茅台（代码：600519）现在贵为白酒行业龙头，市值超过2.2万亿元（2020年8月末），在资本市场可谓是风光无限。但回到2012—2014年，由于白酒塑化剂事件及限制三公消费的影响，整个白酒行业受到巨大打击，贵州茅台、五粮液这样的白酒龙头的股价大幅下跌，五粮液股价下跌幅度超过60%，贵州茅台下跌接近50%，白酒行业进入了黑暗时刻。但贵州茅台的坚定做多者、否极泰基金经理董宝珍，在2012年年底塑化剂事件发生后，通过草根调研茅台的产销情况，进一步坚定了茅台的投资价值。随着茅台股价的下跌，董宝珍使用杠杆持续加仓茅台股票，可随后的股价仍然持续下跌，到2014年1月8日，茅台股价跌到了118元/股，董宝珍管理的基金净值出现了大幅下滑，但董宝珍坚信通过调研得出的“茅台是印钞机”的结论。终于从2014年开始，贵州茅台股价开始一路上行，从最低的每股118元持续上涨到500元、1 000元，直至今天的1 600元，5年时间上涨了接近10倍。贵州茅台的股价上扬让董宝珍获利颇丰。

在此过程中，也有令董宝珍非常尴尬的时刻。2012年9月，当茅台市值还在2 500多亿元时，职业投资人扬韬和董宝珍在微博上打了一个关于贵州茅台的赌局：扬韬认为5年内贵州茅台市值必定跌破1 500亿元，而董宝珍说如果跌破1 500亿元他就裸奔30分钟。一年后，茅台股价跌破140元/股，市值也随之跌破了1 500亿元。董宝珍兑现承诺，裸奔了30分钟。两个人都没有错，扬韬看的是塑化剂、限制三公消费等利空因素对股价的短期影响，而董宝珍看的是贵州茅台的长期内在价值。因此，价值投资只有少数人才能坚持，因为投资者需要克服短期估值亏损、不被世人理解、孤独等心理影响。

从董宝珍的赌局中我们可以借鉴到的有以下方面：

- 短期的突发性事件（比如塑化剂、限制三公消费等）往往会对一个公司的股价造成明显的影响（有正面的，也有负面的），但基本不影响公司的长期内在价值。随着时间的推移，一家经营优秀的公司始终要在资本市场发光，“若锥之处囊中，其末立见”。
- 逆向投资非常考验一个人的定力和耐性。当茅台股价在140元/股的时候，绝大部分人都看衰它，而在1 800元/股的时候，绝大部分人都看多它，你能否承受这种逆向投资所带来的心理压力？

■ 价值投资者只赚自己应得的钱。实际上，在茅台股价突破500元/股时，董宝珍就开始逐步减持手上的股票。虽然董宝珍投资贵州茅台股票获得了数倍的收益，但在600元/股和1 800元/股之间的收益基本上与他无缘。有些人认为董宝珍不够聪明，没有从鱼头吃到鱼尾。但实际上，价值投资者往往只赚他（她）能力范围之内的应得的钱——董宝珍认为600元/股的贵州茅台估值已经偏高，那么他不去赚取估值继续上涨的钱，又有什么错呢？

其三，基本面分析需要一定的知识门槛，这便劝退了很多人。绝大多数个人投资者并非经济或金融专业出身，也并不从事金融投资行业。企业的经营基本面分析、财务分析这些内容，对大部分人而言门槛太高，让他们一时难以入手。即使有部分人尝试着去学习去实践，但可能收效不尽如人意，他们转而放弃此道。而其他的一些投资流派，比如根据题材消息炒股、纯粹的技术分析，是否有长期收益效果不论，但入门非常简单直观："上午学习，下午实践。"因此，大部分人放弃了"正确但难的事"，转而使用那些可以速成的方法。

因此，投资与投机之间的差别虽如此清楚——投资是在股市中长期获得持续收益的正确大道，但真正的实践者并不多。龙叔出版本书的目的，主要就是给个人投资者提供通俗易懂的价值投资之道，而不让知识门槛成为我们投资中的障碍。

个人投资者的优势

对于个人投资者来说，我们在股市中投资有什么优势与劣势呢？这是我们在进入股市之前首先要考虑的问题。假设股市中的所有投资者都在一个牌桌上玩牌，为了能够赢钱，那么你需要考虑以下几个问题：

- 这个牌桌上的玩家都有谁?
- 他们分别有哪些优势与劣势?
- 为了赢钱，我该如何玩牌?

如果你在不清楚对手底细的情况下，只凭自己的感觉去玩牌，那么输钱的一定是你!

股市上的投资者都有谁

A股市场上的投资者主要分为两大类：第一类就是个人投资者，第二类是机构投资者。个人投资者就是我们所说的“散户”。机构投资者又可以分为三小类：一般法人机构、境内专业机构投资者、境外机构（见图4-10）。

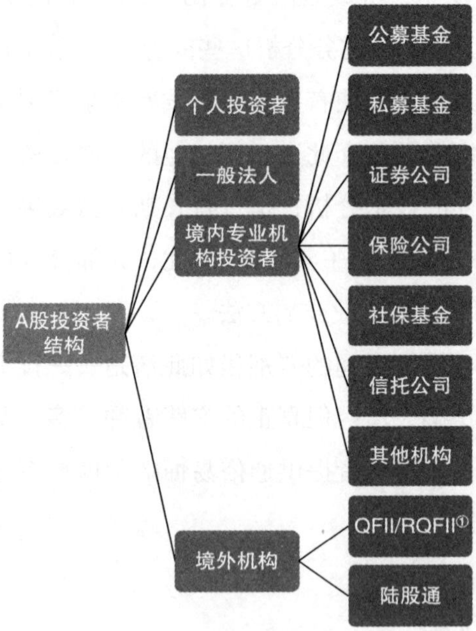

图4-10　A股的投资者结构

数据来源：国金证券整理。

① RQFII是指人民币合格境外机构投资者。——编者注

- 一般法人机构：包括一般法人团体和非金融类上市公司，比如上市公司自持的股权。
- 境内专业机构投资者：简单来说，就是职业投资股票的机构，包括公募基金、私募基金、证券公司、信托公司、保险公司、社保基金等。
- 境外机构：境外的机构投资者。

从各类型机构持仓市值上看，根据国金证券的测算，剔除一般法人持股（因为他们是上市公司股东），个人投资者、境内专业机构投资者和境外机构的持股市值比例如图4-11所示（截至2019年第3季度末）。

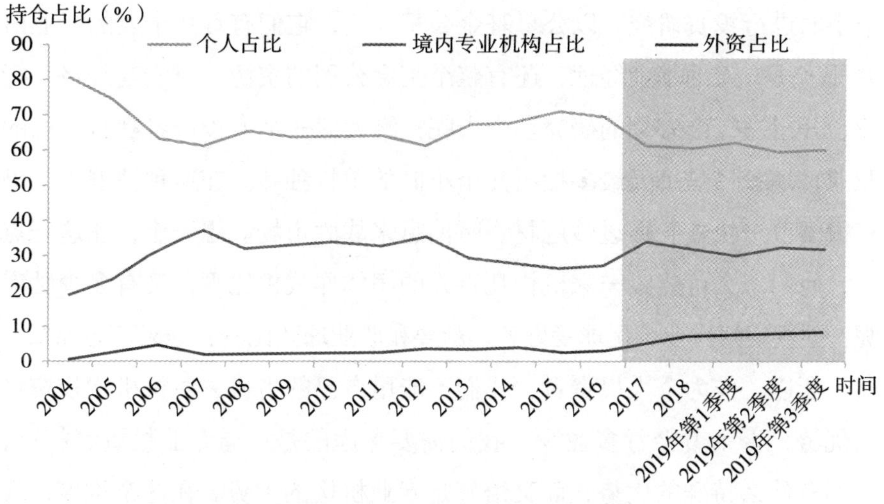

图4-11 A股不同类型投资者持仓占比

数据来源：国金证券整理。

可以看出，个人投资者大约占了60%，剩下的40%都是由机构投资者（境内和境外）持有的。在A股市场中，个人投资者占据大部分比例，但这一比例一直在下降，而机构投资者的占比在持续上升。

也就是说，作为个人投资者，我们的主要对手是两类：第一类是机构玩家（包括一般法人、专业机构投资者、境外机构），第二类就是和我们一样的其他的个人投资者。那么在投资股市之前，我们需要思考的问题是：第一，作为个人，我们如何对抗机构或者说职业投资人？第二，我们如何与其他散户竞争？

各类投资者的优势与劣势

在前文中，我们已经分析了A股市场上到底有哪些参与者，个人投资者处在什么位置。那么这些股市上的投资者，又有什么优势与劣势呢？

首先，相比个人投资者（散户），机构投资者具有明显的职业优势。他们都是团体作战，团队少则几十人、多则几百人，每天全职工作十几个小时进行投资研究。以公募基金公司为例，它们有着几十人的行业研究员、几十人的基金经理，还有整个基金公司的资源，对宏观经济、行业、公司进行全方位的研究。个人呢？绝大部分个人投资者都有自己的职业，炒股只是每天最多抽出几个小时的单打独斗。在这种情况下，仍有很多散户执着于通过炒题材、听消息来战胜市场。想一想，在这一点上，他们怎么可能跟一家机构几百人的团体作战相比呢，又有多少胜率呢？他们就好比业余足球爱好者，却要和职业球队比赛，结果可想而知。

所以，作为个人投资者，我们不能用自己的劣势去对抗机构投资者的优势，否则就会亏多盈少。我们需要考虑的是：与专业投资者相比，我们有什么特殊的优势，而又恰好是专业机构的劣势。在这个维度，我们再进行降维打击，才能提高胜率。只要用法得当，散户照样可以割机构的韭菜。

那么，个人投资者究竟有什么特殊的优势呢？

第一，投资更有耐心。机构投资者看上去高大上，但是他们都有一个致命的弱点：考核周期非常短！大部分机构投资者的股市投资业绩都是按年考核的，甚至有些按季度考核，只有极少数资金（例如部分保险或社保资金）的考核周期拉长至三年。考核周期和排名的短期化，导致投资经理的业绩压力非常大，投资行为短期化非常严重。机构投资者往往看重短期的业绩，尽量控制净值回撤。为什么机构投资者考核周期都这么短呢？因为他们的资金大部分并不是自有资金，而是其他投资者提供的，比如公募基金的资金来源都是个人投资者或者是其他金融机构。在这种情况下，投资人必然会对管理人（负责股票投资的机构）提出明确的业绩要求。在短期业绩考核的压力下，机构投资者的投资行为往往倾向于短期化。即使看到一些非常具有吸引力的长期投资机会，例如一些被低估的股票，但由于考核限制，他们也无法持仓，因为短期内不能立刻贡献业绩。个人投资者在这方面没有任何限制。对个人来说，投资股票的资金都是个人自有资金，没有在固定期限内一定要达到某个具体收益指标的要求。因此，你的投资可以更有耐心——当你看好一只股票时，没人要求你三个月或者一年后，一定要达到20%的业绩指标。在这种情况下，熊市中你可以放心加仓，即使短期浮亏，也没人会指责你；在股市泡沫行情下，你可以轻仓上阵，即使短期内跑不赢大盘，也不会丢掉工作。而这种自有资金的耐心，是机构投资者无法比拟的，因此你的投资策略更为灵活，你只需要对自己负责，而不需要向任何其他人解释你为何这么做。

第二，自身专业上的优势。我们大多数人都在某个行业从事工作，我们对本行业知识和信息的了解，是职业投资经理们很难匹敌的。职业投资经理往往出身于经济或金融专业，或者是某一行业专业出身，但并没有很多的行业实际经验，在对具体行业的理解及趋势的判断上，职业投资经理往往不如直接从事某个行业的人。所谓“春江水暖鸭先知”，从事机械行业的人，对机械行业当前的客户需求、销售情况、行业趋势等的了解，一定提前于职业投资经理。由于机械行业是周期型行业，从事这个行业的人，对机械行业的复苏肯定是第一批感知的人。那么，如果这时候买入机械行业的公司股票（三一重工、徐工机械等），其估值肯定处于低位，将来就能够获得机械行业复苏的收益。如果你是从事互联网行业的程序员或产品经理，对于市场头部的几个公司的产品竞争力、竞合动向一定有独到的理解，这种行业知识就能顾帮你在筛选互联网公司的股票时，让你具备基金经理所没有的行业优势，从而战胜职业投资者。

第三，个人投资者不用向任何人解释其投资逻辑。如前所述，机构投资者的资金除了少部分是自有之外，大部分是外部客户的委托资金，例如基金公司，所有的资金都来源于散户或者其他金融机构。这种“委托人－管理人”的架构，使得职业投资机构必须定期向委托人解释其投资逻辑：为什么要加仓？为什么要减仓？为什么业绩没跑赢大盘？为什么看好这个行业而不是别的行业？为什么投资这家企业而不是另外一个竞争对手？为了让“金主”（委托人）放心，以免资金流失，大部分专业投资机构都需要花费很多精力来应付“金主”对基金净值、投资行为的关切，尽量做到让他们满意。而这些会让职业投资人的投资不自觉地受限，很多的投资决策首要不是为了获取投资收益，而是尽量避免受到委托人的责问。在经济下行时，如果全市场都在买大消费行业的龙头股，而你私下觉得有些周期型股票值得投资，那么你该不该遵从自己的内心呢？如果你买了周期型股票，委托人看了持仓后责问你“为什么大家都在买消费龙头股，而你却重仓这些‘烂股票’”，那么你该如何解释？尤其是短期内业绩不如消费增长的时候！又比如，你买了贵州茅台（或中信证券、恒瑞医药）这样的行业龙头股，出现了投资亏损，委托人会说：“贵州茅台这家公司到底怎么回事？”而如果你买了一些行业的小盘股，也出现了投资亏损，委托人会说：“你到底怎么回事？”这些要向资金委托人定期汇报和负责的无形压力，会使得职业投资经理不自觉地规避一些潜力股，当然也错失了战胜市场的机会。而对于个人投资者来说，你的资金都是你自己的钱，你不需要向任何人解释你为什么要投资这只股票！因此，首先你节约了大量的精力，其次你的投资范围不受任何限制，你只需关注投资收益。

第四，你可以空仓。实际上，有些机构对持仓是有最低比例要求的，比如股票型公募基金，最低股票持仓不得低于80%。这就使得即使基金经理不看好当前的股票市场，也必须有80%的持仓股票。个人投资者没有任何限制，这样在股市熊市当中，个人投资者无疑就具备了很大的优势，既能够在熊市中减少亏损，也能空出资金等待股票处于低估值时大量建仓。

第五，每个人都可以做生活的有心人。上市公司的业务多种多样，有些公司生产的产品是直接面对终端消费者的，而你自己就是这家公司产品的最直接的消费者和体验官。只要用心留意，你就能发现在日常生活中一些公司产品的竞争力和销售情况。例如，你发现最近几年你身边的朋友买的或者换新的空调都是格力，你就应该留个心眼：这是否意味着格力电器这家公司的产品市场占有率在提升？如果身边朋友都赞扬格力空调的品质、售后服务，你就更应该对这家公司的股票大加研究一番了。当然，我并不是说只要一家公司产品的使用体验好，这家公司股票就一定值得买，这还需要你对公司的经营基本面、股价做进一步的分析。但是，至少生活体验给了你一个重要的线索，引导你发现可能存在的大牛股。在这方面，你不输于任何职业投资经理，反而比他们更有优势。因为作为职业投资人，他们往往拘泥于公司的经营分析、财务分析等纯粹的数字指标，而忽略了产品本身。有时候，一些细节比单纯的宏观分析和经营数据更能反映一家公司真实的竞争力，这就如同一些女孩子挑选男友往往是从一些细节入手一样。

我们之所以在这儿详细解释个人投资者相比专业投资者有何竞争优势，就是要告诉大家：在股市投资中，我们一定要扬长避短，用自己的相对优势去和职业投资者竞争，而不是以己之短攻他人之长。但是在践际中，我们往往见到的是，大量的个人投资者在专业金融机构非常擅长的地方与对方比拼，比谁的信息快、谁的消息多、谁更能预测短期股价。这种做法无异于和刘翔比跨栏、和博尔特比短跑，结果可想而知。我们要做的是和刘翔比围棋、和博尔特比打乒乓球。

个人投资者如何做基本面分析

很多个人投资者之所以不愿意做上市公司的基本面分析，或者说不愿意走价值投资之路，一个很重要的原因在于：基本面分析的门槛看起来太高，让普通人觉得难以入手。具体如何分析企业的业务现状，如何分析企业在市场上的竞争力，如何看懂企业的财务报表呢？所有这些，都让非经济金融专业出身的个人投资者一头雾水。

这也是本书的主要目的之一：让每个人都能轻松掌握基本面的分析方法！

其实我们不必达到职业投资经理那样的专业分析水平，因为有些分析的内容与方法过于细节化，对于我们进一步提高投资决策水平的作用并不大。如前所述，个人投资者所做的基本面分析最好基于其熟悉的行业或公司，这样就能节省大量学习行业知识的时间。

关于学习基本面分析，我们先不拘泥于具体细节，不妨问自己一个问题：什么样的公司才是一家好公司？

一家好公司，可以简单地概括为“三好”：好赛道、好赛车、好司机。

所谓好赛道，就是这家公司所从事的行业极具增长前景。如果一家公司所从事的行业是夕阳产业，产值逐渐萎缩，那么公司再如何努力，其公司股票增长潜力也不会太高。

所谓好赛车，就是这家公司目前业务经营良好。公司经营得怎么样，我们可以对标以下方面：公司是否有市场竞争力？公司文化、价值观是否健康？

所谓好司机，就是这家公司的股东、高管层的人员素质高。人员素质良好与否，可以对标以下方面：公司领导是否具有远大的抱负，是否有足够的管理能力以应对未来市场的变化？

当然，“三好”企业是极少数的，有时候“两好”也是非常不错的企业。“三好”的权重也不一定都一样，有的竞争激烈的行业对“好司机”

的要求非常高，而有的自然垄断性行业对“好司机”的依赖没那么高，甚至不那么看重。另外，“三好”企业是不是意味着就可以投资？那也得看当前的估值水平高不高：如果一家企业足够优秀，但估值已经过高甚至呈现泡沫化特征，那么从投资角度来看，它并不是一个好的投资标的。

选择好赛道

一家公司所处的行业是蓬勃发展的朝阳产业，还是业已成熟逐步增长的稳定型产业，还是已经过了成熟期的夕阳产业，大致决定了这家公司可能是什么增长类型。我们在前面章节将公司分成了缓慢增长型、稳定增长型和快速增长型等几种类型，一个主要的决定因素就是公司所处的行业，虽然这并不绝对。可以说，一家公司主营业务所在行业未来发展得好不好，在很大程度上决定着这家公司未来的业绩。这也是为什么很多优秀公司要经常谋求转型以占据更好的赛道，保证未来的盈利持续增长。相反，那些曾经非常优秀的公司，如果转型缓慢，错过了时代的赛道，那么不管如何努力，它们也会从头部跌落到第二梯队甚至更差。

我们以手机产业为例来看赛道的重要性。在智能手机出现以前，诺基亚是全球手机业的霸主，在功能机市场横扫全球。在市场巅峰的2006年，诺基亚的全球市场占有率达到惊人的73%。但是随着2007年iPhone（苹果手机）、2008年安卓手机的推出，手机市场从功能机时代迅速切换到智能手机时代，而诺基亚仍然沉浸在功能机时代的辉煌中，从功能机时代的霸主变成了智能手机时代的追赶者，最后以彻底退出手机市场而告终（见图4-12）。而刚进入手机市场的苹果公司，则凭借iPhone的巨大成功，成为全球市场市值最高的科技公司。这就是赛道的重要性！

如果现在有一家公司拿出几十亿元要进入钢铁、重化工行业，那么即使它再怎么努力、管理层再怎么优秀与勤奋，公司盈利结果也不会太好，因为它选错了行业！

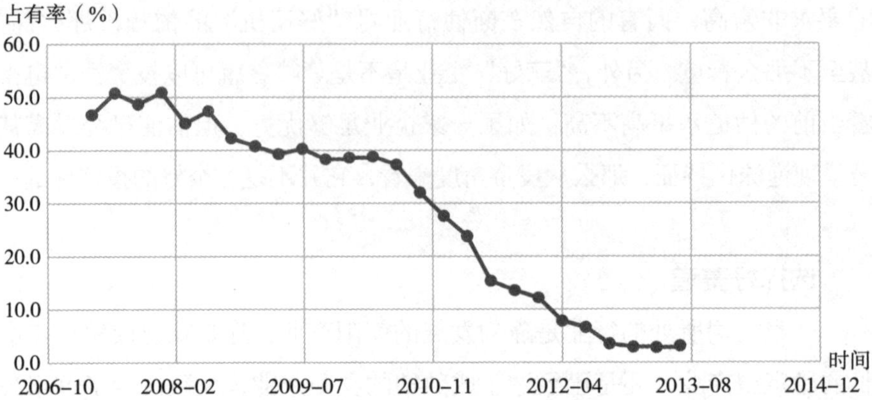

图4-12 诺基亚手机全球市场占有率

数据来源：IDC（互联网数据中心）、诺基亚、Gartner（美国加德纳咨询公司）。

选择好赛车

所谓好赛车，就是公司经营得好，基本面优秀。一家公司，光行业选得好还不够，还要自己经营得好，市场竞争力强。我们在后面做的很多基本面分析和财务分析等工作，就是为了研究一家公司经营层面是否足够优秀。优秀与否，不能光看一个季度或一年的短期业绩，而要看业绩能否持续增长，在行业竞争中能否持续领先。

我们以白酒行业的贵州茅台为例来展开讨论。白酒行业属于资本性开支不大、利润率稳定、品牌忠诚度很高的行业。而贵州茅台一个最大的特点是：由于属于国酒品牌，因此品牌价值独一无二，竞争对手无法复制。在这种品牌独占的情况下，茅台酒可以卖出高品牌溢价，定价权主要在公司手中。而且随着居民的消费升级，越来越多的消费者选择喝茅台酒。这种公司就是典型的好赛车的代表，不用加油也能开！在极端情况下，即使让一只猴子来当高管，对贵州茅台公司的业绩影响也不大。这就不难理解为什么贵州茅台的利润会连续10年高增长——业绩的确定性极高，进一步推高了估值。

有的公司在竞争激烈的市场通过公司合理经营而表现亮眼。格力电器属于白家电行业，虽然受益于2006—2016年城镇化的推进及房地产市场的大发展，家电需求稳步上升，但白家电行业竞争非常激烈。格力电器战略得当，将公司主要资源投入空调行业，依靠单品突破，成为空调行业的霸主。相反的例子是春兰空调，作为20世纪90年代的空调龙头企业，春兰过早地实行了多元化战略，而没有深耕空调市场，导致其产品竞争力逐渐减弱，最终基本退出了空调市场。

选择好司机

好司机就是指一家公司拥有优秀的管理层，能把公司这辆赛车开好。当然，好司机和好赛车往往是密不可分的。一家平庸的公司不能算是好赛车，但如果拥有优秀的管理层持续优化管理，就能够将之改造为一辆好赛车。总之，经营公司最核心的还是要依靠人，人才是一切的核心。

不过对于个人投资者来说，一家上市公司的管理层是否足够优秀，判断起来相对难一点。毕竟，我们绝大部分人都不直接认识公司的高管层，只能从他们的公开活动中获取非常有限的信息，难以近距离地接触和了解他们。不过，也有一些间接而有效的方法。你或多或少接触过一家上市公司的基层业务员或中低级管理层，一家公司是否经营得当、管理优秀，往往从基层业务员身上就能体现出来，有时候比跟这家公司的CEO面对面访谈还要精准。如果一家公司的大部分基层业务员斗志昂扬，提供的服务让你满意舒心，往往意味着公司的管理水平很高。相反，如果一家公司的大部分基层业务员常常抱怨，说公司的不好，那么这家公司的内部管理极有可能出现了问题，未来发展堪忧。

价值投资者如何思考投资

价值投资者该如何思考投资？哪些股票该投，哪些股票又不该投？什么时候入场，什么时候又该逐步退场？我们必须坚持一以贯之的投资原则，并不断地迭代进化，才能使自己的投资技能逐步提高，降低投资中的运气成分，依靠独特技能持续赚钱。

价值投资者不应该是下面这种人：今天听消息做短线交易，明天看技术分析做决策，后天又开始分析公司基本面了。有人可能会说："如果我能综合市场各类投资方法，各为所用，不是更有效吗？"理想很丰满，但所有人的时间都是一样多的，你怎么可能各项都达到顶尖水平呢？最终的结果就是：什么都会一点，但什么都不精通。李小龙说："我不怕会一万种招式的人，我怕那种一个招式练了一万遍的人。"投资有很多的分析方法，但价值投资法是个人投资者能够持续赢利的唯一方法，其他方法要么没有相对竞争优势，要么没有资源支持。

那么，价值投资者该如何思考投资？

前文我们说过，投资与投机的区别在于：投资依据公司的内在价值与股价之间的差异来进行，而投机则不然。因此，价值投资者所要做的是，寻找以下两类股票。

- 股价明显低于公司内在价值的。这类公司市值被低估，买入并持有，等待股价回归合理水平，即可获利。这类公司内在价值的计算相对明确，大部分属于蓝筹股。
- 以合理价格买入高速成长的公司。当市场越来越有效时，寻找股价明显低于内在价值的公司并不容易，但是寻找价格合理、未来高速增长的公司是可行的。这类公司股票通常被称为成长股。

我们这里讲的价值投资方法，已经对格雷厄姆倡导的传统的价值投资方法有所扩展了。格雷厄姆所倡导的价值投资，主要指的就是第一种方法，即寻找被市场低估的公司。这种方法在他当时所处的时代（1930—1950年）是毫无问题的。当时的股票市场并不如现在这么有效，尽管现在的股票市场还是经常性地无效，但是比以前有效得多。在相对有效的市场下，你会发现这种被明显低估的股票越来越少了。另外，在格雷厄姆所处的时代，上市公司大多是比较成熟的行业，还没有像今天这么多的高科技公司，因此分析其未来赢利能力相对简单，以赢利能力作为主要分析指标也无可厚非。但现在的股票市场充满了高科技上市公司，它们的商业模式与之前的成熟行业完全不同，如果单纯地用盈利指标来衡量其股价是否被低估，你会发现要么公司短期不赢利，要么初期盈利非常少，从而错过像腾讯、阿里巴巴这样的超级大牛股。这时候，分析公司未来的发展前景，需要有一定的行业洞察力。当然，如果这类公司的前景看起来不错，那么它的估值很难被低估。在这种情况下，能够以合理价格买入并享受公司未来的高速增长，也是非常好的投资方式。

对于第一种"公司股价明显低于其内在价值的"，我们可能要问：一家公司的内在价值究竟是多少？这就是股票的估值问题。一只股票究竟应该值多少钱，或者说其内在价值是多少，就是这只股票的估值。市面上主流估值方法分为两种：一种是绝对估值法，另一种是相对估值法。

所谓绝对估值法，就是如果你持有一只股票，你就是公司股东。作为股东，你的主要目的是获取公司持续经营的盈利（利润）。因此，一家公司的公允价值，应该等于这家公司未来持续的盈利之和。只不过，5年后的1亿元和1年后的1亿元并不等价，货币存在时间价值。因此，准确的表述应该为：一家公司的公允价值，等于公司未来持续经营的所有盈利的现值（PV）之和。

$$\text{公司公允价值}=\sum_{r=1}^{\infty}\frac{\text{第}i\text{年的预期盈利}}{(1+r)^{i}}$$

式中，r指代折现率。

绝对估值方法有两个主要的难点：第一，是否能够准确地预测公司未来持续N年的盈利（利润），涉及很多细节的估算；第二，贴现率r该如何设定。因此，绝对估值方法的模型计算要求比较高，并不太适用于个人投资者。

而相对估值法是最适合个人投资者使用的估值方法。举例来说，绝对估值法要求预测班级里某位学霸能考多少分，而相对估值法要求预测这位学霸能考第几名。由于每次试卷难度不一样，学霸的发挥程度也难以估计，因此预测具体考多少分实在是一件难事。而预测排名则不一样，因为有历史排名可供参考，因此难度就小很多，只要把学霸和其他同学相对比即可。

那么在相对估值法下，我们应该用什么观察指标呢？最常见的指标当然是市盈率，还有市净率、市销率等辅助指标。

相对估值法

市盈率估值

市盈率是“市值/盈利”比率的简称，就是一家公司的市场价值除以这家公司最近一段时期的净利润。

$$市盈率=\frac{公司总市值}{公司近期盈利}=\frac{每股价格}{每股盈利}$$

所谓“每股价格”，就是公司股价。每股盈利，指的是公司总盈利除以总股本数，英文叫EPS（Earnings Per Share）。

市盈率能很好地体现一家公司的投资回报率。例如，三一重工（代码：600031）的市盈率为15倍，则说明：如果你今天投入了15万元购买三一重工的股票，那么每年公司为你创造的利润为1万元，你在15年后可以收回所有现金（假设不考虑未来盈利波动和再投资）。

市盈率为什么是一个很好的相对估值指标呢？因为它反映的是大约的投资回报率，即投资后多少年可以收回所有资金投入。如果有两家同一梯队的公司都在同一个行业，简单比较它们各自的市盈率及其与行业平均市盈率之间的关系，那么相对估值哪个贵、哪个便宜，就有一点眉目了。

这种相对估值法对于公司首次公开募股时的估值定价非常有用。例如，一个从事家电行业的公司要上市，而家电行业平均市盈率为15倍，则按照公司上一年度的净利润，乘以15倍，就得到公司上市的合理市值。

关于市盈率的计算，分子“每股价格”非常确定，就是这只股票的股价。“每股盈利”该如何计算呢？这就引出来市盈率的几种算法：静态市盈率、动态市盈率和滚动市盈率。

（1）静态市盈率。由于公司在每个自然年度只会出一份详细完整的财务报表，因此对于一家上市公司，我们使用“上一年度报表中披露的每股盈利”作为市盈率计算的分母。静态市盈率常常简写为PE（LYR），其中LYR是Last Year Ratio（上一年比率）的缩写。

$$\text{静态市盈率}=\frac{\text{股价}}{\text{上一年度年报披露的每股盈利}}$$

静态市盈率虽然计算简单，但是有个致命缺陷：公司盈利数据不能及时更新，实时性较差。例如，即使到了2020年12月份，你也只能使用2019年的盈利数据来计算一个公司的市盈率。

（2）动态市盈率。动态市盈率就是为了解决静态市盈率中盈利数据更新不及时的问题而出现的。所以，动态市盈率的分母使用的是当年预测的每股盈利水平。

$$\text{动态市盈率}=\frac{\text{股价}}{\text{本年度预计的每股盈利}}$$

由于上市公司除了每年披露一个完整年度的财务报表之外，还会每个季度披露财务数据。因此，如果我们是在9月底计算动态市盈率，实际上公司在第一、第二季度的盈利数据已经披露了，我们所需要预测的就是还未披露的第三、四季度的赢利水平。

动态市盈率虽然比静态市盈率更新得更为及时，但涉及对未来几个季度的盈利预测，难免出现预测不准的情况。

（3）滚动市盈率。滚动市盈率融合了静态市盈率和动态市盈率，它汇总了过去连续四个已披露的季度盈利数据，而不是上一个自然年度的盈利数据。因此，滚动市盈率的实时性比静态市盈率更好，而且采用的是实际盈利数据，而不是动态市盈率所采用的预测盈利数据。滚动市益率英文一般简写为PE（TTM），其中TTM是Trailing Twelve Month（过去12个月）的缩写。

为了简便，我们只计算公司的盈利数据。严格来说，大部分金融软件使用的都是“归属于母公司股东的净利润”，并不计入“少数股东损益”部分。原因在于，母公司对于少数股东权益不具有控制权，也就无法控制这部分的盈利，不能体现母公司的经营基本面。

实 例

使用市盈率评估投资机会

使用市盈率估值判断一只股票究竟是低估、高估还是合理定价，可以看两方面：一是把这只股票当前的市盈率与自己的历史市盈率进行比较；二是将它的市盈率与同行业公司进行比较。二者比较综合，才能更好地做出判断。

格力电器（代码：000651）是家电行业龙头，是空调行业的霸主。虽然2013年、2014年的净利润连续增长（2013年、2014年利润分别同比增长47.12%、29.95%），但由于整体股市萎靡，公司股价并没有明显增长，使得公司市盈率处于历史低位。家电行业10～15倍的市盈率属于均值水平，但到2014年下半年，格力电器的市盈率最低只有6.3倍，明显处于低估水平。彼时，格力电器的业务经营稳定，仍然保持了较快的增长，但市场给予的估值水平处于低位。此时，如果我们能够在2014年下半年买入格力电器股票，那么在后续的几年将获得明显的估值修复收益。

- 如果你在2014年年底买入格力电器股票，买入价格为11元/股（对应市盈率为6.7倍），在2015年年中市盈率处于高峰时以25元/股卖出（对应市盈率为13.3倍），投资收益率为127%，复合年化收益率高达415%。
- 如果你在2015年第3季度末股市整体处于熊市时买入格力电器股票，市盈率约7倍，买入价格为14元/股，并持有至2020年6月末的56元/股（对应市盈率为17倍），则投资收益率为300%，复合年化收益率达34%。
- 2018年年底，格力电器股价再度下跌，市盈率也随之跌到了7.5倍（10年均值市盈率为11倍）。如果你当时以34元/股买入，持有至2020年6月末的56元/股（对应市盈率为17倍），则投资收益为64.7%，复合年化收益率为39.5%。

图4-13　格力电器的股价与市盈率走势图（2014—2020年）

除了将一只股票当前的市盈率与自身的历史数据比较，看其处于均值以下（低估）还是均值以上（高估），我们还要货比三家，将其与同行业公司相比，看看这家公司的市盈率到底高不高。

市净率估值法

市盈率估值法看重的是公司的持续赢利能力，但也存在诸多问题：第一，公司盈利的波动性是很强的，同比涨跌百分之几十太常见了，这也导致市盈率估值不太稳定，尤其是那些处于成长期的公司，盈利波动性更大；第二，如果公司经营出现亏损，市盈率指标则无效；第三，公司盈利的可操纵性很强。

因此，我们不能只单纯地看市盈率，还得结合其他指标一起来看。

市净率考察的是公司的每股净资产在市场上究竟值多少钱。计算公式如下：

$$市净率=\frac{公司总市值}{公司净资产}=\frac{公司股价}{每股净资产}$$

假如一家公司的市净率为2倍，则意味着公司账面上每1元净资产的市价为2元。

什么是公司的净资产？我们知道，公司的总资产包含两个部分：一部分是借来的钱，即所谓的负债；另一部分就是自有资产，即所谓的权益。这个权益部分，就是净资产。或者说：

$$净资产=总资产-负债$$

在市净率公式中，有如下两个重要问题需要注意。

- 净资产的数据范围？一般我们使用资产负债表中的“归属于母公司所有者权益合计”的数据。
- 该使用什么时间点的公司净资产数据？最常见的是使用最近一个季度的财务数据，英文简写为PB（MRQ）。其中，MRQ是Most

Recent Quarter（最近一个季度）的缩写。

例如，海通证券（代码：600837）在2020年6月30日的市净率为1.10。当日公司总市值为1 410亿元，归属于母公司股东权益合计（2020年一季度）1 278亿元，则市净率=1 410/1 278=1.10。

一只股票的合理市净率在什么中枢，主要取决于公司处于什么行业、公司本身的运营基本面。不同行业之间的市净率差异巨大，反映的是不同行业的净资产的收益水平（投入1元钱，能够产生多少盈利）。有的行业属于重资产型（比如钢铁、煤炭、化工等）行业，而有的行业属于轻资产、知识密集型行业（比如互联网、医药等），行业差距巨大。关于公司本身的运营水平，一般来说，同属一个行业，民营企业龙头的经营效率更高，净资产的收益率也比国企要高。

市销率估值法

市销率反映的是公司市值和营业收入之间的比率。有些公司的利润为负数（亏损），有的公司甚至净资产也为负数。在这些情况下，市盈率和市净率都失效了，怎么办？还有些高科技领域的轻资产型公司，虽然收入增长很快，未来前景看好，但盈利要么为负数，要么极少，我们又该如何评估这种优秀公司的相对价值呢？

一个辅助的方法就是，比较公司市值和营业收入（销售额）之间的关系，这就是市销率。

$$\text{市销率}=\frac{\text{公司总市值}}{\text{营业总收入}}=\frac{\text{公司股价}}{\text{每股营业收入}}$$

市销率对于经营亏损的公司同样适用，毕竟公司营业收入不可能为负数，对于业务快速增长但还没有盈利或盈利极少同样适用。不过，市销率也有缺陷：一家公司营业收入很大，是否就意味着能赚钱？未必，还得看公司的成本控制能力！

实 例

美团与拼多多的市销率

美团和拼多多是近几年互联网行业中的佼佼者，都在各自细分领域做到了第一梯队。尤其是美团，成为本地生活服务的巨头，未来极有可能成为巨兽型公司。两家公司目前都处于亏损或轻微盈利的状态；其中拼多多依然处于亏损阶段，美团在2019年度实现盈利。对这两家巨头公司进行估值，使用市盈率和市净率都不合适：市盈率不适用的原因在于，两家公司尚未实现稳定的盈利；市净率不适用的原因在于，两家公司均属于轻资产型公司，固定资产占比较少。

我们可以使用市销率对美团和拼多多进行估值分析。下面是两家公司从2018年9月—2020年9月的滚动市销率走势。从图4-14可以看出，虽然两家公司所从事的细分行业不太相同（美团从事本地生活服务，拼多多从事电商领域），但它们还是有相同之处的，毕竟互联网是无边界的生意。在公司进入稳定增长期后，滚动市销率维持在10～20倍。

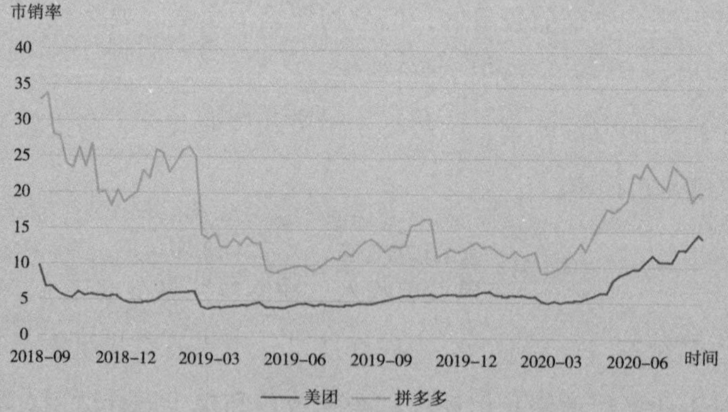

图4-14 美团和拼多多的滚动市销率走势

数据来源：Wind。

综合分析

在对一只股票进行估值分析时，我们需要将上述市盈率、市净率、市销率等相对估值方法综合起来一起看。因为，没有哪一种指标可以包打天下，各自有各自的优缺点。

对于一只股票，在使用相对估值指标时，我们需要从两个维度去比较：一是与自己的历史数据相比，二是与同行业相比。

对于一家经营稳定且成熟的公司，长期来看，其市盈率、市净率等指标如实地反映了这家企业的经营状况。因此，与自己的历史数据比较，大约能够判断出当前市场给出的价格到底是被高估了还是被低估了。

另外，一家公司的市盈率等指标还需要在同行业中加以对比，不同行业之间是不能比较的。俗话说“隔行如隔山”，不同行业的行业特点、经营模式、资产负债等大相径庭，不可直接比较。所以，我们比较一家公司，就需要在同行业中进行对比，而且行业找得越准确越好。一家上市公司究竟属于哪一个行业，市场上一些券商已经给我们分好类了，我们直接使用即可。

行业分类标准

目前市场上主流的行业分类标准有证监会行业分类、申万行业分类、中信行业分类等，标准比较多。在股市中，最常用的是由申万宏源证券发布的申万行业分类标准。下面，我们主要以申万行业标准为例来简单介绍。

申万行业分类标准将目前所有上市公司行业分成三个层级，目前共有一级行业分类28个（见表4-3）、二级行业分类104个、三级行业分类227个。

每个一级行业下面，又可以细分成二级行业、三级行业。我们以汽车行业为例，其细分行业如图4-15所示。

表4-3　申万一级行业分类

代码	一级行业名称	代码	一级行业名称
801010	农林牧渔	801200	商业贸易
801020	采掘	801210	休闲服务
801030	化工	801230	综合
801040	钢铁	801710	建筑材料
801050	有色金属	801720	建筑装饰
801080	电子	801730	电气设备
801110	家用电器	801740	国防军工
801120	食品饮料	801750	计算机
801130	纺织服装	801760	传媒
801140	轻工制造	801770	通信
801150	医药生物	801780	银行
801160	公用事业	801790	非银行金融
801170	交通运输	801880	汽车
801180	房地产	801890	机械设备

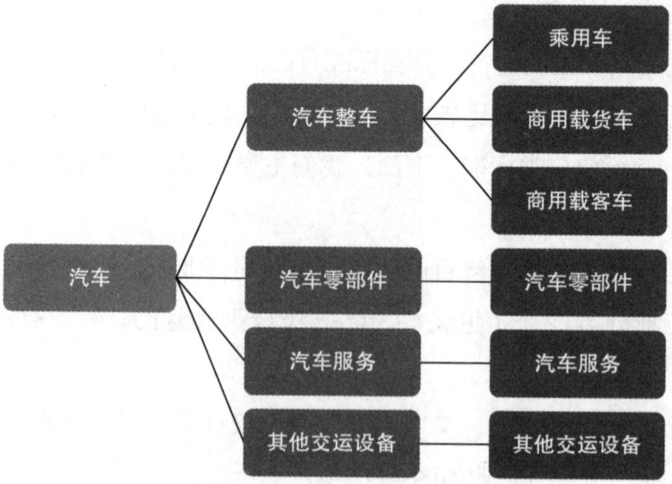

图4-15　汽车行业的细分类

一家上市公司属于什么行业，主要看其主营业务在哪个领域。如果是多元化经营的企业，那么分类比较困难，有时它会被分到“综合”类。如果要更加精确，我们需要对公司业务收入来源进行分解，分别按各自所属行业进行处理。

目前，主流的金融资讯软件（Wind、同花顺、东方财富Choice等）都能查询到所有上市公司所对应的行业信息。

行业的估值差异

不同行业之间的市盈率、市净率、市销率等估值指标的差异极大，跟行业特点息息相关。例如，银行业的市盈率只有5～10倍，而医药行业的市盈率则高达50倍以上。这是因为银行业的利润增长比较缓慢，属于缓慢增长型行业，而医药行业前景广阔，尤其是医药类公司，新药研发成功可能促使公司利润成倍增长。市净率也是如此，周期型行业往往是重资产型，固定资产投入巨大，因此市净率往往较低。而电子、计算机类、互联网传媒类公司是轻资产型，账面价值较小，市净率往往较高（见图4-16）。

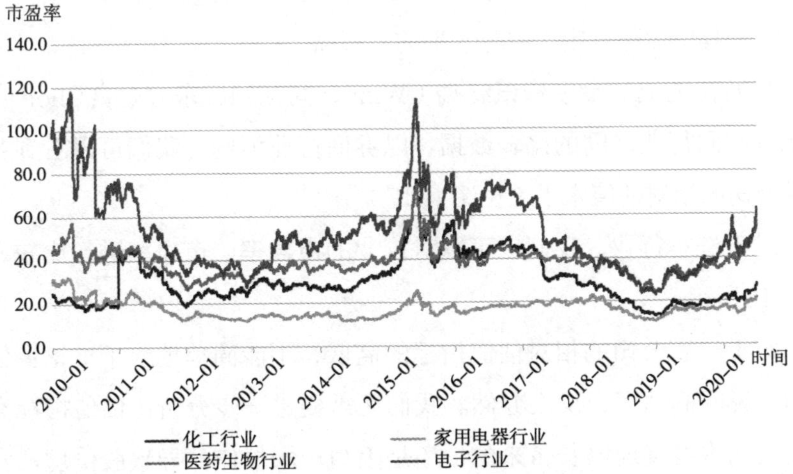

图4-16 部分申万一级行业的市盈率走势图（2010—2020年）

不同的相对估值指标，也有不同的适用场景。市盈率的计算依赖于公司盈利不为负以及盈利稳定性较好。传统的周期型行业往往难以满足这个要求，用市盈率进行公司估值未必合适。但周期型行业往往是重资产型，因此市净率是个很好的衡量指标。市销率对于那种销售稳定的公司非常有用，但是对于还处于研发期的高科技行业（比如生物制药公司）就不合适，因为它还处于投入期而没有产生稳定的销售收入（见表4-4）。

表4-4　不同相对估值指标的适用范围

相对估值指标	适用情况	不适用情况
市盈率	非周期型行业的成熟公司，盈利稳定，比如消费、服务行业	经营亏损公司、周期型行业的公司
市净率	周期型公司、重资产型公司，比如钢铁、煤炭、化工、金融行业	轻资产型公司
市销率	销售收入比较稳定的公司	销售收入波动很大的公司

同行业比较

相对估值法的一个最大用处就是同行业公司之间的互相比较。当然，不是说比率越低越好、越有投资价值。盈利增速明显处于行业顶尖水平的公司，其市盈率一定比中等水平的公司高。

我们在主流的金融资讯终端（Wind、同花顺、东方财富Choice等）都能查到同行业之间的比较数据。以券商行业为例，我们可以看到各家证券公司的相对估值水平（见图4-17）。

对于汽车行业，我们也可以对行业的市盈率、市净率进行比较，如图4-18所示。

对于一家公司的相对估值指标的高低，不能简单地给予结论：估值高的，说明高估了，反之亦然。我们还需要进一步分析：估值指标高究竟是公司本身高速增长带来的，还是因为市场炒作而导致股价虚高？如果估值指标低，其究竟是真的被市场低估了，还是公司本身经营出现了问题？这些都需要我们进一步研究。

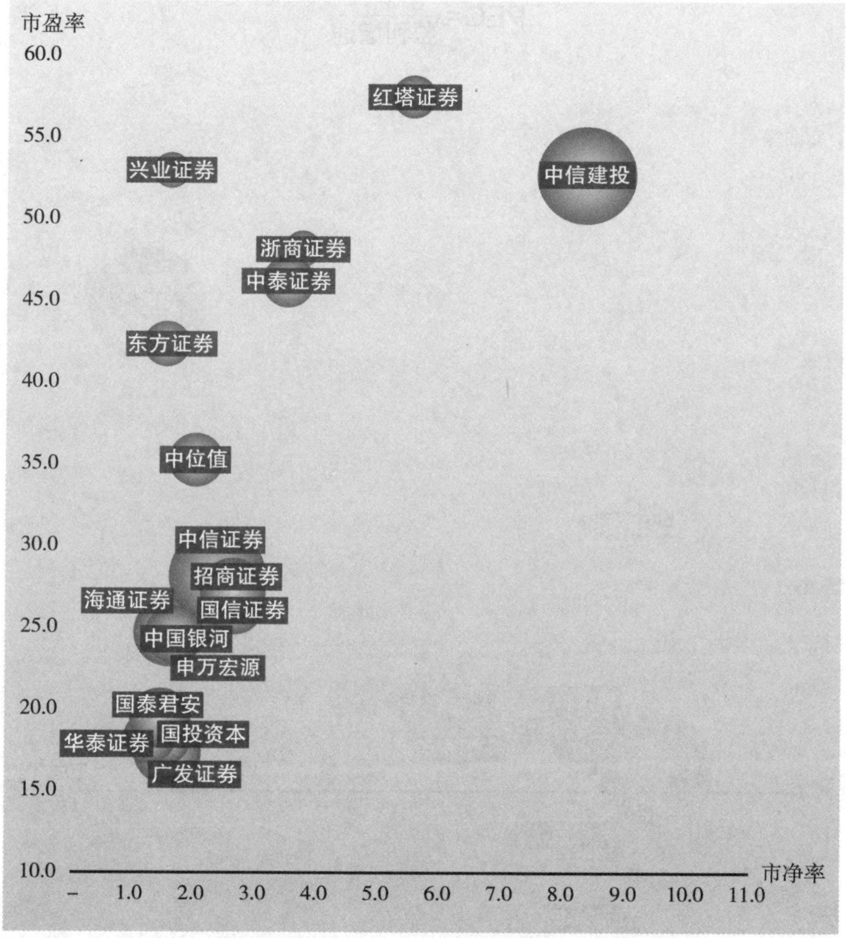

图4-17 部分上市券商的相对估值气泡图

注：数据截至2020年8月28日。

对于市盈率和公司盈利增长之间的关系，盈利增长越快，市场给予的市盈率肯定也越高。那么，我们到底该怎么衡量呢？一个盈利年均增长20%的公司，市盈率是20倍；另一个盈利年均增长30%的公司，市盈率是50倍。到底哪个公司更有投资价值呢？ PEG（市盈增长率）就是用来衡量市盈率和盈利增速之间的关系的。

$$PEG=\frac{市盈率}{盈利增速}$$

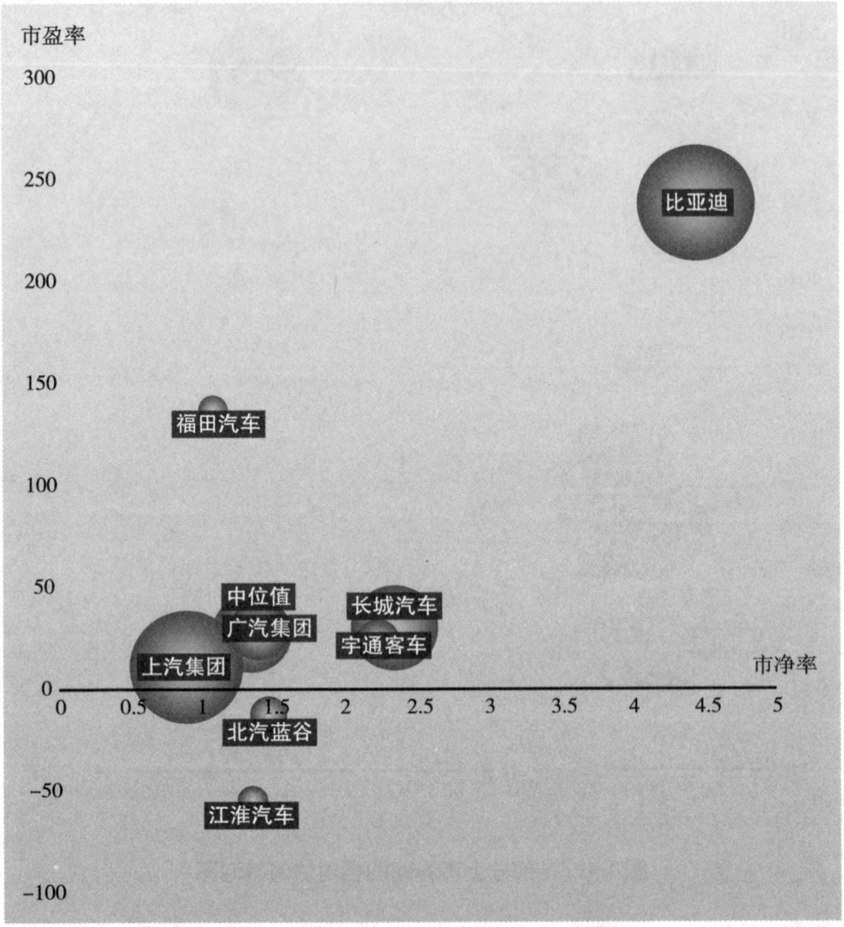

图4-18　汽车公司的相对估值气泡图

注：数据截至2020年8月28日。

从多年的全球股市经验数据来看，PEG的公允数值在1.0左右。也就是说，如果一家公司盈利增速为30%，但是市盈率已经到了50倍，那么

PEG=1.7，股价相对过高。相反，盈利增速为10%的公司，如果市盈率只有6倍，那么PEG=0.6，估值处于较低水平。当然，由于PEG指标看重盈利增速，因此它更适用于成长型公司，对于缓慢增长型公司，不太适用。

逆向投资者

价值投资者往往都是逆向投资者！逆向投资者具有逆向思维，并会付诸行动。他们思考投资机会时，首先考虑的是尽可能地避免亏损。《孙子兵法·形篇》有云："故善战者，立于不败之地，而不失敌之败也。是故，胜兵先胜而后求战，败兵先战而后求胜。"投资和打仗一样，首先，我们要考虑的是如何立于不败之地；其次，再去考虑如何获胜。

普通投资者在进行投资时，往往首先考虑的是投资收益，而忽视了潜在的亏损风险。这就好比在打仗时，我们首先考虑的是怎么把敌人打败，而较少考虑如何让自己立于不败之地。而逆向投资者则不同，首先考虑的是如何使自己足够安全，避免进入亏损的大坑。因为，你永远不会因为没有买一只股票而亏钱，但是你往往因为仓促买入一只不够好的股票而亏大钱！这就是巴菲特经常强调的投资两原则：第一条，避免亏损；第二条，记住第一条。

为什么逆向投资者如此强调避免亏损使自己立于不败之地呢？因为投资复利的存在，长期来看，任何大幅亏损都将严重地拖累你的复合年化收益率。更何况，亏损50%的本金，需要你投资收益达到100%才能弥补！

《安全边际》中举了一个非常形象的例子：假设我们拥有两个投资组合，组合A连续10年获得16%的收益；组合B连续9年获得20%收益，最后一年亏损15%。最终组合A的净值要高于组合B。即使组合B在前9年里大幅战胜了组合A，每年都成为市场上最耀眼的明星基金，但由于最后一年的不慎，最终净值反而不如稳稳的组合A（见表4-5）。

表4-5 组合A与组合B的单位净值增长

年	组合A		组合B	
	收益率	单位净值A	收益率	单位净值B
0	—	1.00	—	1.00
1	16	1.16	20	1.20
2	16	1.35	20	1.44
3	16	1.56	20	1.73
4	16	1.81	20	2.07
5	16	2.10	20	2.49
6	16	2.44	20	2.99
7	16	2.83	20	3.58
8	16	3.28	20	4.30
9	16	3.80	20	5.16
10	16	4.41	–15	4.39

因为价值投资者强调避免亏损的重要性，因此在甄选投资机会时，他们会看一只股票是否具有足够的安全边际，即这只股票还有多大的下跌空间。如果估值已经很低，下跌空间不大而上涨空间非常具有想象力，那么这往往是价值投资者出手的良机。因此，价值投资者往往在牛市后半段会明显地跑输大盘，因为当股价出现泡沫化状态时，他们往往倾向于减仓以降低风险。但在牛市情绪下，市场往往会过度乐观，使得已经泡沫化的股价能够继续上涨甚至翻倍。我们永远无法得知泡沫何时破灭，只能选择慢慢地离开它。但市场中狂热的投资者居多，因此在牛市后半段，价值投资者的收益都不尽如人意。

逆向投资者的第二个特征是耐心。《孙子兵法》有云："昔之善战者，先为不可胜，以待敌之可胜。不可胜在己，可胜在敌。故善战者，能为不可胜，不能使敌之必可胜。故曰：胜可知，而不可为。"什么意思呢？

战争能否获胜，不在于自己，而在于敌人！当形势不利时，没有胜利的条件，不可强为之。而当敌人露出破绽后，我们利用有利的形势果断出击，就能取得胜利。股市投资亦是如此。当股市中我们中意的股票不多时，我们可以少投，甚至空仓，没有必要为了满足短期业绩需求，强行找投资标的。俗话说，强扭的瓜不甜，如果勉强投资一只不是很有把握的股票，我们就可能面临极大的亏损风险。所以，逆向投资者就像猎豹一样，静静地观察猎物，只有等到机会合适时才会雷霆一击。但大部分投资者往往没有这个耐心，总是把自己的仓位加到最满，就怕错过任何一个股市上涨的机会，仿佛过了这个村就没有这个店了。西方有句谚语：耐心是美德。在股市中，等待机会比寻找机会更重要。

逆向投资者的第三个特征是敢于“人弃我取，人取我与”。这个和巴菲特所说的“别人贪婪时我恐惧，别人恐惧时我贪婪”有异曲同工之妙。当然，这不是要求我们总是和市场对着干，那也太机械了。关键在于，你能否冷静客观地评估一只股票的投资价值，而不受当前市场情绪的影响。根据历史经验，往往市场最悲观之时是投资机会大量出现、潜在收益率极高的时候，这就是“人弃我取”。而当市场充满了乐观情绪、大盘指数节节升高时，市场上往往一股难求，“死了都不卖”。这时候，市场在逐步积累风险，能够做到“人取我与”实在需要很强的心理素质。

逆向投资者的第四个特征是长期思维。我们当中的大部分人，都希望在股市中快进快出，赚快钱——今天买的股票，明天就要涨，最晚下个月也得涨！要是不涨，就换另外一只试试手气。这种短期炒作能够带来即时的反馈，让人沉溺其中。投资者如果思考一家家公司3年后、5年后甚至10年后会怎么样，首先需要严谨细致地进行分析，其次需要做好心理准备：短期内可能难有明确的收益反馈，甚至短期内可能出现亏损。我们来细想这样一个问题：在日常生活中，我们做的很多事对10年后的自己有什么影响？99%的事情淹没在时间的长河中没有任何影响，而真正对10年后的自己有深远影响的事，比如学习、锻炼身体、提升技能等，由于短期看不到即时反馈，大部分人都选择了放弃。投资也是如此。我们如果把时间的维度放长一点，自己往后退几步，就能更清楚地看到我们的目标——我们要把投资决策放在那些真正具有深远意义的因素上，而不是短期的股价波动和利多利空情绪因素。

第五章

上市公司的财务分析

财务分析是价值投资者的必修课！一家企业一段时期的经营状况，其精华都体现在上市公司公布的财务报表上面。当然，企业经营是一连串复杂的经济活动，财务报表只反映公司的报告期间的财务结果，具体日常经营细节无从得知，但通过这些阶段性结果，我们也足以对公司经营的健康度和竞争力做个体检。

上市公司的财务报表分为年报、半年报、季报（见表5-1）。年报是每个自然年度最完整最详细的财务报告，除了出具上一自然年度的财务报表之外，还会对公司的经营情况、股份变动、董事监事高管人员情况等做详细的叙述。其次是半年报，也相对详细，但比年报简略。一季度、三季度的季报都非常简单，主要是财务报表。

我们分析公司的财务报表，就是要通过报告期内的财务数据及变化，判断这家公司的经营基本面是变得更好了，还是更差了，还是平平无奇。但是，财务报表的编制方法和会计科目都是专业性非常强的技术活，而且公司股东或管理层有很强的动力操纵财务数据，因此大部分人对财务报表分析都望而却步。

表5-1 财报的发布频率

财务报告类型	频率	公布时间	内容
年度报告	每年一次	下一年度4月30日前	详细完整的年度经营情况，包括公司业务概要、公司的经营情况、股份变动、董事监事高管人员情况、详细财务报表等内容
半年度报告	每上半年一次	8月30日前	比年度报告精简，但比季报内容更丰富
第一、第三季报	每一、三季一次	一季报：4月30日前 三季报：10月31日前	以财务报表为主

我们绝大部分人都不是会计或相关专业出身，也没必要像审计师一样对财务数据锱铢必较。普通人所需要做的是，能够对财务报表有概要的了解，通过财务报表掌握公司经营的大体情况，不至于犯方向性的错误。所以，我们接下来要讲的财务分析，也是针对普通人就能读懂的财务分析术，抓大放小。记住一点：模糊的正确，远比精确的错误要重要。

首先，我们要建立的一个观念是：上市公司有很强的动机去美化财务报表！非上市公司尤其是私营公司，往往会尽量降低经营利润，以减少缴纳所得税。而上市公司则不同，由于股价上涨带来的财富增值效应太大，上市公司往往会尽可能美化财务报表。因此，我们在分析财务报表时，务必对惊艳的经营数据打点折扣。如果一家公司从财务报表上看都是烂公司，那么实际情况大概率是更烂（“大洗澡”除外）。

其次，我们要建立的观念是：财务报表相当于给上市公司做体检，受限于报表格式，只会披露汇总的概要经营数据，其他的日常详细经营数据是不会披露的。所以，财务报表能够给予我们模糊的正确性，我们别指望通过它掌握企业的一切情况。就像体检报告一样，只能提供我们身体的主要健康情况，但不能代替我们自己对身体健康的切身感受。

再次，一家企业是否具有足够的竞争力和长远发展前景，往往还依赖于行业增长前景、技术变革、管理层能力与愿景、股东支持等一系列定性指标。而财务报表只是一个数字化指标，很多无法数字化但又非常关键的因素（比如管理层的能力和愿景）往往短期内无法被量化。

最后，财务报表反映的只是历史业绩。过去并不代表未来，而我们投资股票，实际上买的就是未来增长。因此，如何结合过去业绩和未来的预测，是股票投资研究中最核心也是最有挑战的部分。

三大财务报表

财务报表细节虽然多，但其核心要义却很简单。简单来说，财务报表包含三张大表：资产负债表、利润表和现金流量表。其中，资产负债表和利润表很早就为人所知了，但现金流量表直到20世纪80年代后期才正式加入财务报表大家庭。

资产负债表记录了一家企业某个时点（比如年末、季末）的总资产、总负债、股东权益的分项和汇总数额，相当于公司的家底。我们举个家庭的例子：资产负债表记录了你自己家庭有多少资产（包括银行存款、房产、理财、股票、基金等）、借了多少负债（比如银行房贷、信用卡借款）及自有本金，如表5-2所示。

表5-2　家庭资产负债表的样例

资产（万元）		负债（万元）	
存款	20	信用卡借款	2
银行理财	30	房贷	100
基金	10	负债总计	102
股票	5	权益	
房产	200	自有资金	163
资产总计	265	负债与权益合计	265

资产负债表就是一家公司的家底在某一时刻的快照。表的左边是公司的所有的资产，表的右边是公司的负债和股东权益。任何一家公司的资产的资金来源，要么是借来的钱，要么是自己的钱。借来的钱就是负债，自己的钱就是股东权益。所以对于资产负债表，有恒等式：资产 = 负债 + 股东权益。

利润表，就是记录一家公司报告期内到底赚了多少钱，就像自己的家庭一年有多少净收入，也就是这一年的收入减去当年的支出（见表5-3）。

表5-3 家庭利润表的样例

一、收入（万元）	
工资收入	30
理财收入	1.5
股票和基金收入	4
其他兼职收入	5
收入总计	40.5
二、支出（万元）	
房贷利息	5
生活开支	10
子女教育支出	5
支出总计	20
三、净收入（万元）	20.5

上市公司的利润表也是如此，只不过项目比较多而已。另外，利润不等于现金收入，比如在表5-3中，你的兼职收入是5万元，但对方可能只支付了3万元，还拖欠了2万元没有打款。也就是说，5万元虽然属于今年的收入，但现金只收到了一部分。

现金流量表其实就是一家公司的收入和支出的现金流水（见表5-4）。龙叔刚才说过，利润不等于现金收入，因此利润和现金流可能出现不一致。就像前文中所举的家庭的例子，如果股票和基金盈利收入是4万元，但我们还持有并没有卖出，那么这部分盈利虽然是我们家庭的收入，但由于没有变现，因此它还没有产生现金流入。支出也是如此，例如当年我们住的房子物业费应缴3 000元，但我们还没有去物业公司缴费，因此虽然是生活支出，但其还没有产生现金流出。之所以要求公司定期公布现金流量表，就是希望大家将这个表和利润表结合着一起看，防止公司在利润表上做手脚。

表 5-4 家庭现金流量表的样例

一、现金流入（万元）	
工资	30
理财利息	1.5
股票和基金盈利收入	—
其他兼职收入	3
收入总计	34.5
二、现金流出（万元）	
房贷利息	5
生活开支	9.7
子女教育支出	5
支出总计	19.7
三、净收入（万元）	14.8

表5-4和表5-3有什么不一样吗？在收入方面，股票和基金的盈利收入虽然算家庭收入，但由于没有卖出，所以没有产生实际的现金流入。在支出方面，生活开支的10万元中，有3 000元的物业费还没有缴纳，因此实际的生活支出金额是9.7万元。

因此，有了资产负债表、利润表和现金流量表这三大报表，我们就能对一家公司进行全面的体检了：公司有多少家底、去年挣了多少钱、有多少现金真正进了公司的口袋。我们后面的所有财务分析，都是基于这三张报表而展开的。

合并报表和母公司报表

我们看到，上市公司定期公布的报表总会分合并报表和母公司报表同时披露。因此，报表“三姐妹”——资产负债表、利润表、现金流量表中的每一张表都分为合并范围的以及母公司的。

那么，这两者之间到底是什么区别呢？

一家上市公司在日常经营中，不可能只有一个公司主体，往往还会有很多子公司，子公司下面还有子公司，等等。这些子公司受母公司控制，但又独立进行财务核算。

以美的集团为例，其2019年财报披露的重要子公司如表5-5所示。

表5-5 美的集团的子公司列表

子公司名称	主要经营地	注册地	业务性质	持股比例		取得方式
				直接	间接	
广东美的制冷设备有限公司	中国佛山市	中国佛山市	家用空调制造、销售	73	7	非同一控制下企业合并
广东美的集团芜湖制冷设备有限公司	中国芜湖市	中国芜湖市	家用空调制造、销售	73	7	非同一控制下企业合并
美的集团武汉制冷设备有限公司	中国武汉市	中国武汉市	空调制造	73	7	设立
芜湖美智空调设备有限公司	中国芜湖市	中国芜湖市	空调制造	87	13	设立
广东美的暖通设备有限公司	中国佛山市	中国佛山市	空调制造	90	10	设立
浙江美芝压缩机有限公司	中国宁波市	中国宁波市	空调制造	100	—	设立

（续表）

子公司名称	主要经营地	注册地	业务性质	持股比例		取得方式
				直接	间接	
合肥美的电冰箱有限公司	中国合肥市	中国合肥市	电冰箱制造	75	25	非同一控制下企业合并
合肥华凌股份有限公司	中国合肥市	中国合肥市	电冰箱制造	75	25	非同一控制下企业合并
广东美的厨房电器制造有限公司	中国佛山市	中国佛山市	小家电制造	—	100	设立
佛山市顺德区美的电热电器制造有限公司	中国佛山市	中国佛山市	小家电制造	—	100	设立
芜湖美的厨卫电器制造有限公司	中国芜湖市	中国芜湖市	小家电制造	90	10	同一控制下企业合并
小天鹅	中国无锡市	中国无锡市	洗衣机制造	85	15	非同一控制下企业合并
美的电器（新加坡）贸易有限公司	新加坡	新加坡	出口贸易	—	100	设立
美的集团财务有限公司	中国佛山市	中国佛山市	金融业	95	5	设立
美的小额贷款股份有限公司	中国芜湖市	中国芜湖市	小额贷款	5	95	非同一控制下企业合并
Mecca International（BVI）Limited	英属维尔京群岛	英属维尔京群岛	控股投资	—	100	设立
美的国际控股有限公司	中国香港	中国香港	控股投资	100	—	设立
芜湖美的生活电器制造有限公司	中国芜湖市	中国芜湖市	小家电制造	100	—	设立
Midea Electric Netherlands（I）B.V.	荷兰	荷兰	控股投资	—	100	设立

（续表）

子公司名称	主要经营地	注册地	业务性质	持股比例		取得方式
				直接	间接	
Toshiba Consumer Marketing Corporation	日本	日本	家电制造	—	100	非同一控制下企业合并
TLSC	日本	日本	家电制造	—	100	非同一控制下企业合并
KUKA	德国	德国	机器人制造、销售	—	94.55	非同一控制下企业合并
美的商业保理有限公司	中国深圳市	中国深圳市	保付代理	—	100	设立

数据来源：美的集团2019年度财务报告。

也就是说，公司的大部分重要业务都是由子公司来运营的。美的集团作为母公司（子公司的控股股东）进行业务的通盘调配。

所谓母公司的财务报表，就是以母公司为企业主体记录所有的财务数据。母公司与子公司之间的业务往来，也要记录在母公司账上。母公司对子公司的股权，记录在母公司的长期股权投资科目上。这种记录方法如实地记录了母公司的财务状况，但不够完整，因为母公司很多业务都是由子公司来执行的。

合并报表，就是将母公司报表与具有控制权的子公司的财务报表一起合并。比如，母公司账上有10亿元货币资金，控股子公司A账上有3亿元，控股子公司B有2亿元，则合并资产负债表上的货币资金有15亿元。

问题来了：母公司拥有股权的公司都能纳入合并报表范围吗？当然不是！

根据2014年版的新会计准则，合并财务报表的合并范围应当以控制为基础予以确定。简单来说，母公司对公司A拥有控制权，公司A就应纳入合并报表范围。那怎么界定拥有控制权呢？最常见的情况是持股比例超过50%。当然，如果公司B对公司C的持股比例虽不到50%，但公司B拥有公司C实际的控制权，按照实质大于形式的原则，公司C也应该纳入合并范围。这就给了很多上市公司钻空子的机会：虽然子公司受母公司的实际控制，但母公司故意将持股比例降到低于50%，避免了将子公司纳入合并报表范围，从而通过子公司隐藏很多真实交易（或虚构交易）。

合并报表和单独的母公司报表，主要区别在哪儿呢？首先当然是纳入统计的范围扩大了。母公司及子公司之间的内部交易，是要剔除掉的。否则互相来回交易，报表想怎么做就怎么做。

我国的监管制度要求上市公司同时披露合并报表和母公司报表，美国等地的交易所只要求披露合并报表即可。

我们进行财务分析时，最主要的还是分析合并报表，毕竟合并报表更能体现上市公司完整的经营面貌。尤其是有些母公司只是控股公司，只履行管理职能，绝大部分业务都是由子公司来完成的，在这种情况下，母公司财务报表价值相当有限。我们下面的财务分析，都默认以合并报表为基准。

有的读者要问：如果母公司对参股的公司不具备控股权，那这笔股权投资该如何处理呢？新会计准则对于参股公司的股权处理方式如表5-6所示。

表5-6　不同持股比例对应不同的股权核算方法

关系	典型持股比例	说明	核算方法
控制	＞50%	母公司对子公司具有控制权	成本法；子公司的报表纳入合并报表范围。对于外部其他公司所属的少数股权，计入资产负债表的“少数股东权益”，按股权比例的少数利润计入利润表的“少数股东损益”
合营	合同约定	根据合同约定，持股双方对该公司实行共同控制	权益法；不纳入合并报表范围；股权计入资产负债表的“长期股权投资”；持股公司的净资产变化，包括盈利、亏损、现金分红等，都要按照持股比例调整“长期股权投资”的账面价值

（续表）

关系	典型持股比例	说明	核算方法
联营	20%～50%	有权参与公司决策，对公司经营有重大影响	权益法；不纳入合并报表范围；股权计入资产负债表的“长期股权投资”；持股公司的净资产变化，包括盈利、亏损、现金分红等，都要按照持股比例调整“长期股权投资”的账面价值
其他	<20%	通常是财务性投资	计入资产负债表的“交易性金融资产”或“可供出售金融资产”科目，并进行定期估值

母公司对持股子公司控制程度的不同而采用不同的核算方法，这些方法非常复杂，我们不必研究得那么深入。龙叔只需要大家记住下面几点。

- 我们需要判断公司间是控制、合营、联营还是财务性投资关系，实质大于形式。如果母公司在一家公司的持股比例只有30%，但拥有实际控制权，那么被实际控制的公司也需要纳入合并报表范围。
- 合并报表比母公司报表更有阅读价值。我们后续的分析都是以合并报表为基准的。

资产负债表

就像我们看一个人富不富，首先看的是他（她）住什么房子、开什么车、银行有多少存款等，公司也是如此。一家公司有没有实力，首先要看的是家底——资产负债表。即使有些公司近几年发展不如意，每年都是经营亏损，但只要家底厚，还能重振雄风。如果资产负债表崩坏了，想要挽救可就要费大劲了。所以经验丰富的投资人，对于资产负债表的重视程度甚于利润表，毕竟利润表短期可操纵的空间太大。

我国上市公司的报表编制格式遵从财政部公布的合并财务报表格式，分普通工商企业和金融企业两种类型。所以，所有的上市公司，不管从事的是家电还是汽车行业，其资产负债表的科目格式基本一致。资产负债表科目繁多，我们从何学起呢？一个简单的方法是，找一家上市公司来研究。我们以美的集团为例，看一下其2019年度的资产负债表，如表5-7所示。

表5-7　美的集团2019年度资产负债表（合并）　单位：亿元

资产		负债及所有者权益	
流动资产		流动负债	
货币资金	709.17	短期借款	57.02
交易性金融资产	10.87	衍生金融负债	0.27
衍生金融资产	1.97	应付票据	238.92
应收票据	47.69	应付账款	425.36
应收账款	186.64	预收款项	162.32
应收款项融资	75.66	应付职工薪酬	64.36
预付款项	22.46	应缴税费	50.95
发放贷款及垫款	108.69	其他应付款	38.01
其他应收款	27.13	一年内到期的非流动负债	14.60
存货	324.43	其他流动负债	390.75
其他流动资产	650.11	其他金融类流动负债	0.62
流动资产合计	2 164.83	流动负债合计	1 443.18
非流动资产		非流动负债	
发放贷款及垫款	7.90	长期借款	412.98
可供出售金融资产	—	应付债券	—
其他非流动金融资产	17.50	长期应付款	0.34
长期应收款	12.08	长期应付职工薪酬	24.19
长期股权投资	27.91	预计负债	3.53
投资性房地产	3.99	递延所得税负债	45.56
固定资产	216.65	递延收益－非流动负债	6.17
在建工程	11.95	其他非流动负债	8.64
无形资产	154.84	非流动负债合计	501.41
商誉	282.07		
长期待摊费用	12.67	负债合计	1 944.59

（续表）

资产		负债及所有者权益	
递延所得税资产	57.69		
其他非流动资产	49.48	所有者权益（或股东权益）	
非流动资产合计	854.73	实收资本（或股本）	69.72
		资本公积金	196.40
		减：库存股	−37.60
		其他综合收益	−7.12
		盈余公积金	64.48
		一般风险准备	3.67
		未分配利润	727.14
		归属母公司所有者权益合计	1 016.69
		少数股东权益	58.27
		所有者权益合计	1 074.96
资产总计	3 019.55	负债和所有者权益总计	3 019.55

注：根据美的集团2019年度资产负债表（合并）做了一定的格式优化。

我们先把资产负债表分成左右两列：左列是资产，右列是负债及所有者权益。右列说明的是公司的资金来源：一部分是从外面借的钱（负债），另一部分是自有资金（股东权益）。这些钱通过经营和投资，形成了左列的资产，即资金的去处。钱不会凭空消失，因此资金的来源一定等于资金的去处。所以有：

资产 = 负债 + 所有者权益

那往下的明细科目怎么分类呢？别急，我们先从大处入手。

根据好不好变现（流动性怎么样），资产又可以分成流动资产和非流动资产。流动资产，就是可以随时或很快变现的资产，比如货币资金、应收账款、存货等；而非流动资产就是那些难以变现的资产，比如固定资产、商誉、无形资产等。

根据流动性来划分，负债也可以分为流动负债和非流动负债。流动负债一般指一年以内到期的负债，而非流动负债是长期限（1年以上）的负债。原则上，流动负债占比越多，公司的流动性情况越紧张。

所有者权益又叫股东权益，即属于股东的自有资金。不过，根据会计准则，股东权益也会根据不同的资金属性来分类，后面我会详细叙述。

资产负债科目的对应

纵览资产负债表，你会发现很多资产与负债科目具有一一对应的关系。它们的用途相同，只不过业务方向相反。为了更清晰地解释这些科目，我们先对它们进行一个分类对应（见表5-8）。

表5-8　部分资产与负债科目的对应

资产类科目	负债类科目
流动资产	流动负债
交易性金融资产	交易性金融负债
衍生金融资产	衍生金融负债
应收票据	应付票据
应收账款	应付账款
预付款项	预收款项
持有待售资产	持有待售负债
一年内到期的非流动资产	一年内到期的非流动负债
非流动资产	非流动负债
长期应收款	长期应付款
递延所得税资产	递延所得税负债

这些资产负债表的对应科目高度相似，因此我们放在一块讲，让大家更容易理解。

资产负债类

根据资产负债表的编制标准，资产被分为流动资产与非流动资产。

不过，公司经营者并不会如此划分：这个是流动性资产，我该怎么处理；那个是非流动性资产，我又该如何处理。从公司经营者视角来看，公司资产常被分为经营资产、金融资产和长期股权投资（见图5-1）。经营资产就是公司日常经营所涉及的资产，包括采购、研发、生产、存储、销售、售后服务等各个经营环节所涉及的资产。金融资产是公司的金融投资相关的资产，比如购买银行理财、购买债券资产等；金融资产也有狭义和广义之分，狭义金融资产不包括货币资金，因为货币资金是维持公司日常运转的必需品（属于经营资产），而广义金融资产将货币资金也纳入其中，因为货币资金的金融性很强。长期股权投资是一家公司对外的战略性或财务投资，期限较长，流动性较差，一般是为了加强公司的战略竞争力而设立的。比如我们知道的互联网行业的BAT（百度、阿里巴巴、腾讯）就对外部公司有大量的股权投资，以达到加强各自竞争优势的目的。

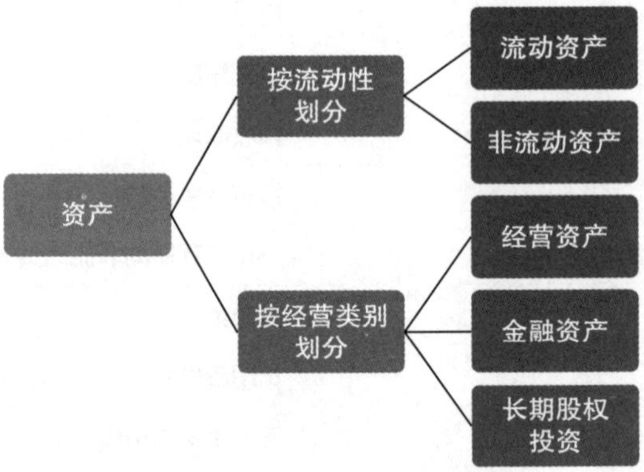

图5-1 资产的分类

经营资产、金融资产、长期股权投资的划分方式并不是传统的会计报表编制方法，是我们为了更好地理解资产负债表和企业实际运营方式而做的重新划分。接下来，我们先了解会计报表编制的划分方法，然后再从企业经营角度去理解。

货币资金

货币资金是指以货币形态出现的资金，是一家公司最优质的流动资产，随时可用于支付或变现，相当于我们个人的银行存款。不过，货币资金的形态也分很多种，我们来看看美的集团2019年财报注释中对货币资金的披露，如表5-9所示。

表5-9　美的集团2019年财报中披露的货币资金　单位：万元

	期末数	期初数
库存现金	312.8	380.3
银行存款（a）	4 901 267.7	1 585 741.3
其他货币资金（b）	15 302.2	12 319.7
存放中央银行法定准备金（c）	43 314.9	112 617.2
存放中央银行超额存款准备金	35 547.1	20 407.3
存放同业款项（d）	2 056 216.0	1 057 362.2
应计利息	39 723.4	—
	7 091 684.1	2 788 828.0

库存现金很好理解，就是放在公司的纸质钞票。现在电子支付如此发达，非金融企业的库存现金越来越少了。美的集团3 000多亿元的总资产，库存现金才312.8万元。绝大部分是银行存款，包括活期和定期存款。其他货币资金主要是保函保证金、承兑汇票保证金、信用证保证金等，这部分一般会被银行冻结，公司用不了。存放在中央银行的准备金，主要是作为金融企业的下属子公司的存款准备金——美的集团财务公司根据监管规定存放于人民银行。

那么，是不是所有的货币资金都能随时变现或者用于支付呢？不尽然！实际上，年度财务报表中还会披露受限资金，比如受限的银行存款虽然存在银行，但被冻结，不能使用。美的集团2019年度财报的179页披露了受限资金明细（见表5-10）。

表5-10 美的集团2019年度财报披露的受限资金明细 单位：万元

（22）使用权受到限制的资产

于2019年12月31日，使用权受到限制的资产情况如下：

货币资金	期末数	期初数
其中：银行存款	3 949 167.6	568 662.9
其他货币资金	15 302.2	12 319.7
存放中央银行法定准备金	43 314.9	112 617.2
存放同业款项	—	300 000.0
	4 007 784.7	993 599.8

也就是说，在美的集团超过490亿元的银行存款中，有将近395亿元的存款是被冻结的，暂时不能使用。真正能够自由支配的银行存款只有95亿余元。存放在人民银行的法定准备金也不可以用，但超额准备金是可以支配的。

为什么会有受限资金呢？这些受限资金主要是各种保证金存款，或者是将银行存款质押出去了，或者是法定的被冻结的资金（比如法定存款准备金）。

因此，我们在看货币资金科目时，除了要看总额之外，更重要的是看可自由支配的货币资金。美的集团2019年末的可自由支配的货币资金：

可自由支配货币资金＝总货币资金－受限资金=709.17−400.78

=308.39亿元

货币资金虽然流动性最佳，但并不是越多越好，毕竟账上趴着那么多资金会降低资金利用效率。这个科目也有可能被上市公司操纵，投资者应主要关注下面几种可疑情况。

- 受限资金比例大。如果货币资金的受限资金比例过大，则可自由支配的资金过少，应付短期流动性支出的能力较弱。我们以乐视网为例：在乐视网2016年年报中，货币资金为36.7亿元，而受限资金为

22亿元，受限资金比例达60%。当然，并不是说受限资金比例过高就一定有问题，我们还要看其他可动用的流动资产，比如，购买的银行理财等交易性金融资产也是能够随时变现的。

- 大存大贷。所谓“大存大贷”就是公司账上存款非常多，但同时短期贷款也非常多。由于存款利息低于贷款成本，因此在这种情况下，公司利益受损。如果上市公司的资产负债表上出现这种情况，我们需要留个心眼儿。不能说这种情况一定存在问题，但是非常可疑。如果一家公司连续几年都出现这种情况，那么我们不禁怀疑公司是否是通过短期借款融入资金，然后让其趴在账上，显得公司账上资金很富余，但其实流动性很紧张。有的时候，为了维护与金融机构的关系，上市公司在季末或年底之前向银行进行短期贷款以帮助银行完成业绩，可能也存在“大存大贷”的现象。

例如东旭光电（代码：000413）就存在“大存大贷”的情况，且存款中大部分为受限资金（见表5-11）。

表5-11 东旭光电的大存大贷 单位：元

	2018 年年报	2017 年年报	2016 年年报
货币资金	19 807 094 397.16	27 371 178 417.85	26 056 117 216.86
有息负债			
短期借款	8 361 106 651.33	5 712 826 382.20	4 940 816 200.13
一年内到期的非流动负债	3 697 392 864.91	5 009 292 363.77	1 618 589 512.42
长期借款	2 741 589 600.00	4 784 726 250.77	6 596 159 000.00
应付债券	5 630 818 825.32	5 665 126 090.52	5 653 912 494.73
有息负债合计	20 430 907 941.56	21 171 971 087.26	18 809 477 207.28
货币资金/有息负债	97%	129%	139%

应收（付）账款、应收（付）票据

应收账款，就是公司销售商品或服务后应收还未收的账款。直白地说，应收账款就是客户打的白条。在实际商业运营中，一般供应商对客户都有一定的回款期限的福利（一般是三个月以内）。客户是“金主爸爸”，能买你的货就不错了，你理所当然要给人家宽限几天再付款。再者，客户的流动资金也是有限的，现货现付将加大客户的资金压力，因此很多客户都是在卖完货回款之后，才会给供应商支付货款。因此，绝大部分上市公司都会有应收账款，这再正常不过了。

我们看看来美的集团2019年财报：资产负债表显示应收账款是186.6亿元，在财报附注（第163页）中有应收账款的明细（见表5-12）。

表5-12　美的集团2019年财报批露的应收账款明细　单位：万元

		期末数	期初数	上年期末数
	应收账款	1 963 164.4	1 962 408.8	2 037 228.3
	减：坏账准备	（96 782.5）	（98 210.9）	（98 210.9）
		1 866 381.9	1 864 197.9	1 939 017.4
（a）	应收账款账龄分析如下：			
		期末数	期初数	上年期末数
	一年以内	1 916 869.4	1 924 206.8	1 999 026.3
	一到二年	30 155.4	18 707.1	18 707.1
	二到三年	10 164.3	8 829.4	8 829.4
	三到五年	4 210.6	8 406.9	8 406.9
	五年以上	1 764.7	2 258.6	2 258.6
		1 963 164.4	1 962 408.8	2 037 228.3

应收账款的规模受什么影响呢？取决于公司在整个供应链中的地位！如果你提供的产品具有很强的竞争优势，你就可以要求下游客户现货现付；有的强势供应商基于货品本身的独特性，还要求下游客户先付款再发货，即所谓的预付账款。应收账款是下游客户占用了你的资金，

而预付账款是你占用了下游客户的资金。所以，我们当然希望自己占用的资金越多越好，被客户占用的资金越少越好！比如，茅台酒供不应求，茅台公司就不赊账，因此应收账款居然为零，而预付账款则有10亿元以上。

财务报表还会披露应收账款的账龄，并会按照账龄分类汇总。什么是账龄呢？就是这笔应收账款已经存续的时间。账龄越长，说明下游客户拖着货款不支付的时间越长，那么出现赖账、坏账的可能性也就越高。为了提前应对这种坏账风险并计提坏账准备，美的集团在2019年的应收账款中就计提了9.7亿元的坏账准备。

那应收票据又是什么项目呢？比如，一家公司给下游客户发了货，客户赊账，就形成了应收账款。但公司不是很放心，说要不你给我开个条子吧，把欠的金额写上，到期后我就拿着条子来要钱。这个条子就是应收票据。谁来开这个条子呢？第一种情况：你对客户的付款能力不放心，让他找一家银行来担保，由银行开这个票据。到期后，你直接找开票的银行要钱，这就是银行承兑汇票。第二种情况：客户的付款能力还不错，你让客户自己来担保开这个票据。到期后，你找开票的企业来兑付，这就是商业承兑汇票。应收票据和应收账款最大的不同之处在于，应收账款原则上是不可以流通转让的（经过证券化后可以），而应收票据可以随时流通转让，是标准化的产品。因此，如果一家公司持有票据，那么这些票据不一定是自己客户开的，也可能是其他不相关公司或者银行开的票据。

因为票据是标准化产品，因此持有者可以在到期前自由转让，这种交易叫“贴现”。假设你持有一张1个月后到期兑付100万元的银行承兑票据，但是现在急用钱，想在市场上贴现卖出去，假设贴现率为3%，则现在能够卖出的价格为：

$$\text{贴现后价格}=100-100\times 3\%\times \frac{1}{12}\approx 99.75\text{万元}$$

当然，如果是商业承兑汇票，承兑人是公司，其信用等级远远没有银行高，那么贴现率肯定会更高。信用资质差的企业的贴现率超过10%也是很正常的事。

在2016年以前，大部分的票据（包括银行承兑和商业承兑的）都是纸质的，容易造假。因此，过去票据造假案层出不穷，我们可以将其简单理解为假钞。2016年，政府成立了上海票据交易所（http://www.shcpe.com.cn/），逐步取消了纸质票据，所有票据实现电子化（见图5-2）、线上化，和标准化的债券没有本质区别，因此杜绝了假票据的问题。

银票示例

电子银行承兑汇票

出票日期　贰零壹玖年零壹月零肆日　　票据状态　背书待签收

汇票到期日　2019-07-04　　票号　1 314227000109 20190104 32008167 5

出票人	全　称	A	收票人	全　称	B
	账　号	392212010157637772		账　号	422110100100075982
	开户银行	锦州农村商业银行股份有限公司		开户银行	兴业银行股份有限公司沈阳南塔街支行
出票保证信息	保证人姓名：		保证人地址：		保证日期：
票据金额	人民币（大写）贰拾万圆整				￥200,000.00
承兑人信息	全　称	锦州农村商业银行股份有限公司营业部	开户行行号	314227000109	
	账　号	0	开户行名称	锦州农村商业银行股份有限公司	
交易合同号			承兑信息	出票人承诺：本汇票信息请予以承兑，到期无条件付款	
能否转让	可转让			承兑人承诺：本汇票已经承兑，到期无条件付款 承兑日期　2019-01-04	
承兑保证信息	保证人姓名：		保证人地址：		保证日期：
评级信息（由出票、承兑人自己记载，仅供参考）	出票人	评级主体：辽宁盛源实业有限公司	信用等级：		评级到期日：
	承兑人	评级主体：锦州农村商业银行股份有限公司营业部	信用等级：		评级到期日：
备注					

商票示例

电子商业承兑汇票

出票日期　贰零贰零年肆月零捌日　　票据状态　背书待签收

汇票到期日　2021-04-07　　票号　2 305100001207 20200408 61354674 9

出票人	全　称	A	收票人	全　称	B
	账　号	617066676		账　号	999156005010000167
	开户银行	中国民生银行股份有限公司北京紫竹支行		开户银行	郑州银行股份有限公司外镇平支行
出票保证信息	保证人姓名：		保证人地址：		保证日期：
票据金额	人民币（大写）伍佰万圆整				￥5,000,000.00
承兑人信息	全　称	中铁北京工程局集团有限公司	开户行行号	305100001207	
	账　号	617066676	开户行名称	中国民生银行股份有限公司北京紫竹支行	
交易合同号			承兑信息	出票人承诺：本汇票信息请予以承兑，到期无条件付款	
能否转让	可转让			承兑人承诺：本汇票已经承兑，到期无条件付款 承兑日期　2020-04-09	
承兑保证信息	保证人姓名：		保证人地址：		保证日期：
评级信息（由出票、承兑人自己记载、仅供参考）	出票人	评级主体：中铁北京工程局集团有限公司	信用等级：		评级到期日：
	承兑人	评级主体：中铁北京工程局集团有限公司	信用等级：		评级到期日：

图5-2　电子化的银行票据和商业票据

一家在产业链中地位非常强势的公司，可以没有应收账款，但应收票据是难免的，即使强如贵州茅台，也有10多亿元的应收票据。在一家公司的应收票据中，银行承兑汇票的比例越高越好，毕竟这种票据能让持有者放心，到期不兑付的风险很小；但如果应收票据中商业承兑汇票的比例很大，持有者就要留个心眼儿。表5-13是美的集团披露的应收票据明细，我们可以看出，票据质量很高，都是银行承兑汇票，风险极低。

表5-13　美的集团2019年度的应收票据明细　单位：万元

应收票据	期末数	期初数	上年期末数
银行承兑汇票	476 852.0	1 104 953.9	1 255 629.4
减：坏账准备	—	—	—
合计	476 852.0	1 104 953.9	1 255 629.4

应收账款科目是上市公司非常容易造假的地方。比如，一家公司想要虚增利润，怎么办呢？最简便的办法就是：先把商品卖给下游客户，款可以先不收，形成应收账款；这样根据权责发生制，已售出商品的利润计入当年的报表，还未收到的货款计入应收账款。

那么跟谁联手做应收账款是最容易的呢？当然是关联方公司！自家人，来回买卖一点货物，甚至货物都没出仓库，就把利润给记进账里了。不管应收账款如何造假，真金白银的现金是没有的。因此，当一家公司的应收账款规模上升过快时，我们可以看一看其与关联方的业务往来及其利润增长和现金流增长（通过现金流量表）是否匹配。

从负债端来看，应付账款和应收账款、应付票据和应收票据正好一一对应，只不过欠钱的方向相反。应付账款是你欠上游供应商的钱。应付票据是你给上游供应商开的白条，承兑方既可以是银行（银行承兑汇票），也可以是你自己（商业承兑汇票）；上游供应商拿到白条后，可以去二级市场上贴现，立刻兑现资金，损失的只是利息而已。

从公司经营角度来说，如果我们能够多占用上游供应商的资金、少占用自有资金，那么这对公司是非常有利的。体现在资产负债表上，就是应付账款（票据）规模很大，而应收账款（票据）规模较小。“欠钱的是大爷”，你能欠钱做生意，说明你在产业链中地位很高很强势，你能用别人的资金生自己的“蛋”。

比如我们熟知的格力电器，其2017—2019年合并财报中披露的应收应付如表5-14所示。

表5-14 格力电器的应收账款和应收票据（2017—2019年） 单位：亿元

年度	应收账款与应收票据	应付账款与应付票据	净负债（应付-应收）
2019	367.39	669.42	302.03
2018	436.11	498.23	62.12
2017	380.71	443.20	62.49

注：2019年格力电器的“应收账款与应收票据”中纳入了“应收款项融资”。

可以看出，格力电器在供应链中处于强势地位，占用了上游供应商超过300亿元的货款。假设资金成本为4%，每年光利息就有12亿元！

当然，也有在供应链中处于弱势的公司，这样的公司就比较吃亏了——被下游厂商占用了大量的无息资金。例如比亚迪（代码：002594）在与经销商的博弈中就处于弱势地位（见表5-15）。

表5-15 比亚迪的应收账款和应收票据（2017—2019年） 单位：亿元

年度	应收账款与应收票据	应付账款与应付票据	净负债（应付-应收）
2019	509.43	361.68	-147.75
2018	492.84	462.83	-30.01
2017	588.54	402.74	-185.80

注：2019年比亚迪的“应收账款与应收票据”中纳入了“应收款项融资”。

预付（收）款项

预付款项是公司在经营过程中预先支付给上游供应商的货款，相当于先交钱，对方再发货。钱虽然交出去了，但是肯定算公司的资产，因此预付款项属于资产类科目。

而预收款项是公司在经营过程中下游客户事先给的钱，公司先收了客户的钱，再发货给对方。钱虽然在你的账户，但不算你的钱，只有发货后才算，因此预收款项属于负债类科目。

这么一看就明白了，预付款项是越少越好，而预收款项是越多越好。公司在供应链中越强势，就越能让下游客户先付款再发货。

我们再以格力电器为例，看看这两项科目（见表5-16）。

表5-16　格力电器的预收款项及预付款项（2017—2019年）　单位：亿元

年度	预付款项（资产）	预收款项（负债）	净负债（预付-预收）
2019	23.96	82.26	58.30
2018	21.62	97.92	76.30
2017	37.18	141.43	104.25

可以看出，格力电器是先收钱再发货的多、先付钱再收货的少。因此，它能够长期占用别人的资金，相当于获得了无息贷款。

图5-3显示的是公司在产业链中的位置。

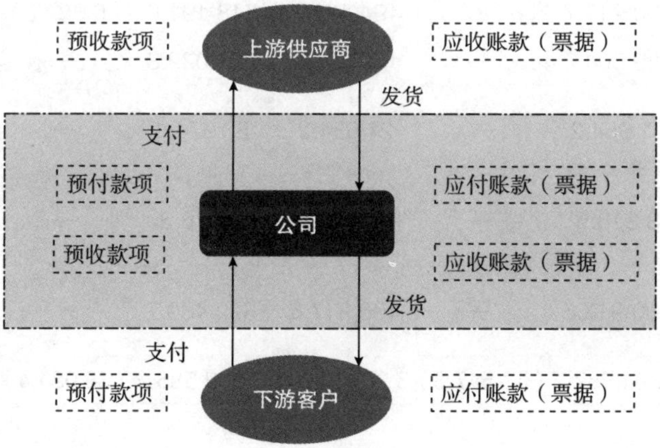

图5-3　公司在产业链中的位置

存　货

存货是公司在经营过程中的待出售的产成品、正在生产过程中的在产品、准备投入生产的原材料等。例如，贵州茅台包装好的白酒库存、正在酿造的白酒、用于酿酒的粮食库存等都算作存货，钢铁厂的钢铁产成品和铁矿石也是存货。

当然，存货的成本核算并不是简单理解的购入成本，还包括其他相关的成本。例如，钢铁厂采购原材料——铁矿石时，需要把铁矿石从港口拉回来，这中间花费的运输费、装卸费、包装费、仓储费等都要计入铁矿石存货的成本。在将铁矿石冶炼成钢铁的过程中，所耗费的加工成本（包括工人工资等）也都要计入产成品——钢铁的存货成本中。

由于存货的形态多种多样，包括产成品、在产品、原材料等，因此财务报表中会披露存货明细。美的集团2019年的财报披露的存货明细（第170页）如表5-17所示。

表5-17　美的集团2019年度的存货明细　　单位：万元

存货分类	期末数			期初数		
	账面余额	跌价准备	账面价值	账面余额	跌价准备	账面价值
库存商品	2 204 673.0	（40 759.8）	2 163 913.2	1 860 040.7	（32 002.2）	1 828 038.5
原材料	500 919.7	（6 787.5）	494 132.2	518 191.6	（6 082.2）	512 109.4
在产品	159 604.2	—	159 604.2	204 022.8	—	204 022.8
委托加工物资	21 954.2	—	21 954.2	23 974.1	—	23 974.1
低值易耗品	3 818.5	—	3 818.5	3 876.3	—	3 876.3
已完工未结算	400 917.6	—	400 917.6	392 480.7	—	392 480.7
	3 291 887.2	（47 547.3）	3 244 339.9	3 002 586.2	（38 084.4）	2 964 501.8

可能你已经发现上面的表格中还有“跌价准备”一项，这是什么？

只要是存货，就存在跌价的风险，比如：耐克、李宁这样的服装生产商，上一年的运动服积压在仓库里，当年还能卖出去吗？肯定是要考虑价格下跌导致的库存价值下降。再比如，手机厂商前一年没卖出去的手机，一年后肯定就不值前一年的价格了，手机库存价值也会下降。还有一种情况是，钢铁厂之前购买的铁矿石，采购价800元/吨，现在市场价跌到600元/吨了，那库存价值肯定下降了。受到上述种种情况的影响，为了保守估计，财务报表都需要对存货进行跌价准备。当然，对于如何计算跌价准备，公司在编制报表时有很大操作空间，这也是财务造假的重灾区。

在公司正常经营时，存货在源源不断地进入，供流水线式生产，那么问题来了：每次进货的成本都不一样，运输费、工人工资等都是随时变动的，存货的成本（账面价值）该如何核算呢？因为公司的利润等于销售额减去成本，而成本中存货成本又占大头，那么存货的出库成本必然对公司当年的经营利润产生重大影响，因此存货的计价方式是存货科目的一个重要分析点。

存货出库的计价方式，常用的有先进先出法、后进先出法、加权平均法和个别计价法。我们以飞天茅台酒为例，假设贵州茅台公司当年生产了三瓶飞天茅台，存货成本依次为100元、132元、200元，出厂价为1 000元。当年卖出去1瓶飞天茅台，库存剩余2瓶。

- 先进先出法。先进库存的飞天茅台先销售，那么当年酒的出库成本是100元。当年销售毛利润：

  毛利润（先进先出）=1 000-100=900元

- 后进先出法。后进库存的飞天茅台先销售，那么当年酒的出库成本是200元。当年销售毛利润：

  毛利润（后进先出）=1 000-200=800元

- 加权平均法。首先对库存的飞天茅台算平均成本，然后算出毛利润：

$$飞天茅台库存平均成本=\frac{100+132+200}{3}=144元$$

毛利润（加权平均）=1 000−144=856元

- 个别计价法。个别计价法采用的计价方法是，出库的存货，进行一一辨认，到底卖了哪一瓶。假设当年卖的是第二瓶酒，成本132元，则：

毛利润（个别计价）=1 000−132=868元

当然，存货的出库计价方式只是用于财务的核算方法。企业在实际经营过程中，比如贵州茅台公司在出货时，会考虑具体卖的是哪一瓶吗？肯定是批量地出，不会把先进库存的白酒先拉出去卖掉，这样做也没有意义，标准化产品更是如此。个别计价法只针对单价很高的非标准化产品，比如适用于卖高端宝石的公司。宝石单价往往高达几十万元甚至上百万元，而且不同的单品，价格差异极大，这时候存货出库肯定需要个别指定和辨认。

如果公司持续经营，那么从长期来看，以上四种存货成本核算方法没有差别，只是在不同年度间的利润分配有所差异。

关于存货，我们记住以下四点即可。

- 存货占用的是企业的资金，因此原则上存货规模越大，对企业经营周转越不利。除非企业现金流比较充裕，在原材料涨价之前补库存，否则高位存货对企业经营不利。
- 存货存在跌价风险，尤其是快消品（比如3C电子产品、服装、玩具等），囤积时间越长，存货真实价值越低。不过，有些存货却是越放越值钱，比如高档白酒、普洱茶等。如果公司想操纵做大利润，那么它可以减少存货跌价准备的计提金额。
- 存货出库的成本核算方式，短期内对企业的经营利润有着重大影响，但长期来看没有影响。

- 重资产型公司存货规模较大，轻资产型公司存货很少。

固定资产与在建工程

固定资产是公司为了生产产品，拥有的寿命超过12个月的非货币性资产，例如厂房、机器设备、电子设备、运输工具等。重资产型公司中的很大一部分重资产指的就是固定资产。美的集团2019年财报中披露的固定资产金额为216.7亿元，其明细（第172页）如表5-18所示。

表5-18 美的集团固定资产明细（2019年） 单元：万元

	房屋、建筑物	境外土地	机器设备	运输工具	电子设备及其他	合计
账面价值						
期末数	1 053 122.2	129 058.6	827 890.1	19 802.0	136 595.3	2 166 468.2
期初数	1 082 780.8	128 340.2	867 924.5	27 016.3	137 659.4	2 243 721.2

固定资产最大的特点是需要折旧。假设你买了一台1 000万元的机器，使用寿命为10年，那么每年机器在使用过程中都会发生磨损，这部分损耗就是折旧。折旧每年都在发生，而且应当作为公司经营的成本支出，因此会减少公司的利润，但不会减少现金流。

既然固定资产会折旧，那么公司每年怎么分摊这个折旧费用呢？这就涉及具体的折旧方法。我们来看下美的集团2019年财报中对折旧方法的叙述（第136页）：

……

（b）固定资产的折旧方法

固定资产折旧采用年限平均法并按其入账价值减去预计净残值后在预计使用寿命内计提。对计提了减值准备的固定资产，将按扣除减值准备后的账面价值及依据尚可使用年限确定折旧额。

本集团各项固定资产的预计使用寿命、预计残值率及年折旧率列示如下表：

表5-19 美的集团各项固定资产的预计使用寿命、预计残值率及年折旧率

类　别	预计使用寿命	预计净残值率	年折旧率
房屋及建筑物	15 ~ 50 年	0 ~ 10%	6.7% ~ 1.8%
机器设备	2 ~ 18 年	0 ~ 10%	50% ~ 5.0%
运输工具	2 ~ 20 年	0 ~ 10%	50% ~ 4.5%
电子设备及其他	2 ~ 20 年	0 ~ 10%	50% ~ 4.5%
境外土地	永久	不适用	不适用

……

上文言明美的集团使用的折旧方法是年限平均法。实际上，除了年限平均法（又叫直线法），还有加速折旧法、工作量法等。直线法，针对的是每年折旧金额都相同的情况；加速折旧法，针对的是在固定资产使用的前几年折旧较多，后续折旧较少；而工作量法，则是根据固定资产的实际工作量来进行折旧。不同的固定资产属性，应使用不同的折旧方法，例如：针对电子设备（电脑、服务器等），去年的设备今年就不值钱了，加速折旧法肯定更为适用；而对于有些比较耐用的固定资产，比如厂房、锅炉等，用直线法更为贴切。有些设备的寿命则与其实际使用量有关，用工作量法更合适。

假设一家公司买了一台100万元的设备，预计使用年限为9年。9年后的残值大约为10万元。

- 直线法（年限平均法）。总共折旧时长为9年，则

$$\text{需要折旧的价值}=100-10=90\text{万元}$$

$$\text{每年折旧金额}=\frac{90}{9}=10\text{万元}$$

- 加速折旧法。加速折旧法也分很多不同的加速方法。目前，双倍余

额递减法及年数总和法最为常用。

$$\text{首年折旧金额（双倍余额递减法）}=\frac{100}{9}\times 2=22.2\text{万元}$$

$$\text{首年折旧金额（年数总和法）}=(100-10)\times\frac{9}{9+8+7+\cdots+1}=18\text{万元}$$

关于固定资产，我们应记住以下两点。

- 对于重资产型公司而言，固定资产是其核心。因为这类公司每年都有金额巨大的折旧，会对经营利润造成巨大的影响。当然，正因为如此，如果某公司突然更改了折旧方法，那么我们一定要仔细探究其更改原因。分行业来看，钢铁、公用事业、建筑材料、交通运输、化工行业属于重资产型行业，固定资产在总资产中的占比为35%～45%。而计算机、传媒、通信等行业属于轻资产型，固定资产在总资产中的占比一般不超过10%。
- 当公司持续经营时，长期来看，不管用什么方法，折旧对公司利润的影响都为中性，它只不过改变了利润在不同时期的分配。赢利强的企业，倾向于使用加速折旧法，因为这样可以节约税收。

说完了固定资产，我们再来看看“在建工程”。在建工程就是正在建设的工程，比如厂房、锅炉、港口等。在建工程一旦建设完工，就要转入固定资产，简称转固。

在建工程与固定资产最大的区别在于：在建工程不需要计提折旧。这就使得很多公司有机可乘，因为一旦转入固定资产，就要面临数额庞大的折旧，对当年的经营利润有较大影响。因此，有些公司为了美化利润表，将已经建设完工的工程延迟转入固定资产，以逃避计提折旧。

交易性金融资产、可供出售金融资产

交易性金融资产和可供出售金融资产都不能算作公司的经营资产，而只能被视为公司的金融资产，一般是用于战略投资、投资理财等沉淀的金融资产。在美的集团2019年财报中，交易性金融资产有10.9亿元，可供出售金融资产为零（2018年为19.1亿元）。那么，美的集团交易性金融资产具体是什么呢？财报披露的明细如表5-20所示。

表5-20 美的集团交易性金融资产明细（2019年） 单位：万元

证券代码	证券简称	期末账面价值（2019年年末）
1810	小米集团-W	93 635.8
688018	乐鑫科技	15 099.3
合计		108 735.1

对于交易性金融资产和可供出售金融资产这两个科目，我们只要记住：虽然它们不是货币资金，但是变现能力很强，在分析公司的流动性时，我们需要将其考虑进去。

长期股权投资

在非流动资产中，还有一个重要的科目：长期股权投资。该科目记录了上市公司对外部企业的股权投资，常常是为了长远的业务战略目的而进行的长期投资。

从公司层面来看，其对外部其他企业的投资主要分为以下四种类型。

- 控制：公司对外部企业具有绝对的控制权，从股权上看，往往是持股比例高于50%。这类公司往往是母公司整体业务的一部分，或是母公司业务的主要执行者。
- 合营：由两个或两个以上的参与方对公司实施共同控制。如果是两

家合资的公司，最常见的股权比例是50%：50%，当然也可以是合同约定的其他比例。

- 联营：本公司对持股公司的经营决策有重大影响，通常的持股比例为20%~50%。
- 其他：主要是财务性投资，通常的持股比例在20%以下，对持股公司的经营决策不产生重大影响。

公司对持股企业的不同控制程度，决定了在会计准则上该如何记录这笔股权投资。总的来说，分为成本法与权益法。

采用成本法时，长期股权投资的账面价值不受被投资企业的盈亏和股东权益变动的影响，直接按照成本法计量；只有当被投资企业进行现金分红时，公司才会确认投资收益，并且调整长期股权投资的账面价值。

采用权益法时，简单理解就是，当被投资企业的股东权益发生变动（包括利润盈亏造成的权益变动）时，要按照公司的持股比例来调整长期股权投资的账面价值。因此，当被投资企业获得盈利时，长期股权投资的账面价值增加，并确认投资收益；反之则减少，并确认投资亏损。

那么，不同的股权投资类型应该使用何种不同的方法呢？常见的方法如表5-21所示。

表5-21 长期股权投资的不同核算方法

类型	典型股权比例	长期股权投资的核算方法
控制	> 50%	成本法
合营	按合同约定	权益法
联营	20%~50%	权益法
其他	< 20%	■ 当持股的公允价值不能可靠计量时：成本法 ■ 当持股的公允价值能可靠计量时：按照交易性或可供出售金融资产处理

所以，成本法管“两头”，即持股比例小于20%或大于50%的使用成本法；中间的20%～50%使用权益法；对于持股比例小于20%的，要根据股份的公允价值能否可靠计量来区分。什么叫可靠计量？如果买入的是上市公司股票，那么公允价值就是每日的成交价。如果持有的是未上市公司股份，难以可靠计量股份到底值多少钱，我们就直接用成本法。

之前我们提到，上市公司报表分为母公司口径和合并报表口径。从母公司口径来看，母公司对于控股子公司的股权可利用成本法计量，计入长期股权投资即可。那么，合并报表层面该如何处理子公司股权呢？这就要将之前母公司口径的成本法核算转换成权益法核算，将控股子公司的资产负债表、利润表合并到母公司的相应报表里面去。当然，母公司对子公司的持股比例不一定是100%，因此那些外部企业持有的少数股权及对应的部分利润，应被计入“少数股东权益”和“少数股东损益”。

具体处理细节其实非常复杂，个人投资者没必要深入到会计师的程度，毕竟我们不是审计师，而只是做股票投资分析。最重要的是，我们要通过报表附注来查看公司对外有哪些股权投资，以及这些公司的业务情况。

无形资产

无形资产包括商标权、专利权、著作权、土地使用权等不具有实物形态但能够产生经济效益的资产。比如，一家制药公司花费了10亿元研发成功一种抗肿瘤药并申请了专利，那么这种专利虽然是无形的，但具备极高的经济效益。再比如，微软公司研发的Windows操作系统，也是无形的（以源代码形式存在），但经济价值不用多说。这些不是以实物形态出现的资产，只要能产生经济效益，就可以列入无形资产。

我们先看一下美的集团2019年的无形资产明细（见表5-22）。

表5-22　美的集团2019年度无形资产明细　单位：万元

无形资产	土地使用权	专利权及非专利技术等	商标权	商标使用权	其他	合计
原价						
期初数	458 685.7	206 184.9	500 540.3	260 188.0	472 176.5	1 897 775.4
本年增加						
购置	9 836.7	875.6	—	—	7 877.7	18 590.0
其他	—	2 179.3	—	—	29 749.0	31 928.3
本年减少						
处置	（3 017.4）	（1 130.0）	-	-	（16 769.8）	（20 917.2）
外币报表折算差额	223	769.4	（1 201.0）	8 720.7	9 084.4	17 395.8
期末数	465 527.3	208 879.2	499 339.3	268 908.7	502 117.8	1 944 772.3

注：上述数据是无形资产摊销前的原价。

对于美的集团来说，土地使用权是占比最大的无形资产，这点适用于国内大部分上市公司。对于专利权之类的无形资产，公司要投入很大的资源去研发，在此期间发生的费用该如何处理？会计规则要求，研发阶段的支出应当全部费用化，也就是当作成本支出。对于研发成功的项目，进行技术成果转化、产生商业价值之前的开发支出，在满足一定条件的情况下是可以进行资本化、变成无形资产的。那些财大气粗、利润丰厚的公司，更倾向于将研发支出费用化，减少报表的税前利润，从而减少税负。而对于那些业务不太稳固的公司而言，研发支出要是都被费用化了，公司资产负债表会很难看，因此它们更倾向于将研发支出资本化，让其成为无形资产。

无形资产也需要折旧，只不过改了个名字：摊销。你只要记住：有形资产叫折旧，无形资产叫摊销。折旧和摊销本质上是一个意思。一家公司辛苦研究出来的专利，是有专利期限的，过了期限就作废了，所以无形资产也需要摊销，将价值的损耗分摊在生命周期的每一年（不一定是均匀的平摊）。

关于无形资产，我们需记住以下几点。

- 无形资产是能产生经济效益的、不具备实物形态的资产，包括商标权、专利权、著作权、土地使用权等。由于是无形的，因此其水分也比较大，具体值多少钱不好说。
- 无形资产也要摊销，从而会减少每年的营业利润。根据情况，公司也可以做减值准备（比如在市场上某个新的专利出来后，公司自持的专利没有任何市场竞争力，其真实价值自然就降低了）。
- 经营良好的公司倾向于把研发支出费用化，减少经营利润，节约纳税成本。而有的公司会尽量把研发支出资本化，变成无形资产。

商　誉

商誉的形成与收购有关。假设公司A计划收购另一家公司B，如果B的账面净资产为1亿元，那么A能够以1亿元拿下吗？在绝大多数情况下，这是不可能的！虽然B的账面价值只有1亿元，但B具备品牌效应、能持续创造利润及掌握核心技术等无形的经济价值，A可能需要3亿元才能买下B。简单来说，公司B的净资产为1亿元，但公司A收购B花费了3亿元，这笔收购的市净率为3.0倍。那这多花费的2亿元，会计报表到底要怎么记呢？这2亿元的无形价值就是商誉。

商誉到底是越大越好，还是越小越好？这取决于具体情况。在正常经营的情况下，收购其他公司一定会体现其商誉。但商誉如果过大，就很值得怀疑：公司是不是当了冤大头，高溢价收购了一家不值那么多钱的公司？还是公司股东有意通过高溢价收购，转移上市公司的资产？这些事件在A股市场都发生过。

商誉在净资产中的占比，在传媒、医药和计算机等行业的上市公司中都比较高。比如说万达电影，根据2019年财报披露，公司商誉达80亿元，净资产（归母）才138亿元。也就是说，母公司净资产里面有58%

都是商誉。如果收购没有起到预期的经济效益，那么这80亿元的商誉是不是要打个折扣？公司年报披露，2019年商誉减值55.7亿元，导致当年经营出现大幅亏损。我们可以使用商誉在净资产中占比的指标来观察公司商誉情况：

$$商誉在净资产中占比=\frac{商誉}{归属于母公司的所有者权益}$$

如果这一比例与同行业公司的商誉情况相比过高，就值得警惕，后续的减值风险非常大。

目前，国内的会计准则要求上市公司对商誉进行减值测试，即公司自己评一评，商誉还值不值这个钱：某家公司如果存在价值下跌，就需要进行减值，如同万达影业所做的那样。不过，由于减值测试的主观性太强，减还是不减、减多少，公司的可操作空间极大。所以，对于商誉占比高的公司，投资者一定要谨慎！

在2019年年初，财政部会计准则委员会发布《关于咨询委员就商誉会计处理研讨意见的说明》，对商誉的会计处理从减值测试改为摊销进行了讨论。实际上，在2006年之前，会计准则对商誉的处理就是使用摊销方法。后来改为减值测试，把主动权交到公司手里，也是为了更好地体现商誉的真实价值。但实际的结果是，大量的上市公司利用商誉减值的主观性，操纵财务报表。龙叔觉得，未来再改回摊销方法更为合理，摊销可以反映商誉的损耗过程，避免企业的主观操作。

关于商誉，我们要记住以下几点。

- 商誉是一家企业收购外部公司时的收购价格高于对方净资产的部分，属于收购溢价，反映的是被收购公司的无形商业价值，比如创造利润能力、供应链完整度、市场知名度等。既然可以溢价收购，就存在以低于公司净资产的价格收购这家公司的情况，这时候商誉为负值。
- 需要定期对商誉进行减值测试，主观性比较强。目前，财政部已在考虑未来对商誉进行摊销的可能性。

- 商誉占净资产比例过高的公司值得警惕，可能爆发巨额减值风险。

递延所得税资产（负债）

递延所得税资产和递延所得税负债实际上是用于平衡资产负债表的平衡科目。在公司经营期间，财务报表认定会计利润和税务部门认定利润（应税利润）的方法是不一致的。这就使得财务报表上认定的所得税费用和税务部门认定的需要缴纳的实际所得税费用之间有差异。那该如何平衡这两者的金额差异呢？这时递延所得税资产（负债）就能派上用场了。

如果公司的会计利润大于税务部门认定的应税利润，那么财报上认定的所得税费用会多于实际缴纳的所得税费用。或者说，公司少交了税费。当然，并不是永久少交，只是将本应该当年缴纳的所得税递延到未来缴纳。所以，节约出来的这部分费用虽然暂时还在公司账上，但是不属于公司，就只能记在递延所得税负债科目。

相反，如果公司的会计利润小于税务部门认定的应税利润，那么公司实际要多缴税。虽然公司账上钱少了，但多缴的费用其实还算是公司的资产，就只能记在递延所得税资产科目。

关于这两个科目，我们只需要记住以下两点。

- 会计利润和应税利润的差异，导致会计报表认定的所得税费用和实际缴纳的所得税费用之间出现差异。递延所得税资产（负债）科目，就是为了平衡两者之间的差异。
- 会计利润大于应税利润，则公司实际少缴税，差额记在递延所得税负债科目；会计利润小于应税利润，则公司实际多缴税，差额记在递延所得税资产科目。

股东权益

股东权益就是股东自己出的钱，用于公司经营。股东自己出的钱也可以分成如图5-4所示的两部分：第一部分是从外部拿过来的钱，相当于对公司的投资；第二部分是公司持续经营所创造的利润留存，相当于内部产生的钱。

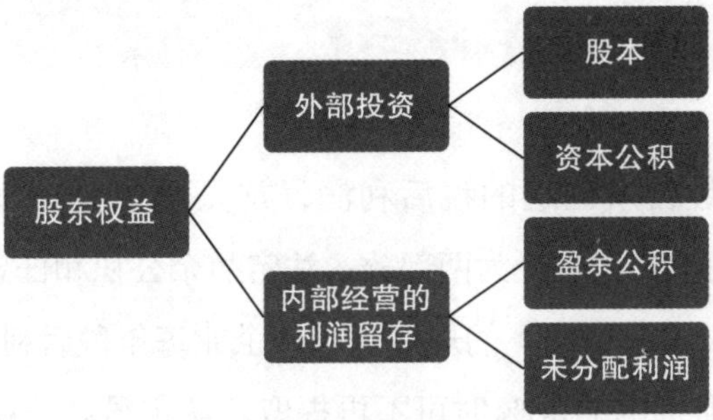

图5-4 股东权益的分类

公司股东对公司进行首次投资或后续投资时，投入的资金以股本或资本公积形式沉淀在公司。股本又被称为实收资本。跟注册资本不同，实收资本是股东实实在在已经缴纳的资本。国内1股股本的面值通常为1元。但是在公司增资（尤其是高科技公司的融资）过程中，新进股东不可能真的按照1元面值购买股本，购入价通常远远超过1元面值，那么超出来的部分就应该计入资本公积。这样，公司股东的股份占比依然可以按照他们所占的股本比例来分配，而资本溢价部分则计入资本公积。因此，资本公积也叫资本溢价。

实 例

资本公积的例子

假设一家公司有1亿元股本，现在公司要首次公开募股，发行价定为20元/股，那么超出的19元就应该计入资本公积。假设公司上市时转让20%的股份，股本面值为2 000万元，但实际交易金额为：

2 000万股 ×20元/股 =4亿元

资本公积 =4亿元 －2 000万元 =3.8亿元

公司每年经营所创造的税后利润，首先要分配一部分到盈余公积（见图5-5）。盈余公积也分为两部分：法定盈余公积和任意盈余公积。法定盈余公积要按《公司法》的规定强制从企业每年税后利润中提取10%，当累积达到注册资本的50%时可不再提取。法定盈余公积是强制用于企业扩大再生产、弥补亏损、转增股本等方面的。

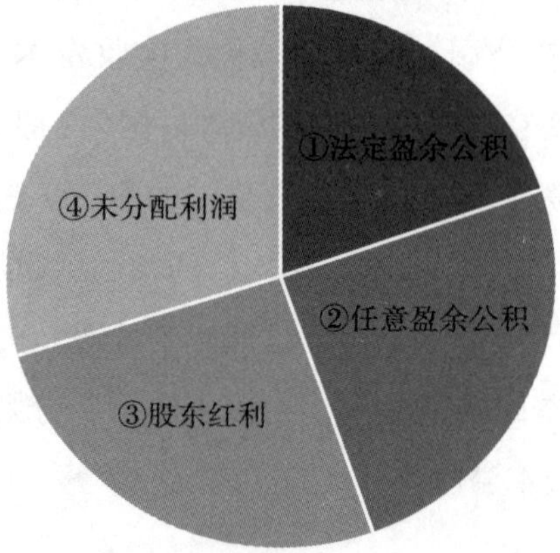

图5-5　税后利润的分配流程

任意盈余公积不是强制性的，公司股东自行决定是否需要提取以及提取多少。在提取了法定盈余公积和任意盈余公积之后，公司税后利润剩下的部分就可以由股东自由支配了。股东再决定分配股利（分红），很少有公司会把所有红利全部分配出去，肯定要留存一部分收益，用于补充公司资本，这部分就进入“未分配利润”科目。

虽然上面提到的盈余公积和未分配利润在财务报表科目上会有严格分离，但从资金层面看，公司是不会单独为这些不同的资金隔离账户的。这些资金受公司统一调配，用于公司的日常经营。

股东权益中还有一个特殊的科目：少数股东权益。这是公司在占有外部其他公司一部分股份时，体现外部公司其他股东的权益。我们在“长期股权投资”资产类科目中，专门提到公司占有外部其他公司股份时，应该如何处理（例如合并报表等）。

换一个角度去看

我们之前对资产负债表的分析都是基于财务报表的编制要求，但是公司经营者在日常经营过程中，肯定是不会按照会计科目来思考经营决策的，而是从经营角度出发。简单地说，会计报表（包括资产负债表）是公司日常经营的结果，而不是经营决策的依据。

企业经营者是如何看资产负债表的呢？这一点非常重要！作为股票投资者，如果想钓到鱼，必须要像鱼一样思考。

传统的资产负债表，资产端按照流动资产、非流动资产分类，负债端也是按照流动负债、非流动负债分类。但从企业经营的角度来看，我们可以把资产分成经营资产、金融资产和长期股权投资三大类。

- 经营资产：维持公司日常经营所需的资产。经营资产包括两大类：第一类是长期资产、无形资产、商誉等非流动资产；第二类是运营资本，即公司维持日常运营所需的资产（比如存货、应收账款、预付款项等）减去维持日常运营所需的负债（比如应付账款、预收款项等）。
- 金融资产：包括货币资金、交易性金融资产、可供出售金融资产、持有至到期投资、投资性房地产等。金融资产的特点是不直接与公司日常经营相关，往往是公司的现金沉淀或投资理财。

- 长期股权投资：往往是公司为长远发展而进行的战略投资行为，或者是为了加强对产业链上下游的掌控。

资产端分类如此，那么负债和股东权益端呢？从公司管理层来看，负债和股东权益都是出资人，只不过一个是股东，另一个是债权人而已。所以，不管是股东出的自有资金，还是债权人借给公司的资金，都属于公司可以使用的资本。这个分类和传统资产负债表有所不同。比如，应付账款和预收款项在传统资产负债表中是被当作流动负债的（见图5-6），但在我们重构的分类体系中，这两者都被算作运营负债，归类到运营资本中（见图5-7）。

资产＝负债＋股东权益

资产＝资本

资产＝经营资产＋金融资产＋长期股权投资

资本＝有息债务＋股东权益

我们从公司经营管理者的视角把传统的资产负债表重构成图5-7所示的模样，以更好地理解公司的经营。

利润表

公司经营的最终目的是赢利。不赚钱的公司（除非是承担国家基础设施建设、具备正向外部效应的公司），从长期来看是不可持续的。作为公司股东，你的投资收益源于两个方面：一是公司创造的利润，二是公司估值的提升——高度依赖于公司创造利润的能力。因此，股票投资者最看重公司持续经营的利润表现，但这也是公司操纵利润表的最大原动力。

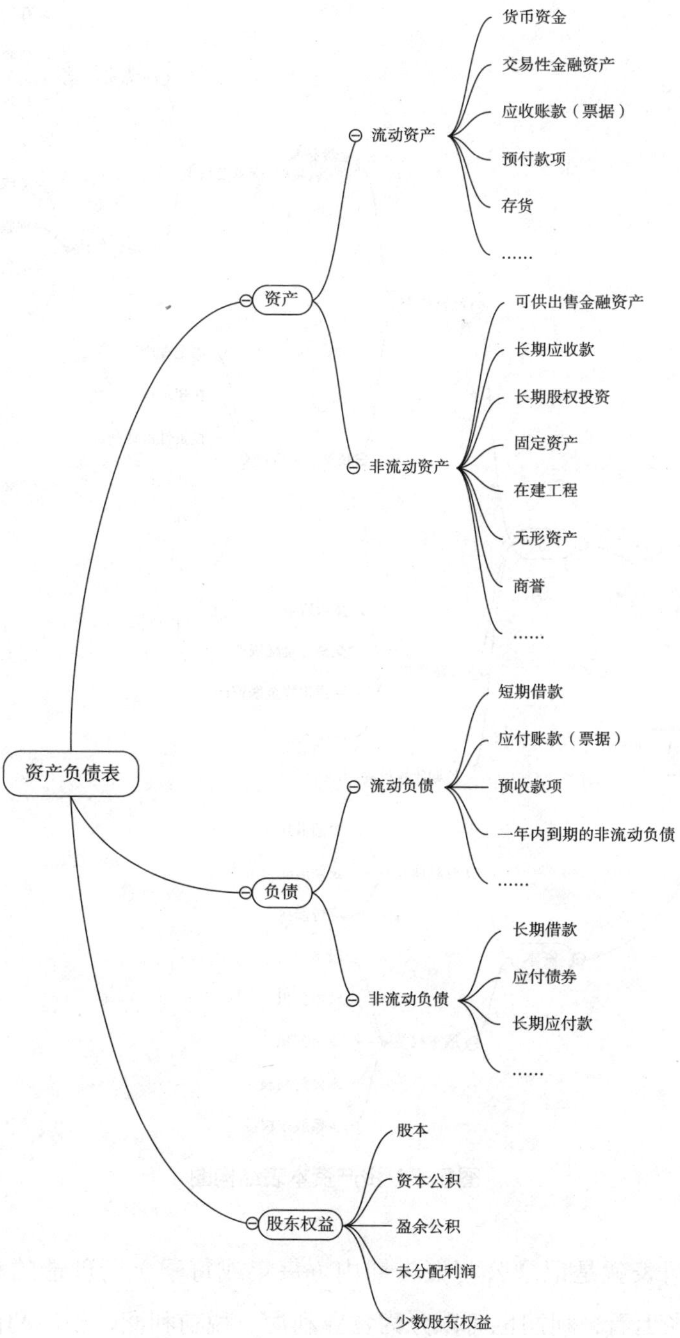

图5-6 资产负债表结构图

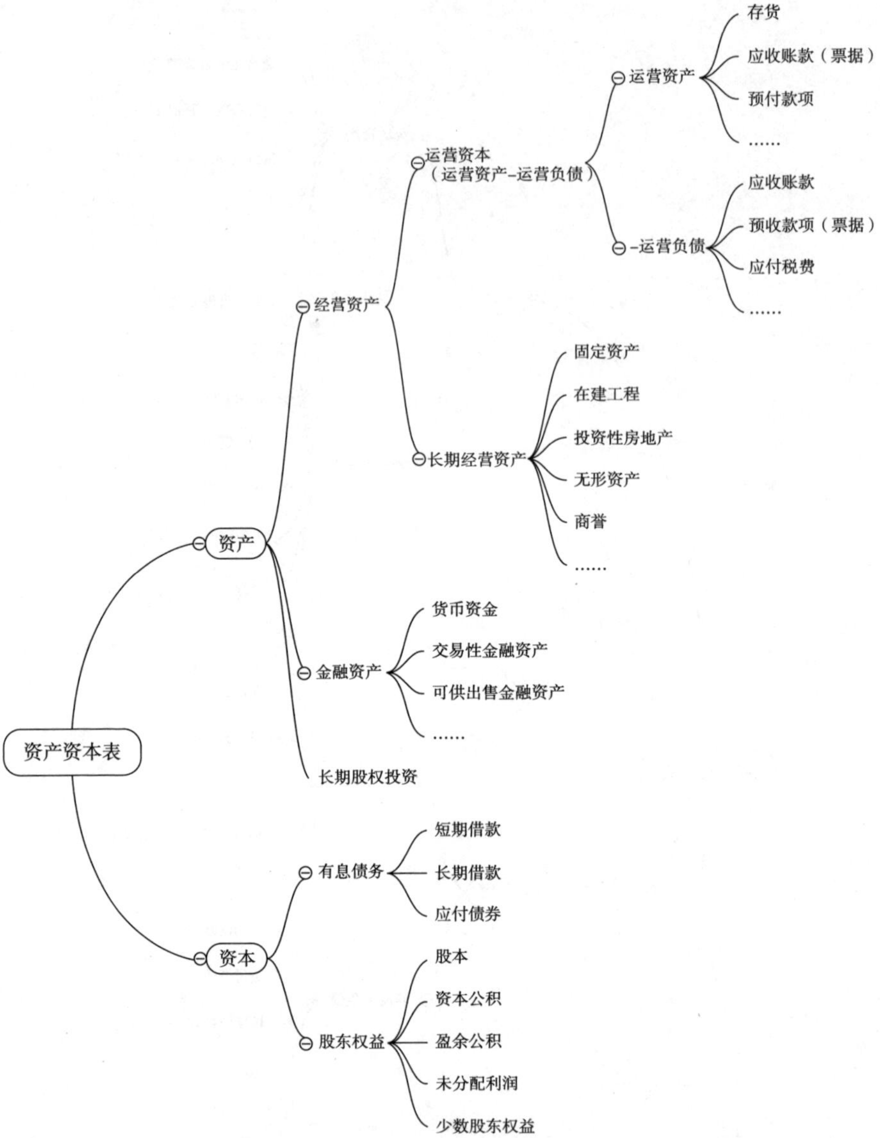

图5-7 资产资本表结构图

利润表就是记录公司报告期内（每年或每季）所创造的利润。从核算口径上看，利润也可以分为营业利润、税前利润、税后利润（净利润）等。

我们先看看美的集团2019年的利润表（见表5-23）。

表5-23　美的集团2019年度利润表　单位：亿元

项　目	2019年（合并）	2018年（合并）
营业总收入	2 793.81	2 618.20
其中：营业收入	2 782.16	2 596.65
利息收入	11.64	21.55
手续费及佣金收入	0.01	0.00
减去：营业总成本	（2 513.18）	（2 371.87）
其中：营业成本	（1 979.14）	（1 881.65）
利息支出	（1.23）	（1.89）
手续费及佣金支出	（0.12）	（0.03）
税金及附加	（17.21）	（16.18）
销售费用	（346.11）	（310.86）
管理费用	（95.31）	（95.72）
研发费用	（96.38）	（83.77）
财务费用	22.32	18.23
加：其他收益	11.95	13.17
投资收益	1.64	9.07
公允价值变动净收益	13.61	（8.10）
信用减值损失	（0.96）	0.00
资产减值损失	（8.72）	（4.48）
资产处置收益	（1.31）	（0.35）
营业利润	296.83	255.64
加：营业外收入	6.13	4.35
减：营业外支出	（3.67）	（2.26）
利润总额	299.29	257.73
减：所得税	（46.52）	（41.23）
净利润	252.77	216.50

注：根据原报表，作者进行了些微格式调整。

利润的创造过程

在持续经营的过程中，通过主要商品和服务的销售，公司创造了营业总收入。为了获得这些收入，公司无疑需付出成本，即营业总成本。例如美的集团主要是依靠销售家电获得营业收入，制造家电所需的原材料、机器设备、工人工资、运输费用等都是营业成本。所以：

主营业务利润＝营业总收入－营业总成本

除了主营业务创造的收入，公司还有一些其他业务收入，比如其他收益、投资收益、资产处置收益等。这类收入不算主营业务收入，属于与主营业务有直接或间接关系的其他业务创造的收入，也要计入营业利润。因此：

营业利润＝营业总收入－营业总成本＋其他业务净收入

当然，其他业务净收入也可能为负数，这样就会拖累营业利润。

除了营业利润，公司还会时不时冒出一些意外收获或损失，这部分就计入营业外收入或支出。比如汽车公司拿到的政府补贴：地方性的汽车公司拿地方政府的财政补贴，新能源汽车公司拿国家的新能源补贴。有时候营业外的净利润会超过营业利润。

以江淮汽车为例，2016年营业利润为－26.55亿元（营业亏损），但当年政府补贴了39.85亿元，利润表一下子从亏损状态变成了税前利润13.42亿元。

税前利润＝营业利润＋（营业外收入－营业外支出）

税前利润扣完企业所得税之后，剩下的就是公司的净利润了（见图5-8）。

回头再说公司营业收入的结构，我们其实还可以将营业收入细分为营业总收入、其他业务收入（副业收入）和营业外收入（见图5-9、表5-24）。比如海马汽车，主营业务是制造和销售汽车，其房地产投资就属于副业。

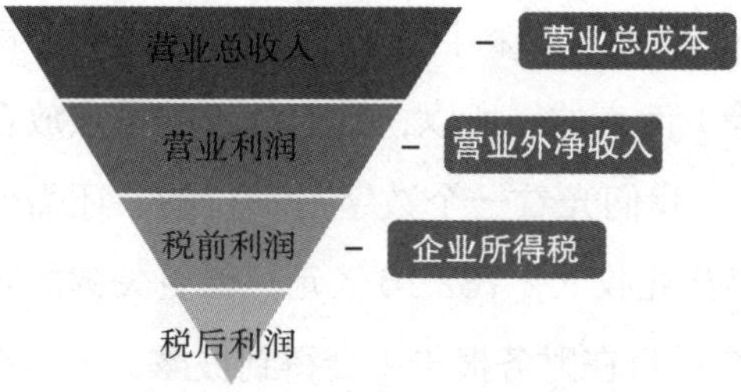

图5-8 公司利润的漏斗模型

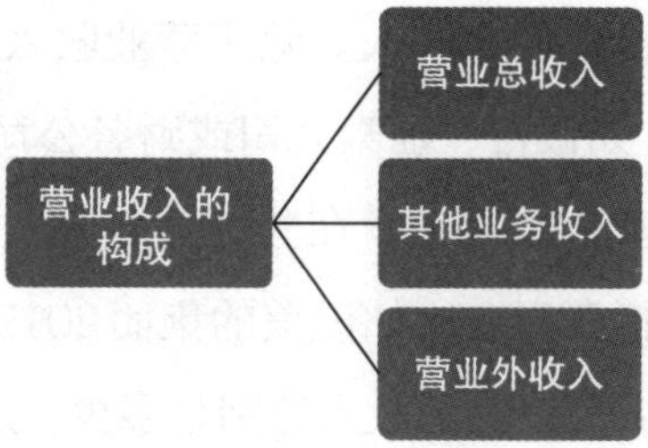

图5-9 营业收入结构

表5-24 营业收入结构

营业收入类型	解 释
营业总收入	公司主营业务的营业收入，例如：汽车公司的主营业务是制造和销售汽车与零部件，医药公司的主营业务是研发和销售药品
其他业务收入	与公司主营业务直接或间接相关，但可能不具备持续性的业务收入，比如金融资产的估值损益、投资收益、资产处置收益等
营业外收入	和公司生产经营不相关并且是偶然所得、不具备持续性，比如政府补助、一次性处置固定资产或无形资产、接受捐赠等

在上市公司的财务报告中，还有一项非常重要的项目：当期非经常性损益。非经常性损益是指不经常发生的、不能持续存在的损益（可能为盈利，也可能为亏损）。非经常性损益对当期利润表会造成显著影响，但是不影响未来的利润表现。因此，我们在分析公司的净利润时，一定要把非经常性损益扣除掉，这样才能如实反映公司的正常经营水平，所以市场上也称之为“扣除非经常性损益净利润”。

既然是非经常性的，营业外净收入肯定要被扣除掉。那么其他业务（非主营业务）收入呢？这要看具体项目，如果是一次性不可持续的，也要计入非经常性损益，例如处置房产、股权投资、其他固定资产等。

营业总收入

营业总收入科目主要包含营业收入、利息收入、已赚保费、手续费及佣金收入。除了营业收入外，其他三个科目主要是针对金融类公司（如银行、证券公司或财务公司等）而言的。所以，我们分析的重点放在营业收入上。在分析营业收入时，我们光看一个数字是不行的，还需要拆开看。比如说美的集团2019年营业收入2 782.16亿元，但更关键的是各种产品的收入分别是多少。这个科目在财务报告中会得到披露，一般在"营业收入构成"章节。美的集团2019年的分项营业收入如表5-25所示。

表5-25 美的集团2019年营业收入的构成

项目	2019年		2018年		同比增减
	金额（万元）	占营业收入比重	金额（万元）	占营业收入比重	
营业收入合计	27 821 601.7	100%	25 966 482.0	100%	7.14%
分行业					
制造业	25 428 613.4	91.40%	23 806 537.6	91.68%	6.81%
分产品					
暖通空调	11 960 737.9	42.99%	10 939 464.9	42.13%	9.34%
消费电器	10 948 679.1	39.35%	10 299 280.3	39.66%	6.31%
机器人及自动化系统	2 519 196.4	9.05%	2 567 792.4	9.89%	-1.89%
分地区					
国内	16 143 231.3	58.02%	14 925 731.1	57.48%	8.16%
国外	11 678 370.4	41.98%	11 040 750.9	42.52%	5.78%

注：消费电器主要包括冰箱、洗衣机、厨房电器及其他小家电。

通过分项收入的披露，我们知道美的集团最重要的收入来源是空调和消费电器，机器人业务（库卡）虽然是公司的战略性业务，但目前收入占比并不高——不到10%。从市场来看，国内国际市场目前的营业收入占比基本各占一半，比较均衡。

我们对比一下格力电器的分项业务收入（见表5-26）。

表5-26　格力电器2019年的营业收入构成

项　目	2019年		2018年		同比增减
	金额（元）	占营业收入比重	金额（元）	占营业收入比重	
营业收入合计	198 153 027 540.35	100%	198 123 177 056.84	100%	0.02%
分行业					
制造业	156 888 659 016.13	79.18%	170 592 428 489.17	86.10%	-8.03%
其他业务	41 264 368 524.22	20.82%	27 530 748 567.67	13.90%	49.88%
分产品					
空调	138 665 055 103.82	69.99%	155 682 359 475.59	78.58%	-10.93%
生活电器	5 575 911 375.57	2.81%	3 794 087 435.54	1.91%	46.96%
智能装备	2 141 285 558.55	1.08%	3 108 531 271.87	1.57%	-31.12%
其他主营	10 506 406 978.19	5.30%	8 007 450 306.17	4.04%	31.21%
其他业务	41 264 368 524.22	20.82%	27 530 748 567.67	13.90%	49.88%
分地区					
内销——主营业务	136 073 206 974.43	68.67%	148 322 536 473.83	74.86%	-8.26%
外销——主营业务	20 815 452 041.70	10.51%	22 269 892 015.34	11.24%	-6.53%
其他业务	41 264 368 524.22	20.82%	27 530 748 567.67	13.90%	49.88%

我们可以看到，格力电器接近80%的营业收入都来自空调销售。这虽然体现了格力在空调行业的绝对龙头地位，但同时反映出公司对单一产品过于依赖，受空调行业景气度影响极大。另外，格力海外销售占比只有10.51%，与美的集团的41.98%差距很大。如果格力电器未来能够拓宽海外销售渠道，那么此举对其收入增长大有裨益。

营业收入能不能操纵？当然可以！营业收入如何确认？这涉及收入确认规则。有些上市公司为了虚增利润和营业额，把本应该属于下一年度的收入，提前确认到当年，以美化报表。还有一些更夸张的，让下游客户或关联公司配合，假装把一批货卖出去，把收入确认到当年，来年再找个理由把货退回来。会计准则中对收入虽有明确的确认规则，但可钻空子的地方还是有很多的。

关于营业总收入，我们要记住以下几点。

- 营业总收入中最主要的项目是营业收入。
- 营业收入的总金额固然重要，但分项收入的构成更重要，是分析公司竞争力和预测未来赢利能力的基础。
- 主营业务不行，副业再好干，也不要碰。
- 对于营业收入的确认，公司有很大的操作空间，也是财务造假的重灾区。

营业总成本

营业总成本是公司日常经营所耗费的成本。总成本也可以分为四个部分：营业成本，即公司生产商品或服务所付出的成本，这是公司的主要成本支出；税金及附加，即公司经营过程中需要缴纳的各种税费；“三费”，即销售费用、管理费用和财务费用，不过，最新的会计报表格式将研发费用从管理费用中分拆出来，单独列示；其他一些零碎的科目。

在分析公司营业总成本构成时，一定要按分项来分析，并和过去3年的历史数据做纵向对比，看看钱到底是花在了什么上面。

营业成本

营业成本就是生产商品或服务所需要的成本。还记得我们讲资产负债表时，提到的存货出库成本吗？我们提到有先进先出、后进先出、加权平均、个别指定等方法。存货出库时的成本就应计入营业成本。当然，对于服务型公司来说，人力成本占比较大。

上市公司的财报都会提供营业成本的构成。美的集团2019年披露的营业成本构成如表5-27所示。

表5-27 美的集团营业成本的构成（2019年）

行业分类	项 目	2019年		2018年		总比增减
		金额（万元）	占营业成本比重	金额（万元）	占营业成本比重	
家用电器行业	原材料	13 423 133.7	85.69%	12 740 250.8	85.59%	5.36%
	人工工资	971 174.1	6.20%	915 401.6	6.15%	6.09%
	折旧	267 350.7	1.71%	259 999.9	1.75%	2.83%
	能源	225 563.0	1.44%	218 803.3	1.47%	3.09%

对于营业收入占比超过一定比例（如10%）的，上市公司还要披露更加详细的成本数据，如美的集团对占公司营业收入或营业利润 10%以上的行业、产品或地区情况的公告（见表5-28）。

表5-28 美的集团占公司营业收入或营业利润10%以上的数据明细（2019年）

项 目	营业收入（万元）	营业成本（万元）	毛利率	营业收入比上年同期增减	营业成本比上年同期增减	毛利率比上年同期增减
分行业						
制造业	25 428 613.4	17 659 442.2	30.55%	6.81%	4.71%	1.39%
分产品						
暖通空调	11 960 737.9	8 162 694.1	31.75%	9.34%	7.56%	1.12%
消费电器	10 948 679.1	7 501 404.4	31.49%	6.31%	2.82%	2.33%
机器人及自动化系统	2 519 196.4	1 995 343.7	20.79%	-1.89%	0.72%	-2.06%
分地区						
国内	16 143 231.3	11 086 752.9	31.32%	8.16%	6.93%	0.79%
国外	11 678 370.4	8 704 639.9	25.46%	5.78%	3.04%	1.98%

关于营业成本，我们记住以下两点。

- 营业成本的明细构成，比总数重要。
- 如果营业成本的增长率连续几年超过营业收入的增长率，说明公司竞争力在下滑。

“三费”

“三费”是销售费用、管理费用与财务费用的合称。

销售费用是公司在产品或服务的销售过程中所产生的费用，包括广告费、促销费、运输费、销售人员的工资支出等。不同企业的销售费用占比差异是很大的。销售导向型的行业或公司（比如快消品公司、部分医药公司）的销售费用在营业总成本中的占比都非常高。

实 例

“杯子连起来可绕地球一圈”的香飘飘，销售费用在营业总成本中的占比如表5-29所示。

表5-29 香飘飘的营业成本构成

项 目	2019年年报	2018年年报	2017年年报
营业总成本（亿元）	35.84	28.93	23.30
其中：销售费用（亿元）	9.67	8.00	6.17
销售费用/营业总成本	27.0%	27.7%	26.5%

我们可以看到，香飘飘每销售一杯奶茶，其中有25%以上的成本是销售费用。

管理费用是公司管理环节所发生的费用，包括管理者的工资及福利、办公费、董事会经费及业务招待费等。

财务费用主要是贷款、债券等有息债务的利息支出，以及在银行办理业务的手续费等。当然，公司存款（或借给别的机构的贷款）所产生的利息收入可以从财务费用中扣除。所以，财务费用是一个轧差的净费用。如果公司有下属的金融类机构（如财务公司）的子公司，那么财务费用有可能为负数（利息收入大于利息支出）。但是对于绝大部分非金融类上市公司来说，财务费用都是净支出。

在资产负债表部分，我们讲道：资产 = 负债 + 股东权益。其中，负债中有相当一部分是有息负债（贷款、债券等），而这一部分产生的利息支出就计入财务费用。因此，如果一家公司的有息负债率（有息负债/总资产）很高，那么财务费用支出理应也比较大。如果公司一年的毛利润中有相当大一部分是被财务费用吃走了，我们就通俗说：这家公司光替金融机构打工了。这类公司的财务结构质量不高，辛辛苦苦一整年，银行等金融机构拿走了毛利润的大头。财务费用占比高，一般是两种情况（或兼而有之）：公司借款借得太多了，有息负债率太高；公司的借贷利率成本太高。

研发费用是2019年新增的利润表科目。过去，研发费用有两种处理方式。一种是在产品研究阶段，由于不确定性较大，因此这部分成本支出都是费用化的并计入管理费用。另一种处理办法是，如果某项研究成果成功了，进入开发阶段，预期未来产生经济效益，公司就可以对研发支出进行资本化，让其变成公司的无形资产，体现在资产负债表中；当然，无形资产也是要每年摊销的。现在新版的财报格式将研发费用单独列示，以便投资者更清楚地看到公司在研发方面的投入，这对于分析高科技行业的公司尤其重要。

营业外收入（支出）

营业外收入（支出）是指那些和公司日常活动无关的意外所得，比如说政府补助、捐赠所得、固定资产盘盈所得等。营业外收入（支出）最大的特点是偶发性、不可持续性。因此，虽然它被计入当期利润，但实际上我们在分析公司的利润时，最看重的是扣除非经常性损益净利润。

有些公司看起来利润还不错，但利润可能是营业外收入贡献的。因此，如果一家公司的营业外收入金额较大，那我们一定要去报表中查查具体的明细说明。

其他杂项

利润表中还有一些其他杂项，例如其他收益、投资收益、公允价值变动收益、净敞口套期收益、信用减值损失、资产减值损失、资产处置收益等。如果这些项目金额不大，那么我们无须过多关注。

但是，如果其他杂项的金额很大，在营业利润中的占比不可忽略，我们就需要细究分析，因为公司可能就靠这些杂项来美化利润或扭亏为盈。

实 例

我们来看看美的集团 2019 年的其他杂项科目（见表 5-30）。

表5-30 美的集团2019年利润表中其他杂项科目 单位：万元

项 目	2019 年度合并	2018 年度合并
	……	
加：其他收益	119 466.5	131 690.4
投资收益	16 413.2	90 732.6
公允价值变动收益或（损失）	136 116.3	（81 045.0）
信用减值损失	（9 644.6）	—
资产减值损失	（87 190.9）	（44 786.4）
资产处置（损失）或收益	（13 113.1）	（3 493.4）

在整个 2019 年，其他收益为美的集团创造了将近 11.95 亿元的净收益，公允价值变动收益约为 13.61 亿元，这两项比较大。再去看对应的财务附注，发现其他收益是政府专项补助，公允价值变动收益是受交易性金融资产的估值变动影响的。

有些经营连续亏损的上市公司，为了规避被退市的风险，无奈之下就变卖公司的相关资产（如房产、长期股权投资等）获取收益。由于房产、股权等资产在入账时以成本计价，所以按市值处置后，公司能够实现很大一部分投资收益，从而帮助公司扭亏为盈。

实　例

海马汽车扭亏为盈的操作

海马汽车在 2019 年就实施了这样的操作，避免了退市命运。在经历了 2017 年、2018 年连续两年亏损后，2019 年海马汽车出售了其所持的股权投资，投资收益为 6.74 亿元；另外出售了 400 多套房屋，资产处置收益为 0.62 亿元：两者合计 7.36 亿元（2019 年财务报表第 54～55 页）。而 2019 年海马汽车的税前利润只有 1.03 亿元。处置股权、房产这样的杂项收益对海马汽车 2019 年扭亏为盈居功至伟！但我们知道，这些收益是不可持续的！

……

1. 2019 年度，海马汽车有限公司（海马汽车子公司）将其持有的河南海马物业服务有限公司全部股权转让给青风置业有限公司

（控股股东全资子公司）。本次交易确认资本公积 2 027 095.16 元，投资收益 123 431 496.14 元。

2. 2019 年度，海马汽车有限公司将其持有的上海海马汽车研发有限公司全部股权转让给郑州睿之尚实业有限公司（控股股东全资子公司）。本次交易确认资本公积 11 026 026.10 元，投资收益 543 158 204.63 元。

海马汽车 2019 年度共处置闲置房产 342 套，取得不含增值税处置收入 160 831 683.88 元，扣除处置成本费用，共取得闲置房产处置收益 135 412 147.17 元，其中：71 套房屋计入资产处置收益 62 274 916.66 元，271 套房屋计入营业收入的其他业务净收益 73 137 230.51 元。由于闲置房产处置收益对本期利润贡献重大，我们将闲置房产处置收益的确认识别为关键审计事项。

……

资产减值损失也是值得关注的科目。比如，我们在资产负债表部分提到的商誉是公司外部收购其他公司时的净资产溢价。为了调节利润，公司可以对商誉进行减值测试，这种减值损失就计入资产减值损失科目。

现金流量表

现金流量表是最晚引入的三大表之一。有了资产负债表，我们就能知道公司的家底；有了利润表，我们可以知道公司每年能赚多少钱。那为什么还要引入现金流量表呢？这就要说到会计规则中最核心的原则：权责发生制。

假设你开了一家小卖部，你的供货商给你送了货，但是你一直赊账，每个月末才结算一次。小卖部附近的餐馆经常从你这是买啤酒、饮料等，也是赊账，每周给你结算一次。那么为了算清你究竟赚了多少钱，你该如何记账?

最容易想到的记账方法就是“收付实现制”。什么时候收到餐馆给你的货款，你就记一笔现金流入；什么时候你给供货商支付一笔钱，你就记一笔现金流出。此法虽好，跟账户上的钱也能一一对应，但是不能如实反映你赚的钱。比如，到某年年底，餐馆还差你2万元的货款没付，到底是算今年的收入还是明年的?

权责发生制不从现金流入手，而是从收入或支出发生的时间入手，来判定收入或支出到底属于哪一年。比如上面的例子，虽然餐馆还有2万元没偿付给你，但是这笔销售当年已经发生了，应当算作当年的收入，只不过要记到应收账款中。

我们的会计制度都是按照权责发生制来入账的，这样更为合理。但这也带来了一个严重的问题：利润表上的利润和真实的现金流对不上！也许利润表上的净利润看起来很多，但可能都是应收账款的增加，从而导致公司的利润并没有转换为现金流。而我们知道，现金流是公司正常运转的根本。再赚钱的公司，如果现金流断裂，第二天就会关门。

所以，现金流量表就是为了对资产负债表和利润表进行补充，从现金流入和流出的视角来分别统计资产情况。

三种现金流量

如果我们看上市公司的现金流量表，会发现它把现金流分成了三类：经营活动产生的现金流量；投资活动产生的现金流量；筹资活动产生的现金流量。每一种现金流量，都按照流入和流出分别统计并计算轧差净额。

都是现金流，为啥要分成三类呢？这和公司的现金来源及用途有关。

- 公司首先会在日常运营业务中产生现金流入和流出。例如：销售商品或服务产生的营业收入中已经收到的部分就是经营活动产生的现金流入，而营业成本中已经付出去的部分就是经营活动的现金流出。简而言之，经营活动产生的现金流量就是公司日常经营所产生的现金流。

- 除了日常经营，公司还会进行长期投资，比如购置固定资产、投资外部公司的股权、收购其他公司等，这些都是现金流出。当然，变卖固定资产和股权等就有了现金流入。
- 与外部融资相关的现金流。融资的现金入账，则为现金流入；到期后还本付息，则为现金流出。

我们看美的集团2019年度的现金流量表（见表5-31）。

表5-31 美的集团2019年的现金流量表 （单位：万元）

项 目	2019年度合并	2018年度合并
一、经营活动产生的现金流量		
销售商品、提供劳务收到的现金	23 881 558.9	21 123 072.3
发放贷款及垫款净减少额	—	86 420.9
吸收存款和同业存放款项净增加额	1 809.1	—
存放中央银行款项净减少额	69 302.3	70 887.9
向中央银行借款净增加额	—	9 975.4
收取利息、手续费及佣金的现金	131 592.1	217 466.1
收到的税费返还	627 173.3	570 525.9
收到其他与经营活动有关的现金	500 882.1	555 822.1
经营活动现金流入小计	25 212 317.8	22 634 170.6
购买商品、接受劳务支付的现金	（13 009 949.7）	（12 736 781.3）
发放贷款及垫款净增加额	（31 885.9）	—
吸收存款和同业存放款项净减少额	—	（6 454.0）
存放中央银行款项净减少额	（9 975.4）	—
支付利息、手续费及佣金的现金	（13 425.1）	（19 876.1）

（续表）

项　目	2019年度合并	2018年度合并
支付给职工以及为职工支付的现金	（2 685 113.9）	（2 470 957.8）
支付的各项税费	（1 489 751.3）	（1 373 926.2）
支付其他与经营活动有关的现金	（4 113 176.1）	（3 240 067.2）
经营活动现金流出小计	（21 353 277.4）	（19 848 062.6）
经营活动产生的现金流量净额	3 859 040.4	2 786 108.0
二、投资活动产生的现金流量		
收回投资收到的现金	8 485 260.1	6 571 162.2
取得投资收益所收到的现金	402 659.0	209 794.8
处置固定资产、无形资产和其他长期资产收回的现金净额	12 541.9	16 407.0
处置子公司及其他营业单位收到的现金净额	—	2 440.6
投资活动现金流入小计	8 900 461.0	6 799 804.6
购建固定资产、无形资产和其他长期资产支付的现金	（345 185.6）	（561 185.1）
投资支付的现金	（10 845 739.8）	（8 071 383.0）
取得子公司及其他营业单位支付的现金净额	（20 305.7）	（31 465.3）
投资活动现金流出小计	（11 211 231.1）	（8 664 033.4）
投资活动产生的现金流量净额	（2 310 770.1）	（1 864 228.8）
三、筹资活动产生的现金流量		
吸收投资收到的现金	289 791.7	271 336.6
其中：子公司吸收少数股东投资收到的现金	12 042.7	61 509.2
取得借款收到的现金	1 711 767.7	252 431.5
筹资活动现金流入小计	2 001 559.4	523 768.1
偿还债务支付的现金	（864 387.5）	（337 849.2）
分配股利、利润或偿付利息支付的现金	（1 105 576.9）	（930 322.2）
其中：子公司支付给少数股东的股利、利润	（165 150.4）	（81 599.8）
支付其他与筹资活动有关的现金	（358 955.1）	（594 313.1）
筹资活动现金流出小计	（2 328 919.5）	（1 862 484.5）
筹资活动产生的现金流量净额	（327 360.1）	（1 338 716.4）

上述每个现金流量分类下面的明细科目简单直白，这里不再赘述。我们重点关注两个问题：现金流量表是怎么编制的？现金流量表看什么指标？

现金流量表是怎么编制的

投资及筹资活动产生的现金流量表的现金流非常清晰，因此编制起来相对简单，按照每笔现金流的目的分类就好了。比较麻烦的是经营活动产生的现金流量。

经营活动产生的现金流量表有两种编制方法。

- 从公司的现金流入流出入手，直接编制，即“直接法”。直接法的好处是简单直观。我国企业会计准则要求使用直接法编制现金流量表。
- 从利润表出发进行倒推，即“间接法”。前文我们提到过，利润表不等于现金流，因为利润表遵从权责发生制，而现金流量表则依据收付实现制。那么，如果我们从利润表倒推，把两者不匹配的地方给调整过来，不就可以了吗？例如，固定资产折旧会使利润减少，但是不影响现金流，那么把“固定资产折旧”金额加回去；应收账款增加虽然不影响利润，但并没有产生真实现金流，我们就从利润中将其扣除。如此操作，以净利润为基点，我们就能把利润和现金流不一致的地方通通调整回去。

看起来直接法简单明了，间接法有点麻烦。但间接法有一个巨大的好处：可以将利润与现金流进行对比，从而呈现出两者之间的差异。这对于我们分析企业的真实利润和资金情况非常有用。比如，一家公司净利润很高，但是发现应收账款增加很多，通过间接法调整后净现金流比净利润低很多，我们就知道公司只是账面很赚钱，但现金还没装进公司的口袋。

上市公司的年度财务报告除了正常的按照直接法编制的经营活动产生的现金流量表之外，还会在附注中披露间接法下的现金流量表，即从利润表倒推出经营活动产生的现金流量。

美的集团2019年财报披露的间接法下经营活动产生的现金流量如表5-32所示。

表5-32 美的集团2019年现金流量表（间接法） （单位：万元）

项 目	本期数	上期数
净利润	2 527 714.4	2 165 041.9
加：资产减值损失	87 190.9	44 786.4
信用减值损失	9 644.6	—
折旧和摊销	516 826.2	481 745.6
资产处置损失	13 113.1	3 493.4
公允价值变动（收益）或损失	（136 116.3）	81 045.0
财务收入	（284 741.1）	（126 583.1）
投资收益	（16 413.2）	（90 732.6）
股份支付	81 559.8	94 275.3
递延所得税资产的增加	（134 760.4）	（36 072.4）
递延所得税负债的增加	14 994.2	47 898.2
存货的增加	（267 071.2）	（7 738.7）
经营性应收项目的增加	（144 567.9）	（1 786 737.4）
经营性应付项目的增加	1 591 667.3	1 915 686.4
经营活动产生的现金流量净额	3 859 040.4	2 786 108.0

通过上面利用间接法编制的现金流量表，我们可以看到，虽然资产减值损失或折旧与摊销等使利润减少，但是它们并没有现金流出，因此这部分要从净利润中加回去。存货或应收项目的增加会减少经营活动现金流，而应付项目的增加则会增加经营现金流。如此这般，公司只要把净利润和现金流不一致的地方全部调整回去，就得到了间接法下的经营

活动现金流量表。是不是很简单？

关键指标

现金流量表到底看什么？我们先提出如下三个论点，作为我们分析的“三观”。

- 利润表好造假，但现金流量表往往很真实，很难造假。利润表是公司的“面子”，而现金流量表是公司的“里子”。
- 绝大部分企业破产的直接原因是现金流断裂，而不是净利润亏损。如果公司一直赚钱（利润为正），但现金流枯竭了，那么它会立刻倒下。反过来，如果公司一直不赚钱，但现金流充裕，它就可以持续活下去。从这个角度看，现金流比净利润重要。
- 长期来看，如果某家公司的现金流和净利润的增长不能匹配，那一定有猫腻。

经营活动产生的现金流量净额

对于“经营活动现金流量表”来说，最重要的是流入流出轧差出来的“经营活动产生的现金流量净额”。如果这个净额为正，说明公司的日常经营活动能够产生正的现金流，业务可持续性较强。很多互联网初创公司的前期处于烧钱阶段，当业务规模做大后，如果经营活动的净现金流能够转正，那么对于公司而言这无疑是个巨大的里程碑！为什么？因为只有净现金流转正了，企业的主营业务才能够开始造血。

当然，成熟型公司不能只有这么一点追求。我们要把经营活动净现金流与净利润进行对比，进而给这个指标取个名字：盈余现金保障倍数。

$$\text{盈余现金保障倍数}=\frac{\text{经营活动净现金流}}{\text{净利润}}$$

如果盈余现金保障倍数指标持续大于或等于1，那么这说明公司运转很健康，实际的现金流比利润表上要多，“里子”大于“面子”。如果这个指标持续小于1，公司就要注意了！这说明公司看起来赚钱，但这些钱都还没落到口袋里（也许是应收账款占用了，也许是存货增加占用了），“面子”大于“里子”。更严重的是，如果这个指标持续小于0，公司管理层就更要警惕了：主营业务现金流正在失血！

当然，盈余现金保障倍数这一指标不算太完美，因为分子是经营活动净现金流，但是分母“净利润”未必全部是日常经营活动产生的。比如，非经营净收益（包括营业外净收入、投资收益、公允价值变动损益等），虽然计入净利润，但明显和日常经营活动无关。因此，这个指标可以进一步优化：

$$\text{盈余现金保障倍数（优化）}=\frac{\text{经营活动净现金流}}{\text{经营净收益}}=\frac{\text{经营活动净现金流}}{\text{净利润}-\text{非经营净收益}}$$

实　例

盛运环保的经营活动净现金流

盛运环保是一家从事机械设备研发和生产的公司，于2010年上市，后于2020年退市（连续三年亏损）。实际上，该公司2015—2017年的财务报表就已十分可疑：经营活动净现金流持续为负，与净利润不匹配（见图5-10）。

通过进一步的分析，我们发现：通过出售长期股权，盛运环保公司2014年录得2.10亿元投资收益，2015年录得8.78亿元投资收益。但这些都跟日常经营没有直接关系，不具有可持续性。此举虽然提高了净利润，但对经营活动净现金流没有影响。

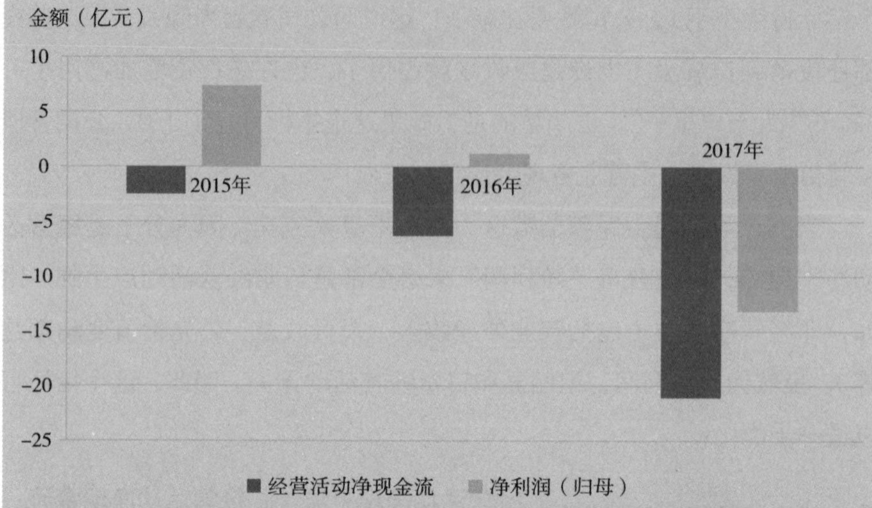

图5-10 盛运环保的净利润与经营活动净现金流走势

投资活动产生的现金流量

对于投资活动产生的现金流量，关键要看公司是处于扩张期、稳定期还是收缩期。一家公司如果看好未来几年的业务前景，必然要进行大量投资，在现金流量表上体现为投资活动产生的现金流净额持续为负，而筹资活动产生的现金流净额持续为正。简单地说，就是通过从外部借入资金，不断进行长期投资（不管是固定资产投资、长期股权投资还是其他）。公司持续扩张好不好？这需要具体情况具体分析：有些公司扩张过于激进，而投资的回报期又太长，最后现金流枯竭；有的公司看好某个行业的前景趋势，进行战略扩张，几年时间就获得了龙头地位。这些都需要根据具体公司的经营状况和行业发展来进一步分析。

实 例

万华化学的产能扩张

万华化学公司是国内化工原料（聚氨酯、丙烯等）的头部供应商。从2012年开始，万华化学公司连续进行产能扩张，投资净现金流从2012年的−39亿元逐步累积到2019年的−183亿元。投资活动所需的资金，一方面源于经营净现金流，另一方面源于债权融资（2013—2015年，筹资净现金流为正）。随着产能的扩张，公司利润迎来爆发式增长，从2012年的30亿元增长到2019年的106亿元，增长达3.5倍。

在获得市场领导地位后，公司的经营活动净现金流持续增加，使得公司无须举债就可以依靠利润进行内生式增长。因此，筹资活动的现金流净额从2016年开始持续为负，相当于把当初借的钱都退还回去，减少了利息支出。公司的有息负债率也从2015年的69%下降到2019年的41%（见表5–33）。

表5–33 万华化学的现金流量 （单位：亿元）

项目	2019年	2018年	2017年	2016年	2015年	2014年	2013年	2012年
经营净现金流量	259.33	192.57	102.12	73.49	46.02	40.21	38.69	38.06
投资净现金流量	−183.67	−103.18	−54.60	−39.70	−52.25	−90.26	−68.16	−39.22
筹资净现金流量	−92.33	−79.37	−36.60	−35.04	17.56	50.01	26.07	−2.92
净利润	105.93	128.30	133.09	45.48	22.80	32.18	37.66	30.20

实 例

乐视网的现金流问题

负面的例子是乐视网（已退市）。2015—2016年，在经营净现金流量羸弱的情况下，乐视网疯狂对外投资和购买其他资产，仅2016年投资净流出就高达近100亿元（见表5-34）。但后续证明这些巨额投资并没有换来利润增长或现金流入，而是导致乐视网被债务压垮。

表5-34 乐视网的现金流量 （单位：亿元）

项 目	2019年	2018年	2017年	2016年	2015年
经营净现金流	−1.65	−10.75	−26.41	−10.68	8.76
投资净现金流	0.18	−0.55	−19.50	−96.75	−29.85
其中：购建固定资产、无形资产和其他长期资产支付的现金	0.13	2.21	26.11	54.70	28.09
投资支付的现金	—	—	—	36.59	1.42
筹资净现金流	−0.86	8.64	38.54	94.77	43.65
净利润	−113.37	−57.34	−181.84	−2.22	2.17

自由现金流

还有一个关于现金流的很重要的概念：自由现金流。国内的会计准则并不要求上市公司披露其自由现金流，不过美国是要求上市公司披露这一指标的。自由现金流想要表达的是：公司日常经营所产生的现金流，在满足了再投资需求之后，还剩下多少现金流可供公司资本的提供者来分配？公司资本的提供者一是公司股东，二是公司的债权人。如果自由现金流持续充盈，那么公司的股东和债权人都非常放心，自己的钱很安全。如果自由现金流持续为负，则债权人可能担心公司还不上借款，股东则担心公司的股权价值受到侵蚀。

我在此将具体的计算方法简单介绍一下，让大家有个印象。

自由现金流＝息税前利润－税金＋折旧与摊销－运营资本增加－资本支出

- 息税前利润，就是扣除利息和税金之前的利润。为什么不扣除利息？因为自由现金流是股东及债权人可以支配的剩余现金流，利息当然应被视为债权人现金流的一部分。
- 为什么要把折旧与摊销加回来？这和通过净利润倒推经营活动的现金流量表一样，折旧与摊销虽然侵蚀了净利润，但是实际上却没有造成现金流的减少，因为那些固定资产和无形资产在购买时已经支付过现金了。
- 运营资本（如存货、应收账款）的增加，虽然没有侵蚀公司利润，但是却占用了公司的运营资金，导致真实现金流减少。
- 资本支出包括购置固定资产、无形资产及其他经营性资产的支出。当年购置这些资产，没有立即减少公司当年净利润，相当于用公司账上的现金去购买了资产，做了科目置换。但是这些购买行为确实减少了公司的现金流，因此也要减掉。

至此你是不是明白了自由现金流的含义了？简单来说，自由现金流就是公司辛辛苦苦一整年，除了维持日常运营和扩大再生产，剩余的可供股东及债权人分配的现金流。

财务指标大分析

对资产负债表、利润表、现金流量表有了初步的认识后，我们就可以对财务指标进行分析了，进而判断一家上市公司的经营成色到底如何。

分析财务指标之前，我们要问一个问题：看财务报表，到底要看啥？

通过分析财务报表数据，我们想知道的是：公司的资产质量怎么样？公司的资本结构是否合理？是借钱太多了还是太少了？公司的持续赢利能力怎么样？公司的盈利到底是从哪儿来的？

当然，企图单纯通过财务报表分析完整地了解一家公司的竞争力是不可能的。原因之一，很多对于公司未来发展非常关键但只是定性的因素无法体现在财务报表中，例如管理层的管理能力、公司战略的正确性及战略的执行力等。原因之二，财务报表有可能被美化甚至是造假，无法如实体现公司真实的经营情况。但不管是定性因素还是财务数据造假因素，从长期来看它们一定会逐步体现在未来的财务报表中，尽管短期内很多因素并不能反映在财务报表中。

为了方便大家记忆，龙叔把财务指标分析方法总结为“四看”，通俗地讲，即一横、一竖、一撇、一捺（见图5-11）。

图5-11　财务分析“四看”

- 一横：将公司的财务指标与竞争对手的同类指标进行对比，看看公司在行业中处于什么位置。
- 一竖：将公司财务指标与自身的历史数据对比，看看公司的经营到底是变强了还是变弱了。
- 一撇：债权人看重哪些指标？

■ 一捺：股东看重哪些指标？

在展开“一横一竖”之前，我们首先要弄懂“一撇一捺”：在分析财务报表时，公司的债权人看重哪些指标？而股东又看重哪些指标？当然，这两者并不是完全割裂的，而是互为补充的关系。

债权人看重的指标

所谓债权人，就是借钱给公司的法人，包括银行（银行贷款）、信托等金融机构。债权人借给公司的钱，在公司资产负债表上体现为公司的有息负债，包括短期借款、长期借款、应付债券等。

债权人对财务报表的关注点是什么？当然是公司的还款能力！只要公司能够正常运转，产生足够的现金流用以偿付到期的债务，对于债权人来说就是万事大吉。公司的长远发展战略等具体话题，是公司股东更为关心的方面，对债权人来说关系并不太大。当然，公司竞争力越来越强、市值越来越大，对于债权人也是锦上添花，“他好我也好”。

所以，从债权人最看重的是公司的偿债能力。偿债能力也可以细分为短期偿债能力和长期偿债能力。

资产负债率

借钱多对公司到底是不是好事？就像借钱炒股一样，当你赢利了，当然自己的收益很高；但如果亏损了，自己的本金亏得非常快。经营一家公司也是如此。资产负债率就是为了衡量这家公司的总资产里面到底有多少钱是借来的。

$$资产负债率=\frac{负债}{总资产}$$

例如：美的集团2019年财务报表披露，公司总资产为3 019.55亿元，总负债为1 944.59亿元，资产负债率为64.4%。也就是说，美的集团每100元资产中有64.4元是借来的，自有资金仅为35.6元。

负债也有不同类型。一种是无息负债，即不用支付利息的负债，比如经营负债（包括应付账款、应付票据、预收款项等）。这类负债其实是公司无偿占用了上游供应商或者下游客户的钱，其实是越多越好。另一种负债则是需要我们支付利息的负债，即有息负债，它才是我们关注的重点。有息负债一般包括短期借款、长期借款、应付债券等。有息负债率比资产负债率更能真实地体现公司的债务压力。

$$有息负债率=\frac{有息负债}{总资产}$$

实 例

美的集团的有息负债

美的集团2019年总负债为1 944.59亿元，但有息负债只有484.94亿元（见表5-35）。

表5-35 美的集团2019年有息负债 （单位：亿元）

项 目	金额
短期借款	57.02
一年内到期的非流动负债	14.6
长期借款	412.98
应付债券	0
长期应付款	0.34
有息负债合计	484.94

美的集团的有息负债率只有16.1%，并不算高。实际上，美的

集团占用了上游供应商的大量资金，而且是无偿使用的！2019年美的集团资产负债表显示，应收票据及应收账款为234.33亿元，应付票据及应付账款达664.28亿元，两者相差429.95亿元。预付款项为22.46亿元，预收款项为162.32亿元，两者相差139.86亿元。仅此两项，美的集团就无偿占用了外部资金569.81亿元。这对于公司经营是极为有利的，同时也说明美的集团在供应链中处于强势地位。

当然，我们也可以聚焦在负债的结构上。如前所述，公司的负债分为有息负债和无息负债，有息负债主要是金融负债（贷款、债权、信托融资等），而无息负债主要是经营负债（应收账款、应收票据、预收款项）。总负债中有息负债占比越低，公司还本付息的负担就越轻。

$$有息负债占比=\frac{有息负债}{总负债}$$

美的集团2019年年末的有息负债占比为：

$$有息负债占比=\frac{有息负债}{总负债}=\frac{484.94亿元}{1\,944.59亿元}\approx 24.9\%$$

资产负债率在不同行业之间有着巨大的差异。金融、房地产、建筑业、公用事业等行业的资产负债率都比较高，而食品饮料、文化传媒、医药生物行业的资产负债率则相对较低（见表5-36）。因此，一家公司的资产负债率（尤其是有息负债率）到底高不高，要跟同行竞争对手比，不能跨行业比，这就是我们上面提到的“一横”：横向对比。

资产负债率是不是越低越好？当然不是，保持合理的资产负债率，能够“借别人的鸡，生自己的蛋”，只要投资收益超过借贷成本，就能提高股东收益。但资产负债率过高，还贷压力巨大，一旦经营遇到挫折，企业可能面临现金流枯竭，从而造成债权违约。

表5-36 不同行业的资产负债率中枢

行 业	典型资产负债率中枢
金融	90%
房地产	80%
建筑	75%
……	……
医药生物	40%
文化传媒	35%
食品饮料	35%

很多已经倒闭的公司是这么操作的：在某个阶段赌市场前景，借入大量资金扩充产能（资产负债率同步提高），并投入长期限资产投资（如固定资产、在建工程、研发等）。借入的资金都是较短期限的，但投资的都是长期限的非流动资产，即所谓的“借短投长”。一旦项目盈利不及预期，现金流出现问题，企业还不上钱，公司就只能违约了。

实 例

泰禾集团的债务高企

泰禾集团是一家从事房地产开发的上市公司。在2013—2018年，公司通过借入大量负债迅速扩大业务规模。2012年其销售规模只有62.31亿元，但到2017年销售规模已高达1 007.2亿元。随之而来的是公司资产负债率和有息负债的快速增长。天风证券统计，

2015—2018 年，泰禾集团有息负债同比增速分别为 28%、51% 和 80%。2018 年第一季度，泰禾集团资产负债率高达 88.46%，公司整体的杠杆率过高。

2020 年，随着疫情的爆发，公司现金流急速恶化。终于，在 2020 年 7 月 6 日，上海清算所公告，公司发行的债券“17 泰禾 MTN001”到期未收到兑付本息资金，债券出现违约。

流动比率、速动比率

流动比率和速动比率都是衡量公司短期偿债能力的指标。流动比率衡量的是：公司的流动资产是否足够偿付流动负债？速动比率的要求更为严格：流动资产里面真正具有高流动性的资产（速动资产）是否能够偿付流动负债？

$$流动比率=\frac{流动资产}{流动负债}$$

流动资产包括货币资金、交易性金融资产、应收账款、应收票据、预付款项及存货等。但是，这里面有些资产的流动性并不好：到了急需现金的时候，存货很难立刻变现；预付款项也是，钱都预付给上游供应商了，显然不能够很快收回。所以，速动资产就要把存货和预付款项这些不具备高流动性的资产扣除掉。

$$速动比率=\frac{速动资产}{流动负债}=\frac{流动资产-存货-预付款项}{流动负债}$$

当然，关于速动资产的范围，可能有的公式的扣减项不一样，不过存货是一定要扣除掉的。

实 例

美的集团的速动比率

美的集团2019年的资产负债表局部如表5-37所示。

表5-37 美的集团2019年流动负债

科 目	金额（亿元）
流动资产总额	2 164.83
其中：存货	324.43
预付款项	22.46
流动负债总额	1 443.18

$$流动比率=\frac{流动资产}{流动负债}=\frac{2\,164.83亿元}{1\,443.18亿元}\approx 1.5$$

$$速动比率=\frac{速动资产}{流动负债}=\frac{流动资产-存货-预付款项}{流动负债}$$

$$=\frac{(2\,164.83-324.43-22.46)亿元}{1\,443.18亿元}\approx 1.26$$

流动比率和速动比率到底多少合适？一般来说，只有这两个比率都大于1，公司短期流动性才比较安全。

流动比率和速动比率其实也有一个缺陷：分母是流动负债，但没有区分流动负债中的有息负债和无息负债。无息负债（应付账款、应付票据、预收款项）对于公司经营是好的负债，是公司无偿占用了上下游供应商的资金，岂不是多多益善？但是从流动（速动）比率上看，无息负债越多，比率反而越低，由此得出了完全相反的结论。如果一家公司把无息负债（如应付账款）都尽早给供应商结清了，流动（速动）比率会上升（比率 > 1时），但是从公司经营角度看，岂不是很荒谬？

流动（速动）比率是不是越大越好？当然不是！比率越大，公司账上的无息或低息资产越多，这些资产产生的收益很低，对于公司的盈利并不好。

利息保障倍数

利息保障倍数衡量的是公司当年的利润能否支付得起当年要支付给债权人的利息。

$$利息保障倍数 = \frac{息税前利润}{财务费用}$$

利息保障倍数越大越好。如果这个指标持续 < 1，说明公司每年创造的利润还不够支付利息，公司的价值持续受到侵蚀。当然，并不是说这个指标 < 1，公司立刻就有流动性问题。借新还旧、消耗公司账上现金、变卖资产等方法都可以暂时缓解流动性压力。

资本的期限结构

资本包括短期资本和长期资本。短期资本包括短期债务，而长期资本包括长期债务和股东权益。为什么需要关注资本的期限结构？因为短期债务占比越高，公司的短期偿债压力越大，一旦出现风吹草动（如融资困难），就会面临债务违约。当然，如果长期资本占比过高，流动性安全是有保障了，但是长期资本的成本也更高了。想想1年期贷款和3年期贷款，哪个利率更高？肯定是3年期的。

有人肯定想到一个问题：不像外部的债务，股东权益是有融资成本的，那么股东权益的成本怎么算？这其实涉及股东要求的回报率的问题。由于它和这部分内容关系不大，这里不做展开。龙叔只请大家记住一个结论：股东要求的回报率明显高于债权融资成本。有兴趣的读者可以看看企业的附加经济价值（EVA）的计算方式。

资本的分类如图5-12所示。我们这里使用的资本是狭义的资本，只包括了有息负债和股东权益，不包括无息负债。因此，上面提到的短期债务和长期债务，指的都是有息负债。

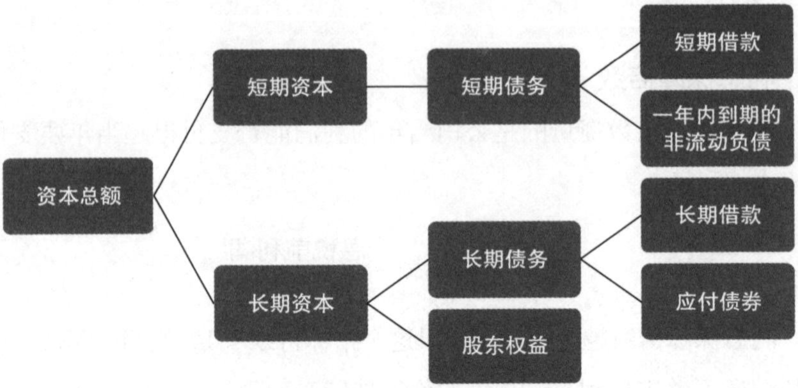

图5-12　公司资本的分类

$$短期资本比率=\frac{短期资本}{资本总额}$$

$$长期资本比率=\frac{长期资本}{资本总额}$$

实　例

美的集团的资本结构

美的集团2019年的财报显示，公司债务数据如表5-38所示。

表5-38　美的集团2019年资本结构

项　目	金额（亿元）
短期资本	71.62
其中：短期借款	57.02
一年内到期的非流动负债	14.60
长期资本	1 487.94
其中：长期借款	412.98
应付债券	0
股东权益	1 074.96
资本合计	1 559.56

$$短期资本比率=\frac{短期资产}{资本总额}=\frac{71.62亿元}{1\,559.56亿元}\approx 4.6\%$$

$$长期资本比率=\frac{长期资产}{资本总额}=\frac{1\,487.94亿元}{1\,559.56亿元}\approx 95.4\%$$

我们可以看出美的集团的短期资本占比非常低，财务上非常稳健。这主要得益于股东资本充足，并且每年的盈利及经营净现金流非常高，无须太多债务即可内生性发展。2019 年，公司净利润为 252.77 亿元，经营净现金流为 385.9 亿元，有息负债率为 16.1%，财务指标非常健康。

当然，我们还可以把股东权益去掉，只看债务的期限结构。在公司总债务中，短期债务和长期债务的配比是多少？短期债务占比越高，公司的流动性风险越大，很可能是以短投长，或者是信用资质下降，只能融到短期限的资金了，只能借新还旧循环滚动。

美的集团 2019 年年末的短期债务是 71.62 亿元，长期债务是

412.98 亿元，债务合计 484.6 亿元——短期债务和长期债务的配比为 14.8∶85.2。

实 例

迪安诊断的短期债务压力

迪安诊断 2019 年财务报告披露的债务数据如表 5-39 所示。

表5-39 迪安诊断2019年债务数据

债务类型	金额（亿元）
短期债务	23.09
其中：短期借款	16.29
一年内到期的非流动负债	6.80
长期债务	10.64
其中：长期借款	10.64
债务合计	33.73

迪安诊断的短期债务占总债务的比例为 68.5%，比例非常高，短期流动性压力较大。

股东看重的指标

公司股东是出资方，首要关注的便是自己投入的本钱的收益如何。因此，他们关注两件事：赢利能力和赢利质量。

赢利能力包括净资产收益率、总资产收益率、净利润或营收的增长率等指标。

怎么理解赢利质量？利润表上的利润实际上是纸面财富，真正落到公司账户上的现金才是真实的。因此，赢利质量主要分析利润的成色如何、现金流状况等指标。

净资产收益率

净资产收益率反映的是公司股东投入100元，每年可以赚到多少钱。

$$净资产收益率=\frac{净利润}{股东权益}$$

问题来了：

- 分子可以直接用净利润吗？从公式来看是可以的，但净利润没有扣除非经常性损益。保守起见，我们可以使用净利润和扣除非经常性损益净利润两者之间的最低值。
- 分母的股东权益用什么数据？使用报告期末的股东权益，还是报告期间的平均值？这就引出了摊薄净资产收益率和加权平均净资产收益率两个概念。

$$净资产收益率（摊薄）=\frac{净利润}{期末股东权益}$$

$$净资产收益率（加权）=\frac{净利润}{（期末股东权益+期初股东权益）/2}$$

当然，对于加权平均净资产收益率，如果公司在报告期间有增资扩股，那么增资扩股部分需要按比例折算进分母。相比而言，加权平均净资产收益率更为公允。

优秀公司的净资产收益率往往能够持续多年保持在20%以上（见表5-40）。

表5-40 部分优质企业的赢利能力

股票代码	股票简称	净资产收益率					所属行业	股价涨幅（%，2017—2019年）
		2019年	2018年	2017年	2016年	2015年		
603288	海天味业	33.69	32.66	31.12	32.00	32.00	调味品	313.48
600519	贵州茅台	33.09	34.46	32.95	24.44	26.23	白酒	309.40
002415	海康威视	30.53	33.99	34.96	34.56	35.28	安防	134.32
000333	美的集团	26.43	25.66	25.88	26.88	29.06	家电	145.60
000651	格力电器	25.72	33.36	37.44	30.41	27.31	家电	229.82
600276	恒瑞医药	24.02	23.60	23.28	23.24	24.37	医药生物	267.74

注：上述数据使用加权平均净资产收益率，利润使用净利润。

总资产收益率

总资产收益率是从另外一个角度去看赢利能力：每100元总资产，能产生多少收益？在总资产里面，既有债权人的资本（负债），也有股东的资本（股东权益）。所以，总资产收益率是从总资本的角度看公司的赢利能力。

$$总资产收益率=\frac{净利润}{（期末总资产+期初总资产）/2}$$

总资产收益率在不同行业之间的差异极大，主要原因在于不同行业之间的杠杆率不同。在完全自由竞争、资本自由流动的理想市场经济中，不同行业间的净资产收益率具有一定可比性。因为如果某个行业具有超额的资本回报，则会吸引大量资本进入此行业，逐渐导致此行业的资本回报率下降，直至社会平均水平。当然，这是理想情况，现实中有很多干扰因素（如准入门槛、切换成本等）。

总资产收益率与净资产收益率之间存在密切联系：

$$净资产收益率=\frac{净利润}{股东权益}=\frac{净利润}{总资产}\times\frac{总资产}{股东权益}$$

$$=总资产收益率\times权益乘数$$

如果不同行业间的净资产收益率中枢具有一定的可比性，那么其总资产收益率的中枢取决于权益乘数，即杠杆倍数。行业的杠杆倍数越高，则总资产收益率中枢越低。像金融、地产、公用事业等行业的杠杆倍数非常高，因此业内企业的总资产收益率相对较低。

实 例

美的集团的赢利能力

美的集团 2019 年期初总资产为 2 512.34 亿元，期末总资产为 2 829.72 亿元，加权平均总资产为 2 671.03 亿元。2019 年净利润为 248.27 亿元。

$$\text{总资产收益率} = \frac{252.77}{2\,829.72} \approx 8.9\%$$

$$\text{权益乘数} = \frac{2\,829.72}{999.76} \approx 2.83$$

$$\text{加权净资产收益率} = \frac{\text{净利润}}{\text{加权股东权益}} = \frac{252.77}{999.76} \approx 25.3\% \approx 8.9\% \times 2.83$$

净现比

净利润是“面子”，是纸面富贵；而经营净现金流是“里子”，是实实在在的公司账户上的现金。因此，考察一家公司的净利润的成色，我们可以考虑两者之间的比例关系：

$$\text{净现比} = \frac{\text{经营净现金流}}{\text{净利润}}$$

净现比大于1的公司，“里子”比“面子”好，实际收到的净现金流比账面的净利润要大；净现比小于1的公司，则“面子”比“里子”好，实则公司账上现金流表现没那么好。

净利润和经营净现金流的差异在哪儿？我们可以分为两种情况讨论。

- 影响净利润、但不影响经营净现金流的科目。例如固定资产的折旧、无形资产的摊销、财务费用等。以固定资产折旧为例，虽然每年的折旧费用被当作成本支出，侵蚀了净利润，但实际上这些固定资产在之前已经现金购买或者投入了，在后续期间不会产生现金流出。
- 影响经营活动净现金流、但不影响净利润的科目。例如存货、应收账款（票据）、预付款项的增加，虽然不影响净利润，但是这些钱并没有进入公司账户，要么沉淀在存货上，要么被外部供应商占用，造成公司经营活动现金流的减少。反过来，应付账款（票据）及预收款项的增加，虽然不影响利润，但实际上占用了供应商的资金，造成公司经营净现金流的增加。

实 例

三聚环保的净现比

三聚环保是为基础能源工业的产品清洁化、产品质量提升及生产过程的清洁化提供产品、技术、服务的高新技术公司。公司于2010年上市，但上市以来，公司的净现比持续小于1，某些年份（2011、2012、2018、2019）的经营净现金流为负，赢利质量堪忧（见表5-41）。

表5-41　三聚环保的净现比走势　单位：亿元

年度	经营现金流净额	净利润	净现比
2019	35.53	1.20	29.61
2018	−13.85	5.88	−2.36
2017	−3.54	26.54	−0.13
2016	3.21	16.35	0.20
2015	0.61	8.14	0.07
2014	3.19	4.11	0.78
2013	0.30	2.05	0.15
2012	−0.39	1.80	−0.22
2011	−2.02	0.95	−2.13
2010	−0.47	0.57	−0.82

通过进一步的分析，我们发现经营净现金流与净利润出现背离的主要原因在于，公司的应收账款及应收票据大幅增加，从2011年5.43亿元增长到2018年的123.19亿元（见图5-13），极大地占用了公司的资金。公司盈利的成色大打折扣。

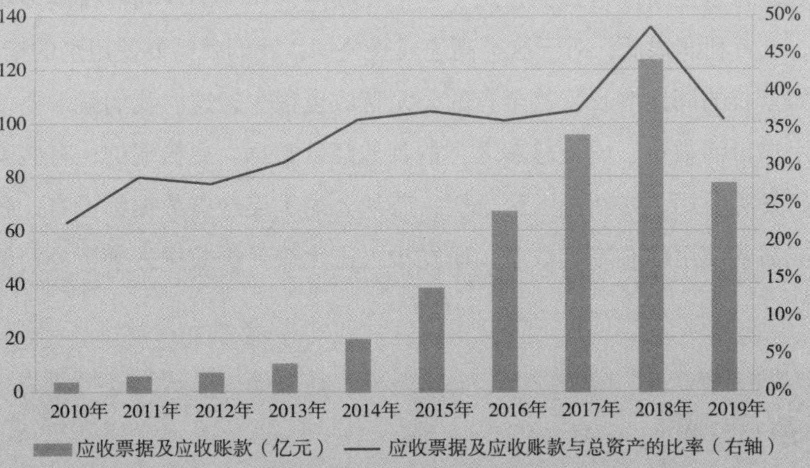

图5-13　三聚环保的应收票据及应收账款的规模及比率走势

成长性

如果一家公司的净资产收益率非常可观（假设 > 15%），赢利质量也很高（净现比 > 1），是不是就意味着这家公司的股价未来可期，投资者能够获得超额收益？这里面还欠一个东风：公司的成长性如何？

一家赢利稳定、赢利质量很高的公司，如果业务增长缓慢，那么它属于现金奶牛类公司。但这类公司的成长性没有太多想象空间，市场给予的市盈率倍数也不会太高。

比如说工商银行，加权净资产收益率持续稳定在15%左右，净现比持续大于1。但工商银行的成长性不高，净利润增长率维持在个位数。这类公司也具备一定投资价值，作为现金奶牛类公司，工商银行的股息率一直维持在5%左右，比银行理财要高。而且由于市盈率和市净率都在低位，其安全边际较高，股价下跌空间有限。

但是要成为让投资者获得数倍收益的“大牛股”，这类公司就做不到了。我们必须要从成长股中寻找目标。因此，公司的成长性是股东着重考虑的问题。

成长性包括哪些指标呢？净利润的同比增速当然是最直接的指标。不过，有些创新高科技类公司（包括互联网公司）的净利润持续多年为负，或者利润很低；对于这类高速成长公司，我们就需要使用别的指标，比如营收的同比增长。甚至有的公司营收也很少，这时我们就需要使用如用户日活数量、成交总额之类的其他经营数据。更极端的，有些高科技研发类公司（如新型医药公司、芯片公司）连这些数据都没有，我们可能需要使用核心专利数量、研发投入占比等另类数据去分析公司的成长性。

实 例

立讯精密是国内电子精密产品制造巨头，深度参与苹果产业链。

自 2012 年以来，公司的营业总收入和净利润都迎来爆发式增长（见表 5-42）。公司股价（前复权）也从 2013 年年初的 1.74 元提高到 2020 年 6 月末的 51.35 元，增长了近 30 倍，年化复合增长率为 57%。

表 5-42　立讯精密的成长能力

年度	营业总收入同比增长（%）	净利润同比增长（%）
2019	74.38	71.7
2018	57.06	60.99
2017	65.86	46.78
2016	35.73	7.45
2015	38.97	49.64
2014	58.9	59.01
2013	45.9	35.18
2012	23.15	-5.37

横向比较与纵向比较

上面我们讲了"一撇""一捺"的部分。"一撇"就是从债权人角度看财务指标，"一捺"是从股东角度看财务指标。当然，"一撇""一捺"并不是割裂的，不管你是债权人还是股东，都需要综合考虑。长期来看，债权人与股东利益是一致的：他好我也好。

有了这些财务指标，我们该如何判断一家公司是否优秀呢？对于任何一家上市公司的财务指标，投资者都不能孤立地看，需要"一横"——与同行业竞争对手比一比，"一竖"——与自己的历史数据比一比。俗话说，隔行如隔山，不同行业的特点迥异，财务报表的特点也大相径庭，因此跨行业的比较往往有失客观公允。

以国内家电业为例，格力、美的、海尔三强鼎立。我们通过对比其财务指标发现，就净资产收益率来说，格力表现最优秀，2017年高达37.51%，远远超出其他竞争对手和行业中位值（见表5-43）。这主要是因为格力的主营产品是空调，占比接近90%，而空调是家电中利润率最高的产品之一，因此拉高了格力的各项财务指标。

表5-43 国内家电头部公司的指标对比

财务指标	年度	美的集团	海尔智家	格力电器	中位值
净资产收益率（%）	2019	26.21	18.80	24.52	10.30
	2018	25.80	20.78	33.40	11.60
	2017	25.63	23.65	37.51	12.21
总资产收益率（%）	2019	8.56	4.63	9.25	6.01
	2018	7.91	4.68	11.24	4.98
	2017	8.26	4.90	11.28	6.32
销售毛利率（%）	2019	28.42	29.55	27.01	28.42
	2018	27.08	28.67	29.61	27.55
	2017	24.59	30.65	32.17	28.04
营业利润率（%）	2019	9.19	4.23	13.72	7.01
	2018	8.59	5.31	14.90	7.10
	2017	7.50	5.40	17.37	8.73

但是，通过观察2017—2019年连续三年的指标变化，我们发现美的集团的各项指标在持续提升，尤其是净资产收益率在2019年超过了格力电器，位居第一。美的集团的家电产品线比较均衡，在空调、冰洗、小家电等各产线品中都做到了行业前三，发展潜力较大。而格力受限于之前的单一产品策略，过度依赖于空调的销售。

我们再来对比家电三巨头的成长能力（见表5-44）。

表5-44 国内家电头部公司的成长能力

同比增长指标	年度	美的集团	海尔智家	格力电器
归属母公司股东的净利润（%）	2019	19.68	9.66	-5.75
	2018	17.05	7.71	16.97
	2017	17.7	37.37	44.87
扣除非经常性损益后归属母公司股东的净利润（%）	2019	13.29	-12.67	-5.51
	2018	28.46	17.38	20.83
	2017	15.72	29.81	35.33
经营净现金流（%）	2019	38.51	-21.21	3.54
	2018	13.99	13.35	64.9
	2017	-8.44	97.72	10.08
营业总收入（%）	2019	6.71	9.05	0.24
	2018	8.23	12.17	33.33
	2017	51.35	33.68	36.24

我们可以看到，美的集团在2017—2019三年间，利润增长比较稳定，尤其是2019年，在行业整体下行周期下，仍然取得了接近20%的同比增长。同时，经营净现金流的增长也能与之匹配（略好）。2018—2019年，在营业总收入增长缓慢的情况下，净利润仍然保持了两位数的增速，这主要得益于利润率的提高。

从估值水平上看，三家公司的市盈率基本处于同一个区间，相差不大，美的集团略高（见表5-45）。

表5-45 国内家电头部公司的估值对比

证券简称	总市值（亿元）	市盈率	市净率	归母净利润增长（2017—2019年3年平均，%）	市盈率相对盈利增长比率
美的集团	4 727.11	20.65	4.46	18.1	1.14
格力电器	3 580.56	17.40	3.17	16.9	1.03
海尔智家	1 180.37	16.53	2.45	17.5	0.94
中位值	39.16	25.13	2.98	—	—

注：数据截至2020年7月23日。

财务疑点的识别

财务报表造假在全世界都是普遍现象。造假的动力源于两个方面。

- 从管理团队角度来看，其薪酬激励与经营业绩和市值挂钩，因此他们有动力去美化财务报表，以获得高额薪酬。
- 从股东角度来看，美化财务报表可以提升公司的市值，从而增加股东的财富；或者趁财报利好数据发布后，在股价高位择机减持套现。

因此，在分析上市公司财务报表时，我们可以进行有罪推定：假设公司的财报是美化过的。我们的任务就是能尽力找到蛛丝马迹，发现财务报表的疑点。当然，有疑点并不代表公司一定在造假。但是从投资者角度而言，我们可以用脚投票，避开我们认为有疑点的上市公司。上市公司那么多，我们为什么要"单恋一枝花"呢？

"买的没有卖的精"，上市公司对自己的业务了如指掌，自己编制的财务报表很可能是经过精心修饰的。作为投资者，我们对于公司经营情况的了解，主要限于公司披露的数据。因此，从财务造假的角度来看，投资者处于非常不利的地位，存在明显的信息不对称。

不过，这并不代表投资者就无能为力。任何财务造假都必然会留下蛛丝马迹，哪怕隐藏得再好。另外，一家公司如果持续造假，迟早有一天会露出原形。

总的来说，财务造假大部分都是美化报表。那有没有丑化报表的呢？也有，如果公司当年注定亏损，那它或许会夸大亏损额，以便为来年积累利润，这种丑化报表之举被俗称为"大洗澡"，只不过其最终目的还是美化报表。

财务造假的方法有几百种，龙叔不可能一一列举。按分类来看，主要造假手法有三种：虚增利润、虚增资产和隐瞒负债。

- 虚增利润。利润等于收入减去成本，因此虚增利润的方式无非是三种：一是虚增收入，比如把不应该当年确认的收入提前确认；二是减少成本，少计或推迟确认成本；三是增加非经常性收入，比如处置资产、股权等。
- 虚增资产。农林牧渔业公司（比如前文提到的獐子岛）的生物性资产的存货不易盘点，上市公司就可以反复通过存货的操纵来虚增或减少资产。另外，将本应该费用化的支出（如一部分研发费用）改为资本化支出（形成无形资产）。
- 隐瞒负债。比如有些公司通过发行“明股实债”的永续债并将其当作公司的权益工具来降低公司的负债率，从具体条款来看，这些永续债实际上属于债务。

本节内容旨在提供一些简单易行的方法来发现这些蛛丝马迹。

商誉过高

商誉是上市公司对外收购其他公司时的净资产溢价部分。例如：一家公司的账面净资产为1亿元，某上市公司A收购了它，收购价为3亿元，则商誉就是2亿元。

商誉到底值不值钱？普通的投资者肯定无法计量。你收购了可口可乐这样的公司，品牌价值巨大，有一定商誉可以理解。如果收购的是一家非知名公司，投资者如何知道商誉的合理价值呢？

如果一家上市公司商誉过高，那么一般存在两种风险。

- 公司以过高的溢价收购了不值那么多钱的公司。简单地说，买贵了。
- 公司可能存在利益输送，让上市公司以高溢价收购外部一家公司，进而让被收购公司的股东套现。

怎么衡量商誉是否过高？一是看商誉的绝对金额，二是看商誉在总资产中的占比或商誉在净资产中的占比。

一旦商誉过高，上市公司进行的“商誉减值”操作，就能使净利润亏损。这种雷，咱还是别碰。目前A股所有行业中，休闲服务、传媒、计算机、医药生物等行业的商誉占比普遍较高。

实 例

佳沃股份的商誉

佳沃股份主要从事水产品等高端动物蛋白的加工、销售、进出口贸易，以及牛羊肉及其副产品的渠道运营。2019 年财务报告显示，公司期末总资产为 116.40 亿元，净资产为 7.18 亿元，商誉约为 14.33 亿元。商誉占总资产的比例为 12.3%；商誉占净资产的比例为 199.6%。佳沃股份商誉的明细数据如表 5-46 所示。

表5-46 佳沃股份2019年商誉明细 单位：元

被投资单位名称或形成商誉的事项	期初余额	本期增加		本期减少	期末余额
		企业合并形成的	汇率影响		
青岛国星食品股份有限公司	44 409 643.45				44 409 643.45
Australis Seafoods S.A.		1 350 480 606.62	19 938 874.65		1 370 419 481.27
Pesquera Torresdel Paine Ltda.		17 452 290.40	265 660.05		17 717 950.45
合计	44 409 643.45	1 367 932 897.02	20 204 534.70		1 432 547 075.17

我们可以看到，佳沃股份的商誉主要在2019年形成，尤其是收购Australis Seafoods S.A.公司，贡献了超过13.7亿元的商誉。如果此次并购未来对公司业务助力很大，那么如此高额的商誉就不是问题。但是，如果并购效果不佳，佳沃股份就会面临巨额的商誉减值风险，尤其是在商誉占净资产的比例接近200%的情况下，这有可能造成净资产为负数。

应收账款大幅增加

公司虚增利润最常见的方式就是虚增收入，把商品提前供给下游客户，从而确认收入。但并没有真实的现金流入，只能挂在账上，形成应收账款。因此，如果应收账款或其他应收款科目的同比增长持续显著高于营收和总资产的增长，就值得怀疑。另外，这种方式虽然能虚增利润，但并不能带来实际的现金流，因此经营活动净现金流与净利润会发生背离。

有一个指标可以观察应收账款的增长情况：应收账款周转率。

应收账款周转率＝

$$\frac{\text{主营业务收入}}{(\text{期末应收账款及应收票据余额}+\text{期初应收账款及应收票据余额})/2}$$

应收票据也应纳入分母的计算，因为它本质上是应收类账目。

应收账款周转率越大，说明公司的销售回款越快。例如一家公司当年主营业务收入为100万元，平均应收账款为20万元，则应收账款周转率为5%。

应收账款周转率还可以转换成应收账款周转天数：

$$\text{应收账款周转天数}=\frac{360}{\text{应收账款周转率}}$$

上述例子的应收账款周转率为5%，则应收账款周转天数为360/5=72天，相当于形成应收账款后，平均72天可以回款。

如果公司营收账款增长迅猛，那么应收账款周转率会逐步降低，说明资金占用现象严重，公司只有利润没有现金流。

实 例

中联重科的应收账款周转天数

中联重科从2010年开始到2016年，应收账款周转率持续下滑，从2010年的4.90跌落至2016年的0.63（见图5-14）。

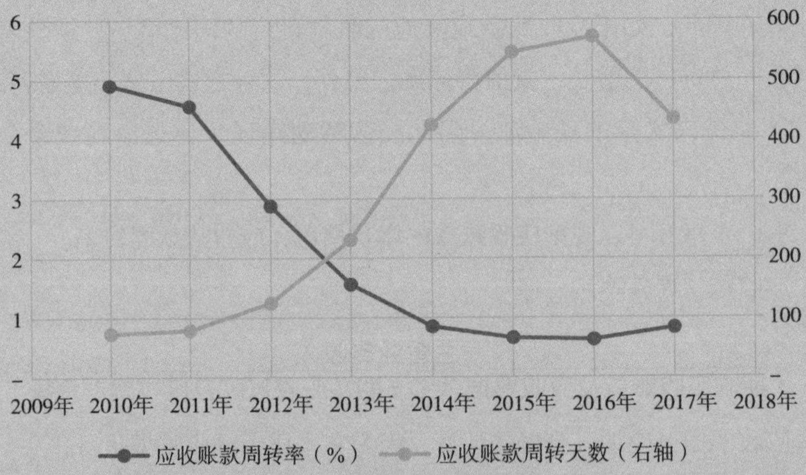

图5-14 中联重科的应收账款周转率和应收账款周转天数

应收账款越积越多，出现坏账的风险也就越来越大。果不其然，2017年中联重科一次性计提坏账损失60亿元，对当年利润造成重大影响。

存货的大幅变动

存货的大幅变动——不管是大幅增加还是大幅减少都值得怀疑。存货的大幅增加，一方面占用了公司资金，使得公司的流动性变差；另一方面，也增加了未来存货跌价损失的风险。存货的大幅减少，有可能是公司对存货进行了减值损失。总之，“事出反常必有妖”，存货的大幅变动需要进一步分析。

从事养殖业的公司拥有大量的生物性资产，比如家畜、家禽、海鲜等。有些生物性资产的库存难以准确盘点，比如海水养殖业。因此，对这类公司的存货数据，你要留个心眼。

实 例

獐子岛的存货之谜

獐子岛是一家从事海水养殖(扇贝、海参、鲍鱼等)的上市公司。一般而言，海水养殖公司的存货资产在总资产中的占比较高。獐子岛2018年的存货价值为11.39亿元，占35.54亿总资产的32%。这些存货中有相当一部分是海底的活体海鲜。这些存货在绝大多数情况下是难以准确盘点的。

獐子岛2014年的财务报告显示，由于受冷水团影响，公司养殖的虾夷扇贝大量死亡，造成存货损失(属于营业外损失)7.45亿元，从而使得2014年公司巨亏11.95亿元。2017年，公司又称扇贝大量死亡，存货核销及计提跌价准备损失6.38亿元，当年净亏损7.23亿元。獐子岛前后两度对存货进行核销和跌价损失准备的目的还是保壳。连续两年亏损后，公司成功将成本降低，再扭亏为盈。

獐子岛之所以能够使用同样手段操纵财务报表，一个重要原因在于这类生物性资产存货的盘点具有一定难度。营业成本的核算与采捕面积直接挂钩，公司可操作的空间极大。

大存大贷

一家公司如果持续存在“大存大贷”的现象，就非常值得警惕了。大存大贷是指公司账上趴着大量的货币资金，但同时公司还有大量的有息债务。货币资金存在银行所获得的利率，肯定要低于有息债务的利率成本。长期的大存大贷，肯定会侵蚀公司的利润。一家正常经营的公司，除了日常经营需要的流动资金之外，肯定是要用富余的资金去偿还贷款。如果公司不这么做，那么我们有理由怀疑其货币资金的真实性；因为负债造假较难，而临时性堆积大量货币资金却比较容易，这样至少看起来公司的流动性比较充裕。

实 例

康美药业的大存大贷

上市公司康美药业就被爆出财务造假丑闻——公司 2017 年虚增货币资金 299.44 亿元。也就是说，康美药业账上根本没有这么多货币资金，却凭空虚构出来近 300 亿元的现金！

当然康美药业的财务造假并不是没有端倪的。公司长期存在“大存大贷”的现象。以 2017 年财报为例，公司加权平均货币资金余额为 313.47 亿元（对每个季末的余额进行平均），当年利息收入为 2.69 亿元，加权利率为 0.86%。与此同时，公司有息债务（包括短期借款、应付债券、长期应付款）加权平均余额为 158.63 亿元，而当年利息支出为12.16亿元，平均利率成本为7.67%（见表5-47）。

表5-47 康美药业2017年大存大贷

存款端	加权余额（四季末平均，亿元）	贷款端	加权余额（四季末平均，亿元）
货币资金	313.47	有息债务	158.63
		其中：短期借款	94.34
		应付债券	59.79
		长期应付款	4.5
利息收入	2.69	利息支出	12.16
存款利率	0.86%	债务成本	7.67%

经营净现金流和净利润不匹配

如果一家公司的经营净现金流持续多年追不上净利润，那么净利润的含金量较低，我们有理由怀疑公司可能在操纵净利润。或者说，如果净现比持续明显小于1，那么我们需要仔细审视这家公司。

操纵净利润的方式有很多。例如：为了做高利润，与下游客户勾兑好，提前将货物发给客户，确认收入，同时形成应收账款。由于收入当期确认，因此净利润也能够确认。但真实的现金流没有，这种操作只会造成应收账款增加。

比如我们之前提到过的三聚环保，2010—2018年期间净现比持续明显小于1，进一步的分析发现应收账款规模增加过快。虽然形成了销售收入并计入了净利润，但都是挂在应收账款科目下，没有实际现金流，反而占用了公司的大量资金，并且存在坏账风险。

不过，净现比指标不太适用有些企业。第一类是金融类企业，这类公司主要通过融资成本和投资收益之间的利差获取收益，因此单纯看经营性净现金流不够全面。第二类是投资性企业，如杉杉股份，投资收益在净利润中的占比很高，因此净利润和经营净现金流不太具备可比性。

在建工程迟迟不转入固定资产

在建工程是正在施工但还未形成固定资产的工程项目。根据会计准则，在建工程在完工交付之前，不需要转入固定资产，因此也就不需要进行折旧。对于重资产型公司来说，固定资产折旧在成本支出中的占比不小，因此对公司净利润的影响也颇大。

如果公司的在建工程实际完工，但迟迟不转入固定资产，那有可能就是为了避免折旧，美化财务报表。

实 例

盐湖股份的在建工程

盐湖股份从事钾肥的工业生产。公司的“百万吨钾肥综合利用一期工程”项目2010年就已经投产，但其后几年一直挂在在建工程科目上，账面价值为11.14亿元，但就是迟迟不转固。为什么不转固呢？以该化工设备的使用年限为10年计算，假设残值为零，则每年计提折旧的支出就有约1.1亿元。如果不转固，仅此一项每年公司即可虚增利润1亿元。

关联交易太多

一家上市公司，如果其主要客户中有很多都是兄弟公司，即公司控股股东的其他子公司，那么其营业收入的含金量需要进一步探查。这类关联交易，是否有可能是为了做业绩而进行的关联交易？

实　例

神雾环保的关联交易

神雾环保（已退市）曾大量进行关联交易，做高公司利润，以推高股价。公司为煤化工、石油化工客户提供节能环保综合解决方案。2016 年的财务报告披露，公司前五大客户的销售额占到公司总营收的 94.38%（见表 5–48）。

表5–48　神雾环保2016年关联交易

序号	客户名称	销售额（元）	占年度销售总额比例（%）
1	乌海神雾煤化科技有限公司	1 286 901 156.21	41.18
2	新疆胜沃能源开发有限公司	1 035 766 174.14	33.14
3	内蒙古港原化工有限公司	346 162 425.27	11.08
4	新疆搏力拓矿业有限责任公司	148 588 366.44	4.75
5	包头博发稀有新能源科技有限公司	132 075 471.70	4.23
合计		2 949 493 593.76	94.38

上面表中前两大客户乌海神雾煤化科技有限公司、新疆胜沃能源开发有限公司都是上市公司股东神雾集团的控股或参股企业。报披露，公司 2016 年度前五名客户销售额中关联方销售额占年度销售总额的比例为 57.93%。

更为神奇的是，神务环保公司 2016 年处置了乌海洪远新能源科技有限公司（原名“乌海神雾煤化科技有限公司”）90% 股权，2016 年年末不再将其纳入合并范围。也就是说，曾经的子公司，通过股权处置摇身一变为公司第一大客户，同时不需要纳入报表合并范围。

类似的通过关联交易操纵营收和利润的，还有在港股上市的汉能薄膜（已退市）。汉能薄膜的营收几乎都是向母公司汉能集团销售所得，营收的真实性缺乏说服力。

非经常性损益规模较大

非经常性损益的特点就是非经常性，其损益既有与主营业务相关的（如处置资产、股权投资等），也有营业外净收入（如政府补助、捐赠等）。这类损益由于是非经常性的，虽然会影响净利润，但是不可持续。很多上市公司为了避免连续3年亏损导致退市的风险，往往在某一年为了保壳，通过非经常性损益来实现扭亏为盈。

实 例

秦安股份的非经常性损益

秦安股份是从事汽车发动机动力系统核心零部件和变速器关键零部件生产配套的制造商。公司2019年度净利润为1.18亿元，但扣除非经常性损益净利润为−1.15亿元。关键在于，2019年，公司将位于重庆市九龙坡区兰美路701号（二郎厂区）的土地使用权及地上构筑物转让给重庆渝隆资产经营（集团）有限公司，取得资产处置收益2.59亿元，一举扭亏为盈。

“其他”科目

“其他”科目包罗万象：在资产负债表上，有“其他应收款”“其他流动资产”“其他非流动资产”“其他应付款”“其他流动负债”“其他非流动负债”等；在利润表上，有“其他收益”“其他业务收入”（此科目在最新版会计报表编制准则中已经取消）等。

“其他”是个筐，什么都可以装。公司不愿意披露的或不愿意让外部投资者看到的，往往都通过其他科目隐藏起来。因此，如果某个“其他”科目发生金额较大，我们一定要注意去深挖它是什么活动引起的。完整的年度报告往往会披露变动额较大的科目，我们可以多加关注。

当然，不是说“其他”科目的数额大就一定有问题。有的其他科目与行业特点有关。例如房地产行业，联营合营开发非常多，所以“其他应收款”“其他应付款”账面余额比较大，都是联营合营企业的应收应付款。例如，万科A2019年的财报显示，其他应收款余额为2 354.65亿元，占总资产的13.6%；其他应付款2 503.19亿元，占总负债的17.2%。

第六章

低风险投资实战

长期来看，虽然前面提到的基金、股票等投资工具的预期收益率很高，但它们毕竟还是有市值波动的。即使是最稳健的纯债型基金，也难免有亏损的时候。有些人属于保守型投资者，难以接受亏损，收益低一点反倒可以接受。这些保守型投资者，要么本身的风险偏好就极低，要么是不差钱的土豪，不需要再去冒险。当然，最常见的情况是，我们个人或家庭的资金不可能都用于配置基金或股票，总是有一部分用于购买非常安全的低风险金融产品，以备不时之需。

在国内目前的金融市场，个人可投资的主流低风险金融产品主要包括存款、货币基金、银行理财及国债投资。下面我们一一进行庖丁解牛。

存款也有新玩法

一提到存款，大家的第一反应必然是这样的：虽然存款保本、保收益，但利率太低，是退休大爷大妈才买的东西，还送米面油。事实果真如此吗？

实际上，近些年银行的存款花样也是层出不穷，并不限于传统的活期和定期存款。有些存款用好了，除了保本之外，能比传统的定期存款利率高一大截！

活期或者定期存款为什么利率这么低，不受年轻人待见呢？那是因为我国对商业银行有利差保护，以此保证银行能够稳赢。根据2019年的数据，我国银行业整体的净息差在2.1%左右。所谓净息差，就是银行贷款利率和存款利率之间的差异。比如说，你在银行存一笔定期存款，银行给你的利率为2%，银行拿到这笔钱后，转手放贷款的利率为4.1%，净赚2.1%的利差。当然，实际的业务细节远比这个复杂（还需要考虑期限错配、资本占用、坏账率、拨备等，这里不深究）。所以我们在银行的活期或定期存款，实际上也算是为国存款了，利率低一点可以理解。既然利率如此之低，那为什么还有那么多人把钱存在银行呢？因为老百姓最看重的是本金的安全，对其他理财类产品天然不信任。

不过，现在跟过去不一样了。以前上年纪的人一定要把钱存到折子里才放心，没有折子只有银行卡都觉得不踏实。现在很多人拿钱去买银行理财、基金、股票、房子等，而放在银行账户里面的存款越来越少，迫使银行不得不开发出各类新型的高息存款，吸引老百姓把钱存在银行。当然，这也顺应了我国利率市场化改革的潮流，由市场自主决定利率。

那么现在银行的存款有哪些新玩法呢？大额存单和结构性存款是必须提到的两个优秀“选手”。

大额存单

各家银行的存款利率，都是在中国人民银行公布的存款基准利率基础上做上下浮动的，但肯定不能偏离利率基准太多，表6-1是2020年6月部分银行的存款利率。

我们可以看出，股份制银行和城商行的定期存款利率已经在中国人民银行公布的存款基准利率上做了上浮，但绝对利率仍然很低，还是跑不过“宝宝类”的货币基金收益。

表6-1 部分银行的活期及定期存款利率比较 单位：%

银 行	活期存款	定期（整存整取）		
		1年	2年	3年
人民银行（基准）	0.35	1.50	2.10	2.75
工商银行	0.30	1.75	2.25	2.75
招商银行	0.30	1.75	2.25	2.75
中信银行	0.30	1.95	2.40	3.00
北京银行	0.30	1.95	2.50	3.15
上海银行	0.30	1.95	2.40	2.75

注：数据采样自2020年6月。

这时候，有请大额存单出场！你想保本又想高利率，而银行就想吸纳你手上的钱，咋办？不如做个定制化的大额存单，利率不受存款基准利率的限制，让市场自由决定，你得到了更高的利息，银行得到了你的存款，双赢！

个人大额存单，是面向个人客户发行的记账式大额存款凭证，也是存款的一种类型，只不过比普通的定期存款利率要高得多，期限从1个月到5年的都有。既然叫“大额”存单，那么购买它是有金额门槛的，一般来说，起存金额在20万元（含）以上，有的甚至高达30万元。

我们再以2020年6月部分银行的大额存单利率为例加以比较（见表6-2）。

表6-2 部分银行的大额存单利率 单位：%

银 行	3个月	6个月	1年	2年
工商银行	1.65	1.95	2.25	3.15
招商银行	1.67	1.98	2.28	3.19
中信银行	1.67	1.98	2.25	3.15
北京银行	1.67	1.98	2.28	3.19
上海银行	1.67	1.98	2.28	3.19

注：数据采样自2020年6月。

我们可以看到，相比定期存款，大额存单的利率相当诱人，能够高0.5%左右。由于大额存单也属于银行存款，只不过利率更加市场化，所以妥妥地保本、保收益。

有些人可能要问：虽然咱们国家也实行了存款保险制度，但是50万元以上的部分是不上保险的。在极端情况下，如果存款所在的银行破产了，50万元以上的部分没有上保险，可能会出现损失啊！

理论上，万一某家银行出现了破产，那么超出50万元的部分确实不在保险的赔偿范围之内。不过从目前实际情况来看，只要我们选择国有大行或稳健的股份制银行，出现破产清算的概率是极低的，因此我们大可不必对此过于担忧。大额存单，利率这么香，该买还得买！

个人大额存单还有个大大的好处：有些银行App支持在到期前转让。比如你花20万元买了6个月期限的大额存单，1个月之后着急要用钱，那么你可以在银行App上尝试挂价转让，如果有人接盘，你就能直接收回现金。当然，如果转让利率比当初与银行协定的利率要低，你还能赚取额外的价差收入；反之，如果转让利率比当初与银行协定的利率要高，你就要承担一些价差损失。

结构性存款

结构性存款是近些年兴起的一种新型银行存款，在海外其实已经发展了很多年了。简单来说，你如果要求存款保本，又不满足于较低的存款利率，那么可以拿一部分利息出来买个挂钩股票、商品、外汇的期权，博一把高收益。成了，存款利息非常高；不成，你就损失点利息，本金绝对安全。这就是结构性存款。

结构性存款＝本金＋少量利息＋期权

这么一组合，有什么好处呢？第一，再也不用担心本金的安全了。第二，拿一部分利息出来买期权博收益，说不定能获得高收益。当然，如果没博成，还有没有利息取决于结构性存款的具体条款。

第一个问题：什么是期权？期权实际上是一种保险。假设现在沪深300指数在4 000点，你认为它6个月后能涨到4 400点以上，那么你可以花钱买一个合约：如果能够涨到4 400点以上，超出4 400点的部分，收益都归你；如果没有超过4 400点，那么你损失的最多就是最初购买这个合约的费用。假设这个合约费用（期权费）为45元。

情景一：6个月之后，沪深300指数如你所愿，涨到了4 600点，那么你的收益为4 600-4 400=200元。刨除开始时支付的45元期权费，你净赚155元。

情景二：6个月之后，沪深300指数停在了4 300点，没有达到你预期的4 400点以上的目标，你毫无所得。这样你就损失了期权费45元。

投资者在购买时需要支付保险费，即所谓的“期权费”。如果你博的方向对了，你就能赚上一笔；如果你博的方向不对，你最多就损失期权费而已。所以，期权就是一个以小博大的金融工具。

那么结构性存款是怎么玩的呢？假设你买了12个月期限的大额存单，利率是2%，那么银行可以把其中2%的利息拿出来，去买一个期权，博12个月之后股市会涨。之前的一般性存款是：

一般性存款=100元本金+2元利息

而结构性存款把它改造成了：

结构性存款=100元本金+期权

你如果嫌存款利率不够高，那么可以将一部分或全部利息用于购买彩票，赢了获取高收益，输了最多损失利息，本金依然安全。

在结构性存款中，你可以买挂钩哪些市场指数的期权呢？目前市面上最常见的是挂钩股市指数（例如沪深300指数）、外汇汇率（例如美元、日元、欧元等）、黄金价格、大宗商品价格（例如铁矿石、原油等）的期权。

期权具体有哪些类型呢？期权的类型非常复杂，一般可以分为普通香草期权（vanilla option）和奇异期权（exotic option）。

按照方向，期权可以分为看涨期权（call option）和看跌期权（put

option）。看涨期权是通过挂钩未来价格指数的上涨来赚钱，而看跌期权是通过挂钩未来价格指数的下跌来赚钱。

实 例

挂钩中证500指数看涨期权的结构性存款

我们以招商银行的一笔结构性存款为例，看看一个典型的包含了股市指数看涨期权的结构性存款是如何设计的（见表6-3）。

表6-3 挂钩中证500指数看涨期权的结构性存款示例

名 称	招商银行挂钩中证500指数看涨自动赎回十二个月结构性存款（代码：PA0021）
存款币种	人民币
本金及利息	招商银行向该存款人提供本金完全保障，并根据本产品说明书的相关约定，按照挂钩标的的价格表现，向存款人支付浮动利息（如有，下同）。预期到期利率：1%或5%（年化）
挂钩标的	中证500指数（代码：000905.SH）
存款期限	367天 （如发生本产品说明书中的提前到期情形，本产品将相应提前到期）
起存金额	存款起点5万元，超过存款起点的金额部分，应为1万元的整数倍
提前到期	当发生本产品说明书中的触发事件时，本存款将于触发事件发生时对应的提前到期日提前到期，该种情况下提前到期日即为存款到期日。提前到期日逢国家法定假日则顺延
申购与赎回	存款存续期内不提供申购和赎回
认购期	2020年5月25日10：00至2020年5月28日16：00
交易日	2020年5月29日为存款交易日，认购资金在存款交易日前按活期利率计算利息，该部分利息不计入认购本金份额
起息日	2020年5月29日

（续表）

<table>
<tr><td>名　称</td><td>招商银行挂钩中证500指数看涨自动赎回十二个月结构性存款（代码：PA0021）</td></tr>
<tr><td>观察日与提前到期日</td><td>
<table>
<tr><th>i</th><th>观察日</th><th>提前到期日</th></tr>
<tr><td>1</td><td>2020年8月27日</td><td>2020年8月31日</td></tr>
<tr><td>2</td><td>2020年9月25日</td><td>2020年9月29日</td></tr>
<tr><td>3</td><td>2020年10月27日</td><td>2020年10月29日</td></tr>
<tr><td>4</td><td>2020年11月26日</td><td>2020年11月30日</td></tr>
<tr><td>5</td><td>2020年12月25日</td><td>2020年12月29日</td></tr>
<tr><td>6</td><td>2021年1月27日</td><td>2021年1月29日</td></tr>
<tr><td>7</td><td>2021年2月25日</td><td>2021年3月1日</td></tr>
<tr><td>8</td><td>2021年3月25日</td><td>2021年3月29日</td></tr>
<tr><td>9</td><td>2021年4月27日</td><td>2021年4月29日</td></tr>
<tr><td>10</td><td>2021年5月27日</td><td>2021年5月31日</td></tr>
</table>
</td></tr>
<tr><td>到期日</td><td>2021年5月31日；到期日逢国家法定假日则顺延</td></tr>
<tr><td>定盘价格</td><td>中证指数有限公司公布的中证500指数收盘价，中证500指数的证券代码为“000905.SH”，参考网页http://www.csindex.com.cn/zh-CN/indices/index-detail/000905</td></tr>
<tr><td>期初价格</td><td>起息日当日的定盘价格</td></tr>
<tr><td>观察价格</td><td>各个观察日（i）当日的定盘价格</td></tr>
<tr><td>障碍价格</td><td>期初价格的100%</td></tr>
<tr><td>触发事件</td><td>若在第i（i=1~10）个观察日，挂钩标的的观察价格高于或等于障碍价格，则当日发生触发事件，本存款于对应的提前到期日提前到期</td></tr>
<tr><td>节假日</td><td>中国法定假日</td></tr>
<tr><td>发行规模</td><td>每期上限2亿元</td></tr>
<tr><td>收益计算基础</td><td>存款期限/365</td></tr>
</table>

上面的条款细节比较多，我们记住关键条款就好了：该结构性

存款的利率要么是1%要么是5%，具体取决于在一年当中的10个观察日中挂钩的中证500指数能否达到或超过障碍价格（期初价格的100%）。如果中证500指数超过障碍价格，那么存款立即实现年化利率5%的利息，但存款也立刻终止；如果在所有观察日里中证500指数从来没有达到或超过障碍价格，则到期时银行给你1%的利息。

上述结构性存款的条款相对复杂，实际上内嵌了一个奇异期权（带敲出条款的看涨二元期权），不过具体的条款还是比较清晰易懂的。

实 例

挂钩汇率看跌期权的结构性存款

我们再来看一个包含了汇率看跌期限的结构性存款（见表6-4）。

表6-4 挂钩汇率看跌期权的结构性存款示例

名 称	招商银行挂钩加元汇率期间看涨十二个月结构性存款（代码：PD0002）
存款币种	人民币
本金及利息	招商银行向该存款人提供本金完全保障，并根据本产品说明书的相关约定，按照挂钩标的的价格表现，向存款人支付浮动利息（如有，下同）。预期到期利率：1.2%～4.23%（年化）
挂钩标的	美元兑加元即期汇率
存款期限	365天
起存金额	存款起点5万元，超过存款起点的金额部分，应为1万元的整数倍
提前到期	存款存续期内，存款人与招商银行均无权提前终止本存款

（续表）

名　称	招商银行挂钩加元汇率期间看涨十二个月结构性存款（代码：PD0002）
申购与赎回	存款存续期内不提供申购和赎回
认购期	2020年5月18日10：00至2020年5月21日11：00
交易日	2020年5月21日为存款交易日，认购资金在存款交易日前按活期利率计算利息，该部分利息不计入认购本金份额
起息日	2020年5月21日
观察起始日	2020年8月21日
观察结束日	2021年5月19日
到期日	2021年5月21日；到期日逢国家法定假日则顺延
观察期	从观察起始日北京时间下午2点（含当日）至观察结束日北京时间下午2点（含当日）的连续时期
观察价格	观察期间彭博页面“CAD Curncy HP”公布的美元兑加元即期汇率最低成交价
期初价格	起息日北京时间下午2点彭博页面“CAD Curncy BFIX”公布的美元兑加元即期汇率中间价
障碍价格	期初价格的97%
参与率	100%
节假日	中国法定假日
发行规模	每期上限1亿元
收益计算基础	存款期限/365

上面这款结构性存款，其利息的高低取决于未来12个月内的加元与美元之间的汇率表现。

存款利息根据所挂钩的汇率价格表现来确定。

- 如果观察期间观察价格曾经低于或等于障碍价格，则本存款到期利率为4.23%（年化）；在此情况下，本存款利息收入如下：

利息＝购买金额 × 存款利率 × 存款期限 ÷365

- 如果观察期间观察价格始终高于障碍价格，则本存款到期利率为1.2%（年化）；在此情况下，本存款利息收入如下：

利息＝购买全额 × 存款利率 × 存款期限 ÷365

假设本存款挂钩汇率的期初价格为1.4元，参与率为100%，障碍价格为1.358元，存款人购买全额为10 003元，存款期限为365天，那么：

- 如果观察期间观察价格曾经低于或等于1.358元，则本存款到期利率为4.23%（年化），在此情况下，存款人的利息计算如下（利息按照四舍五入法精确至小数点后第二位）：

利息＝100万元 ×4.23%×365÷365 ＝ 4.23万元

- 如果观察期间观察价格始终高于1.358元，则本存款到期利率为1.2%（年化），在此情况下，存款人的利息计算如下（利息按照四舍五入法精确至小数点后第二位）：

利息＝100万元 ×1.2%×365÷365 ＝ 1.2万元

这款结构性存款内嵌的期权也是奇异期权（带敲入条款的看跌二元期权）。我们不必对期权类型的名字刨根问底，只要了解具体条款是怎么样，什么情况下赚取多少利息就可以了。

实际上，期权的类型多达上百种，包括我们有时候能听到的鲨鱼鳍、区间累积型等，不一而足。这些期权的定价模型比较复杂，也非常枯燥。银行之所以喜欢使用这类复杂的奇异期权，主要是为了节约期权费。

对于结构性存款的投资，我们只要把握下面两个原则，就不会有大问题。

- 永远不要让本金出现亏损（可以看具体的产品说明书）。
- 找自己熟悉的一个资产类别（比如沪深300指数、黄金价格、汇率等），然后挑选自己预测的方向（涨还是跌），再购买对应的结构性存款品种。

货币基金

特性一览

一提到货币基金，大家想起的就是余额宝等产品。2013年，为了解决淘宝用户支付宝中余额闲置的问题，阿里巴巴推出了“余额宝”，1元起购。余额宝让广大用户将支付宝中的闲钱利用起来，每天产生收益，在需要购物支付时，再提前赎回即可，极大地避免了个人闲置资金的浪费。实际上，余额宝就是一种货币基金，由阿里巴巴旗下的天弘基金管理。短短几年时间，其规模便从最初的几亿元增长到最高峰时的1.6万亿元。

究竟什么是货币基金？假设你有一笔钱，可能要随时使用，或者是短期内就要使用，传统的做法就是把这笔钱存入银行的活期账户，随时支取。但这种方法有个很大的缺点：活期存款利率太低，只有0.3%左右。那有没有一款产品，既能够快速支取，又可以有更高的收益呢？货币基金就是这样的产品，它有三个显著的特点。

- 能够快速申购和赎回。
- 投资收益明显高于活期存款。
- 安全性高，出现亏损的可能性极小。

实际上，货币基金也是公募基金的一种，是由公募基金公司发行的一款产品。只不过为了满足上面的三个特点，货币基金对所投资的底层资产与估值方法有特殊的要求。

能够快速申购和赎回

大部分的货币基金都能够做到T日购买，T+1日确认份额并开始计算收益。如果是当天15：00之前申购（或赎回）的交易，那么当天就是T日。也就是说，如果你在周一15：00之前申购了一只货币基金，那么周一就是T日，周二确认份额并开始计算收益；如果你是周一17：00申购的，那么T日就是周二了，确认份额并开始计算收益的时间要推迟到周三。赎回也是如此，T日申请赎回，T+1日完成份额确认和资金到账。

投资收益明显高于活期存款

从2017年至今，银行的活期存款利率只有可怜的0.35%左右，即使是1年期定期存款（整存整取）也仅有1.5%左右。而余额宝的七日年化收益率2017年为4%左右，2018—2019年为3%左右，2020年上半年为2%左右，明显高于活期和定期存款（见图6-1）。

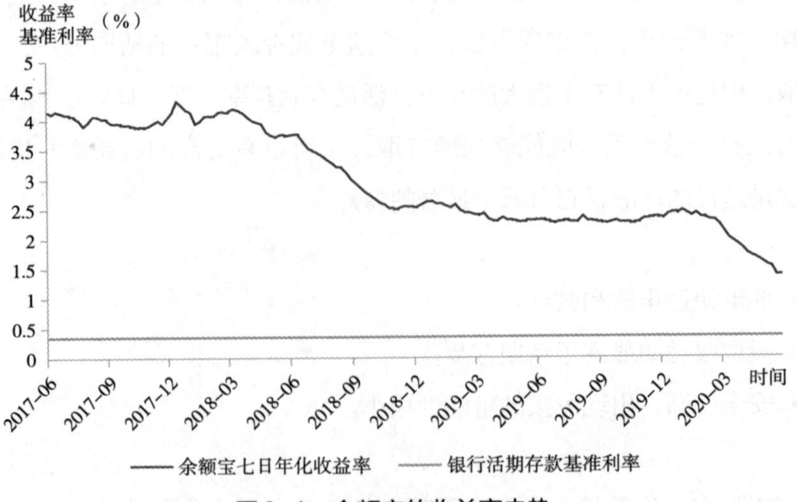

图6-1 余额宝的收益率走势

为什么货币基金的收益明显高于银行普通存款呢？这是因为货币基金的资金主要投资于银行协议存款、短期债券、同业存单等具有市场化利率的投资工具，这些投资工具的利率显著高于银行普通存款，所以收益相当可观。

安全性高，出现亏损的可能性极小

既然货币基金的收益明显比银行普通存款要高，那么有些人可能会担心：货币基金会不会不安全？实际上货币基金是最安全的理财工具之一，这主要有两个方面的原因。

- 货币基金的投资对象只限于安全性非常高的银行协议存款、同业存单、高等级短期债券等工具，并且这些投资工具的剩余期限是有硬性要求的，不能超过某个值。
- 一般而言，我们购买债券型或股票型基金都会面临净值波动的问题。但货币基金有一个非常大的优势：使用摊余成本法来核算基金的净值。简单来说，摊余成本法就是按照买入投资工具的成本来计算每日的投资收益，而不使用每日的市场价格（因为市场价格有估值波动）。因此，我们买入的货币基金每日都有稳定的收益进账，而不必考虑市场上的估值波动是否会对我们的收益产生影响。

当然，我不能拍着胸脯说货币基金“一定”是安全的，永远不会亏损。理论上，货币基金也有亏损的可能，而且在美国和中国都曾经发生过。例如，2005年4月27日，货币基金“鹏华货币A”就遭遇了亏损，当日万份收益为-0.280 4元。表6-5所示是过去15年我国部分货币基金遭遇亏损的情况。

表6-5 部分曾遭遇短期亏损的货币基金

时 间	货币基金	万份收益
2005年4月27日	鹏华货币A	−0.280 4
2006年6月8日	泰达荷银货币基金	−0.256 6
2006年6月9日	易方达货币基金	−0.040 0
2016年7月18日	兴业鑫天盈货币A	−6.060 8

那么，货币基金在什么情况下会出现亏损呢？

- 遭遇大额赎回。例如：2005—2006年的货币基金赎回潮，导致货币基金无法应对大量的赎回申请，只能折价变现，出现亏损。2016年"兴业鑫天盈货币A"也因遭遇了大额赎回而被迫提前支取银行的协议存款，使得预先约定的存款利率变低，出现短暂的亏损。尤其是在债券市场利率上行时，如果再遭遇大额赎回，货币基金的损失就会更大。
- 货币基金资产池中部分债券资产出现违约，导致本金出现不可逆的损失。

不过，投资者对此不用太过担心。首先，一般而言，这种万份收益为负的情况不会持续太长时间，持有一段时间，整体收益还是为正的。其次，万一出现投资亏损，基金公司为自身声誉考虑，往往会拿出自有资金去弥补亏损，避免投资者出现损失。

几个重要的指标

七日年化收益率

我们购买货币基金时到底预期有多少投资收益？一个最常见的收益指标就是七日年化收益率，即把过去7天的累计收益做一个年化的平均值。假设某只货币基金A，最新的七日年化收益率为3%，这就意味着，如果7天前你购买了1万元这只货币基金，那么过去7天累计的收益为：

$$10\ 000 \times 3\% \times \frac{7}{365} \approx 5.75\text{元}$$

不过，七日年化收益率也有一定的迷惑性。

第一，我们申购货币基金时，看到的最新的七日年化收益率已经是过去时了，代表的是最近7天的平均收益率，并不代表我们申购之后未来的收益率，我们只能根据过去的数据做个大致的判断。我们在购买金融产品时，经常会看到产品说明书上的一句话，即“过去业绩不代表未来”，这句话对于货币基金同样适用。

第二，有可能出现这么一种情况：某只货币基金前一日的收益率已经回落了，但是由于前几天的收益率表现不错，它最新的七日年化收益率也表现不错。当买入后，你发现每天的收益达不到你买入时看到的七日年化收益率，这是因为这种平均值的算法掩盖了最近几天收益率的回落。

怎么解决上面的问题呢？“万份收益”恰好可以作为七日年化收益率的有力补充！

万份收益

既然七日年化收益率是过去7天累计收益的平均值，它就带有一定的迷惑性。而万份收益，就是指假如你投资了1万元，当天你所获得的收益。假如余额宝某一天的万份收益是1.2元，那么当天你的1万元的本金投资能够获得的收益就是1.2元，转换成年化收益率为：

$$\text{当天年化收益率}=\left(1+\frac{1.2}{10\ 000}\right)^{365}-1=4.48\%$$

由于万份收益并不是以收益率，而是以绝对金额（每1万元本金）的形式出现，因此万份收益这个指标有两个明显的好处。

- 能够非常直观地呈现每日的收益。比如，你购买了10万元的货币基金，如果今天的万份收益是1.1元，那么你很容易知道你今天的收益为10×1.1=11元。

- 能够更好地预测未来几天的投资收益。由于最新的万份收益是当日收益，不受过去几天历史收益的影响，因此它最能反映未来几天的投资收益水平。

份额的计算

我们讲了这么多，有一个问题没有说：当我们申购一只货币基金后，份额该如何计算？这个问题对于债券型或股票型基金而言并不难：购入时按照份额结算日的单位净值计算所得份额，在后续的持有过程中，份额一直保持不变，变化的只是单位净值而已。但是货币基金却不是这样的玩法。

货币基金一般采用“净值归一”法，也就是说，货币基金每天的单位净值都是1.0，这与债券型或股票型基金是非常不一样的。假设你T日购买了1万元的某只货币基金A，那么你T+1日所得份额就是1万份。如果T+1日当晚的万份收益为1.2元，那么T+1日你会获得额外的1.2元利息收入。但是这1.2元的利息收入并不会被纳入单位净值，而是转化成新的份额，即你的份额会从1万份增加到10 001.2份。所以，当你持有货币基金时，基金的单位净值一直是1.0，但你的份额会持续增加。当你某天想要赎回时，这增加的份额就是你所获得的投资收益。

费　率

公募基金（包括货币基金）的费用包含以下几种，它们的费率各不相同。

申购（认购）费、赎回费

申购费是投资者购买货币基金时所需要支付的费用。认购费其实和申购费是一个意思，区别在于基金第一次募集时的购买行为被称作“认购”。申购费是在购买时一次性支付的。赎回费是赎回货币基金时所需要支付的费用，它是在基金赎回时一次性支付的。

由于货币基金是一种流动性管理工具，保证流动性安全是第一位的，其整体收益并不算太高。因此，绝大多数货币基金的申购（认购）费、赎回费都是免费的。

管理费

管理费是指基金公司管理这只基金所收取的管理费用。管理费按年收取。货币基金的管理费率为0.1%～0.3%。管理费率越低，对投资者越有利——能够提高投资收益。

托管费

货币基金的资金账户要托管在一家具备托管行资格的商业银行，而银行要收取一定的托管费。托管费也是按年收取。货币基金的托管费率一般为0.05%/年。

销售服务费

销售服务费是基金公司用于货币基金的宣传、推广、销售的服务性费用。销售服务费也是按年收取，费率一般是0.25%/年。

上面的所有费用，投资者都不用单独支付。申购费及赎回费大多数情况下是免费的，即便收取也是在投资者购买和赎回时从资金中扣除了。管理费、托管费、销售服务费也是从基金资产中逐日计提扣除了，不用个人单独支付。

场内货币基金

之前所说的都是场外货币基金，这也是目前市场的主流产品。所谓场外货币基金，就是在交易所之外进行申购和赎回的货币基金，比如通过银行、基金公司直营App、第三方销售平台等进行申赎。场外货币基金可选品种非常丰富，但也有缺憾：申赎的时间较长。一般来说，T日申购，T+1日确认份额，赎回最快也需要T+1日才能回款。

很多时候，我们在买卖股票时都有短期的闲余资金，这些资金如果趴在账上没有任何利息，岂不是很吃亏？如果有类似于场内ETF的货币基金——投资者可以随时在证券交易所买卖，还能赚取利息收入，岂不是更快、更方便？有的！这就是场内货币基金。

场内货币基金也分为以下两种。

- 场内申赎型货币基金，即投资者可以通过证券账户在交易所直接申购或赎回的货币基金。从速度上看，T日申购，其当日即可生效，产生利息收入；T日赎回后，其当日资金可用，T+1日资金可取。目前市场规模较大的部分场内申赎型货币基金如表6-6所示。

表6-6 部分场内申赎型货币基金

证券代码	证券简称	基金公司	规模（亿元）
519888.OF	汇添富收益快线货币A	汇添富基金	51.18
519858.OF	广发现金宝A	广发基金	3.45
519898.OF	大成现金宝A	大成基金	3.03
519878.OF	国寿安保场内申赎A	国寿安保基金	1.80
519800.OF	华夏保证金A	华夏基金	1.79

注：管理规模为截至2020年8月25日数据。

- 场内交易型货币基金。这类基金不但可以场内申赎，还可以在交易所二级市场买卖，极大地方便了投资者。由于T日买入立即生效（相当于T+0日交易），因此这类基金可以在一天中多次买卖。场内交易型货币基金比场内申赎型货币基金更具优势。目前市场上规模较大的部分场内交易型货币基金如表6-7所示。

和ETF一样，有些场内货币基金也有对应的场外份额，以便投资者进行投资。

表6-7 部分场内交易型货币基金

证券代码	证券简称	基金公司	规模（亿元）
511990.SH	华宝现金添益A	华宝基金	1 066.00
511880.SH	银华日利A	银华基金	724.81
511660.SH	建信现金添益H	建信基金	154.86
511810.SH	南方理财金交易型货币H	南方基金	32.46
511690.SH	大成添益交易型货币E	大成基金	17.06
511850.SH	招商财富宝E	招商基金	7.60

注：管理规模为截至2020年8月26日数据。

实 例

华宝现金添益货币基金

华宝现金添益A（代码：511990.SH）属于场内交易型货币基金，同时，对应的场外份额为华宝现金添益B（代码：001893.OF）。两者对应的费率如表6-8所示。

表6-8 华宝现金添益的费率

项 目	华宝现金添益A	华宝现金添益B
申购费或认购费	—	—
赎回费	—	—
管理费（年费率）	0.35%	0.35%
托管费（年费率）	0.09%	0.09%
销售服务费（年费率）	0.25%	0.01%
申赎及交易渠道	上海证券交易所	场外
申购门槛	100元	1亿元

与场外货币基金相比，场内货币基金申赎方便，并且交易型货币基金还可以在二级市场T+0日交易。不过，场内货币基金的起购（交易）金额较高。场内申赎型货币基金的一般起购金额为1 000元；场内交易型货币基金在二级市场的交易门槛一般为1万元（单位净值100元，最低100份）。

如何挑选货币基金

货币基金的主要特色就是安全性高、流动性好以及比银行存款高的投资收益。市场上大部分货币基金都区别不大，同质化比较严重，但也有一些区别。我们只需关注安全性和收益率两个核心指标并在两者之间取得平衡。

龙叔为大家总结了选择货币基金的“四看”法：看公司、看规模、看收益及看持仓。

看公司

和我们买房子时挑选大的房地产开发商一样，基金公司的资产规模越大、品牌知名度越高，其发行的货币基金也就越安全。这是因为，一般情况下，基金公司越大，投研实力就越强，自有资金规模也越大。那么，我们在哪里可以看到公募基金公司的规模排名呢？

投资者可以在天天基金网查阅到基金公司的历史规模排名。该网站提供了两种规模排名：管理的总规模排名与扣除货币型基金后的规模排名。之所以存在第二种排名，是因为货币型基金的规模比较容易做大，不容易凸显基金公司完整的投研及销售实力，因此市场会单独对非货币型基金的管理规模进行排名。

从表6-9可以看出，天弘基金因为其管理的余额宝规模巨大而总规模排名第一。但扣除了货币型基金后，天弘基金的管理规模并不算大。因此，对于这两种排名，我们都需要参考。如果你对安全性要求高一点，那么选择排名前1/3的基金公司所发行的货币基金没有什么大问题。

表6-9 基金公司的规模排名

序号	基金公司	基金资产净值合计（亿元）		
		全部	非货币型	货币型
1	天弘基金管理有限公司	14 312.85	1 009.99	13 302.86
2	易方达基金管理有限公司	8 774.90	5 267.28	3 507.62
3	博时基金管理有限公司	7 029.58	3 883.91	3 145.66
4	南方基金管理股份有限公司	6 951.39	3 683.21	3 268.18
5	华夏基金管理有限公司	6 535.94	3 999.92	2 536.01
6	汇添富基金管理股份有限公司	6 301.86	3 500.67	2 801.19
7	广发基金管理有限公司	6 254.48	4 025.58	2 228.91
8	工银瑞信基金管理有限公司	5 791.93	2 685.48	3 106.44
9	嘉实基金管理有限公司	5 727.28	2 593.60	3 133.68
10	鹏华基金管理有限公司	4 952.44	2 306.69	2 645.75
11	建信基金管理有限责任公司	4 927.75	1 434.32	3 493.43
12	富国基金管理有限公司	4 355.78	2 941.83	1 413.95
13	华安基金管理有限公司	4 088.85	2 099.95	1 988.91
14	招商基金管理有限公司	4 056.12	2 642.06	1 414.07
15	中银基金管理有限公司	3 903.27	2 795.26	1 108.02
16	平安基金管理有限公司	3 771.23	1 931.21	1 840.02
17	银华基金管理股份有限公司	3 727.18	1 824.68	1 902.50
18	兴证全球基金管理有限公司	3 563.98	1 712.87	1 851.11
19	中欧基金管理有限公司	3 060.16	1 928.88	1 131.28
20	交银施罗德基金管理有限公司	3 053.85	1 947.70	1 106.15
21	国泰基金管理有限公司	3 013.84	1 695.15	1 318.68
22	景顺长城基金管理有限公司	2 726.27	1 483.88	1 242.40
23	农银汇理基金管理有限公司	2 223.72	1 529.97	693.75
24	国寿安保基金管理有限公司	2 058.43	1 350.68	707.75
25	兴业基金管理有限公司	2 048.01	1 258.11	789.90
26	华宝基金管理有限公司	2 013.32	791.47	1 221.86
27	浦银安盛基金管理有限公司	1 912.72	988.60	924.12

（续表）

序号	基金公司	基金资产净值合计（亿元）		
		全部	非货币型	货币型
28	永赢基金管理有限公司	1 881.47	1 381.04	500.43
29	大成基金管理有限公司	1 768.31	1 006.36	761.95
30	融通基金管理有限公司	1 446.85	767.35	679.50

注：数据截至2020年6月30日。

看规模

选好了基金公司，投资者可以对货币基金的规模做进一步的甄选。货币基金的规模越大，安全性就越高；因为规模越大，投资者数量就越多，应付大额赎回的能力就越强。不过，规模上去了，收益率就很难做到很高；一些存量规模较小的货币基金，因其资产腾挪空间较大而容易做到更高的收益。所以，规模和收益之间很难做到鱼和熊掌兼得，基金公司尽力做好均衡即可。在支付宝、天天基金网等各类手机App中，点击任何一只货币基金查看详情，我们都能查到最新的管理规模。例如，我们在天天基金网查到“工银现金货币”（代码：000677）最新一期的规模为301.31亿元，它已是一只非常大的基金了；基金公司只披露季度末的资产规模（见图6-2）。

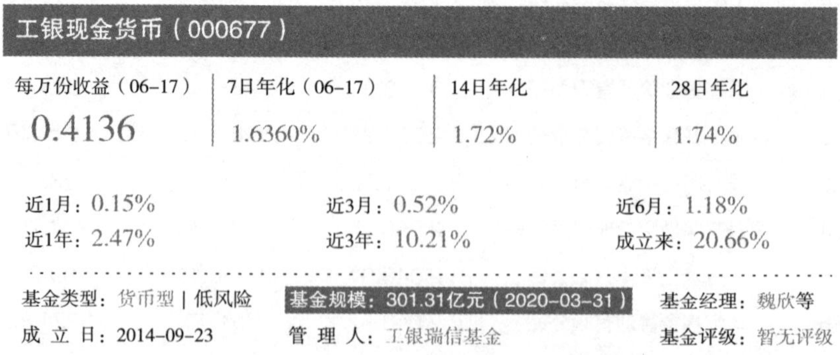

图6-2 “工银现金货币”基金详情截图

看收益

这是我们最为关注的问题了！在保证高流动性的同时，我们还希望购买的货币基金的收益更高一些。当然，如前所述，安全性和高收益往往不可兼得，需要折中平衡。在天天基金网、支付宝等手机渠道，点击一只货币基金查看详情，我们就能看到其最近一段时期的七日年化收益率以及万份收益。还是以“工银现金货币”为例，我们可以查到最新的收益走势图（见图6-3）。

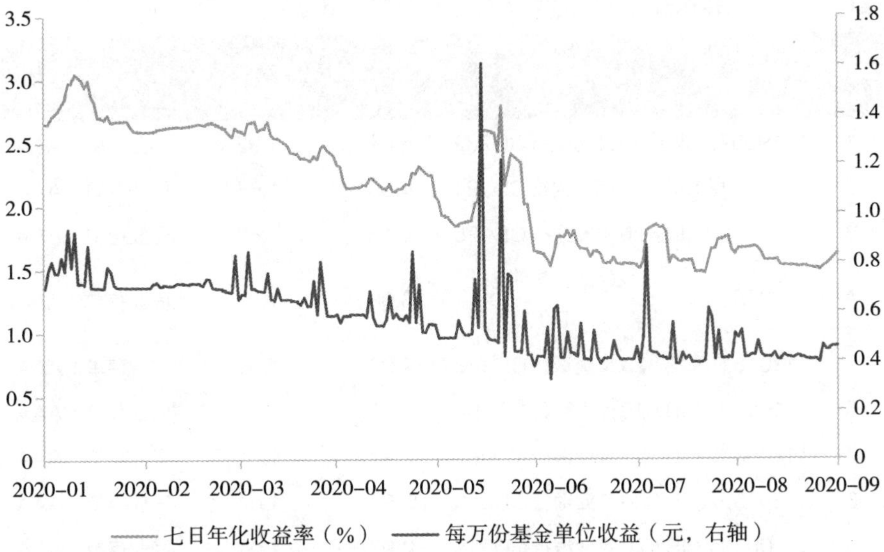

图6-3　“工银现金货币”的七日年化收益率及万份收益（2020年）

投资者可以在中意的货币基金候选池里按照七日年化收益率排序，选排名靠前的货币基金。

看持仓

如果投资经验不是非常丰富，我们就没有必要研究到持仓这个细粒度，因为你很难根据持仓信息做出判断，毕竟这涉及比较专业的投资。

持仓主要是针对债券、同业存单等资产而言的，非专业投资者日常接触不到。货币基金不像股票型基金——对于持仓里面的股票，大家多多少少还能说上两句。当然，你如果是投资经验非常丰富的人或本身就在金融机构工作，那不妨看一看持仓情况，熟悉一下基金经理的投资偏好。

当然，任何一只公募基金（包括货币基金）都不会披露完整的持仓情况，只披露前十大持仓。并且，持仓披露是每季度末披露一次，一年披露四次。表6-10是工银瑞信在2020年第二季度的部分持仓情况。

表6-10　工银瑞信现金快线的持仓（2020年第二季度）

序号	品种代码	品种简称	持仓市值（亿元）	占基金资产净值比例（%）	债券类型	信用评级
1	111906282.IB	19交通银行CD282	5.64	1.92	同业存单	AAA
2	112009121.IB	20浦发银行CD121	4.95	1.68	同业存单	AAA
3	112011125.IB	20平安银行CD125	4.18	1.42	同业存单	AAA
4	112099169.IB	20北京农商银行CD090	3.98	1.35	同业存单	AAA
5	112018183.IB	20华夏银行CD183	2.98	1.02	同业存单	AAA
6	111917094.IB	19光大银行CD094	2.97	1.01	同业存单	AAA
7	112003007.IB	20农业银行CD007	2.97	1.01	同业存单	AAA
8	112003013.IB	20农业银行CD013	2.97	1.01	同业存单	AAA
9	112003017.IB	20农业银行CD017	2.97	1.01	同业存单	AAA
10	112017128.IB	20光大银行CD128	2.49	0.85	同业存单	AAA
合计	—	—	36.09	12.28	—	—

数据来源：工银瑞信现金快线（000677）2020年第二季度报告。

就安全性来说，行业排名前列的基金公司的投研实力都较强，风险管理比较到位，它们发行的货币基金安全性相对更高。如果对安全性的要求较高，投资者可以选择管理资产排名在前1/3的基金公司、规模在30亿元以上的货币基金，它们还是比较稳妥的。

银行理财

银行理财是近十年来老百姓最爱投资的品种。过去，老百姓的积蓄只能放在银行存个活期或定期，利率非常低。而现在，老百姓可以使用存款购买银行理财产品，获得比存款高得多的利率。

你购买了银行理财产品，其实就是银行用你的钱代为投资，为你赚取一定的投资收益，而银行收取一定的管理费（或利差）。理财的投资范围在不同的理财产品募集说明书中有详细规定，一般情况下，资金投向以债权类资产（包括债券、非标产品等）居多，有些也会投资股票市场。

以前，银行为了吸引老百姓购买银行理财，推出的绝大部分都是预期收益型产品。比如说3个月的理财产品预期收益4%，那么到期后，银行基本上都会按照预期收益4%给你兑付，即使底层资产的估值可能会有波动。这种方法极大地刺激了老百姓的积极性，因此银行理财的规模从2010年的2.8万亿元飞速增长到2019年年末的30万亿元。

不过，这种预期收益型产品越来越少了。监管部门的大资管新规表明，从2022年开始，银行理财要全面转型为净值型理财。或者说，未来银行理财产品的形态与基金公司的基金产品没有本质区别，有可能会出现理财亏损的情况。

理财产品的风险等级

对于任何一款理财产品，银行都会标明风险等级。绝大部分银行都使用R1 ~ R5的风险等级评级体系来表示理财产品的风险程度。R1是风险最低的，而R5是风险最高的（见表6-11）。当然我们知道，收益与风险是成正比的，预期收益越高，风险也就越大。那么，R1 ~ R5的风险等级究竟是什么意思呢？

表6-11 银行理财产品的风险等级

风险等级	风险水平	等级说明	对应产品类型（示例）
R1	保守型	本金和收益受风险因素影响很小，且具有较高流动性	保本理财；“活期+”型产品
R2	稳健型	本金和收益受风险因素影响较小	“定期+”型产品，资金投向以债券、非标产品为主
R3	平衡型	风险因素可能对本金和收益产生一定影响	净值型产品，资金投向可能包含少量股票、衍生品这样的资产
R4	进取型	风险因素可能对本金产生较大影响，产品结构具有一定复杂性	包含股票、衍生品等高波动的金融工具
R5	激进型	风险因素可能对本金造成重大损失，产品结构较为复杂，可使用杠杆运作	包含股票、衍生品等高波动的金融工具，且可能使用杠杆

在第一次购买理财产品时，银行柜台或手机App会对我们进行投资者风险评估，以确定我们的风险偏好属于哪一级。根据评估结果，银行也会把客户分成C1～C5五个等级：C1（保守型）、C2（稳健型）、C3（平衡型）、C4（进取型）、C5（激进型）。评级高的客户，可以购买同等级或更低风险的理财产品。例如，你的风险评级为C3，那么你可以购买R1～R3的任何理财产品，但不能购买R4或R5的理财产品。

之前很多人为了节约时间和解锁所有的理财产品，在做投资者风险评估时往往选最激进的答案，走过场的情况比较明显。在未来银行理财向净值型理财转型后，理财不保本甚至出现亏损的情况会越来越常见，因此我们尽量不要购买超过自己风险承受能力的理财产品。

表6-12是一个典型的个人风险评估表（招商银行版本）。

总的来说，理财资金规模越大、投资经验越丰富且越能承受亏损，风险承受等级越高。风险承受等级高的投资者，可以买风险低的产品，但反过来是不行的。

表6-12　个人风险评估表（招商银行版本）

Q1：您的年龄是：	
18～25岁	○
25～50岁	○
51～60岁	○
61～64岁	○
高于65岁（含）	○
18岁以下	○
Q2：您的家庭总资产净值（折合人民币）： （不包括自用住宅和私营等实业投资，包括储蓄、保险、金融投资、实物投资，并需扣除未结清贷款、信用卡账单等债务）	
15万元以下	○
15万元（不含）～50万元（含）	○
50万元（不含）～100万元（含）	○
100万元（不含）～1 000万元（含）	○
1 000万元以上（不含）	○
Q3：在您的家庭总资产净值中，可用于金融投资（储蓄存款除外）的比例为：	
小于10%	○
10%～25%	○
25%～50%	○
大于50%	○
Q4：以下哪项最能说明您的投资经验？	
除存款、国债外，我几乎不投资其他金融产品	○
大部分投资于存款、国债等，较少投资于股票、基金等风险产品	○
资产均衡地分布于存款、国债、银行理财产品、信托产品、股票、基金等	○
大部分投资于股票、基金、外汇等高风险产品，较少投资于存款、国债	○
Q5：您有多少年投资股票、基金、外汇、金融衍生产品等风险投资品的经验？	
没有经验	○
有经验，但少于2年	○
2～5年	○

（续表）

5 ~ 8年	○
8年以上	○
Q6：以下哪项描述最符合您的投资态度？	
厌恶风险，不希望本金损失，希望获得稳定回报	○
保守投资，不希望本金损失，愿意承担一定幅度的收益波动	○
寻求资金的较高收益和增长，愿意为此承担有限本金损失	○
希望赚取高回报，能接受较长时间的负面波动，包括本金损失	○
Q7：本金100万元，在不提供保本承诺的情况下，您会选择哪一种投资机会？	
有100%的机会赢取1 000元现金，并保证归还本金	○
有50 %的机会赢取5万元现金，并有较高可能性归还本金	○
有25 %的机会赢取50万元现金，并有一定的可能性损失本金	○
有10 %的机会赢取100万元现金，并有较高可能性损失本金	○
Q8：投资理财、股票、基金等金融投资品（不含存款和国债）时，您可接受的最长投资期限是多久？	
1年以下	○
1 ~ 3年	○
3 ~ 5年	○
5年以上	○
Q9：您的投资目的是以下哪项？	
资产保值	○
资产稳健增长	○
资产迅速增长	○
Q10：投资出现何种程度的波动时，您会产生明显的焦虑？	
本金无损失，但收益未达预期	○
出现轻微本金损失	○
本金10 %以内的损失	○
本金20% ~ 50%的损失	○
本金50%以上损失	○

（续表）

Q11：对您而言，保本比收益更为重要吗?	
非常同意	○
同意	○
无所谓	○
不同意	○
非常不同意	○

理财产品的种类

银行理财产品自2005年正式推出以来，一直是以预期收益型产品为主的。例如3个月理财产品预期收益4%，那么银行基本上就会按照预期收益兑付。这中间是赚了还是亏了，由银行自己承担。

虽然老百姓很喜欢这种收益刚兑模式，但是银行自身承担了所有的投资风险，当市场反转时，系统性金融风险就很容易出现。因此，从2018年开始，监管部门一直要求银行理财产品进行净值化改造，投资风险由理财购买人承担。或者说，以后买银行理财产品，跟买一只公募基金没有太大区别了。现在，银行越来越多的产品都在向净值型过渡，预期收益型产品越来越少了。

现在银行发行的理财产品主要有四类：从期限上看，分为活期+、定期+、净值型和结构性理财。虽然各家产品的类型和名称不一样，但它们都大同小异。例如招商银行的理财就分为现金类、固收类、混合类及结构性理财，而中信银行的理财则分为活期+、定期+、净值型等品种。

活期+

所谓“活期+”理财产品，其实就是银行发行的一种类货币基金的产品，具有高度的安全性和流动性，比如随时可申购和赎回。跟货币基金不同的是，“活期+”理财产品的投资限制比货币基金要少，因此它的收益率会比一般的货币基金更高。另外，购买银行理财产品，资金是在银行内部划拨的，非常快，往往可以做到T+0日起息（而货币基金是T+1日起息）。

为了保证不受到市场估值波动影响，如同货币基金，"活期+"理财产品采用的也是摊余成本法，本金亏损的可能性极低。投资者记住以下公式即可：

"活期+"=现金类≈货币基金

定期+

"定期+"理财产品类似于传统的预期收益型产品，一般有固定期限和预期年化收益率。这类产品的开放时间、申赎限制和收益测算方式都不尽相同，投资者需要看具体的产品说明条款。例如：有的是每日可以申购，有的是每周、月、季开放一次；有的是超过了预期收益率，超额收益完全归银行所有，有的是超额收益由银行和投资者分成。在赎回方面，有的是投资期间不准赎回，有的是可以随时赎回，但有利息的惩罚（比如按照活期利息兑付或者按照实际运作收益兑付）。

总之，"定期+"绝大部分都是投资于存款、债券、非标产品等债权类资产，风险较低，正常情况下都能按照事先预期的收益率进行兑付。投资者记住以下公式即可：

"定期+"=固收类≈预期收益型理财

净值型

净值型理财是未来银行理财产品的主要品种。净值型理财和公募基金产品从本质上说已经没有区别了。严格的净值型理财产品（如持仓债券或股票）需要根据市值法每日估值，因此有可能出现投资亏损。

从投资类型来看，净值型理财也可以分成债券型（固定收益类）、混合型（债券和股票）与股票型。不过商业银行的传统优势还是债权类资产（包括债券、非标产品等），因此净值型理财投资标的还是以固定收益品种为主、权益类品种为辅。从投资期限上看，净值型理财既有可每日申购、赎回的产品，也有规定了最短持有期限的产品。

净值型理财≈基金公司发行的公募基金（非货币型）

结构性理财

结构性理财和结构性存款非常相似，但在本质上却大相径庭（见表6-13）。简而言之，结构性存款本质上是存款，是保本的，属于银行的负债，银行负有100%的偿还责任，且其受存款保险保护。而结构性理财本质上是理财产品，银行作为管理人，受投资人之托对理财资金进行投资管理，只不过投资品中包含了期权等衍生品而已，银行本身并不对结构性理财的本金负有100%的偿还责任。

之所以说结构性理财和结构性存款非常相似，是因为两者都会拿出其中的一小部分收益投资于期权等衍生品，用于博取高收益。

表6-13 结构性存款与结构性理财的对比

项 目	结构性存款	结构性理财
属性	存款	理财
从银行角度看	是银行的负债，负有100%的偿还责任	银行作为产品管理人（可以理解为基金公司和基金产品之间的关系）
所投资产	本金部分作为银行负债来源，归集汇总管理，与一般的活期及定期存款并无二致；拿出一部分利息收入，购买期权等衍生品，博取高收益	本金部分投资于债券、货币等资产，拿出一部分利息收入，购买期权等衍生品，博取高收益

实 例

我们以招商银行发行的一款挂钩中证500指数看涨期权的结构性理财（代码：909525）为例，看看它的结构是如何设计的。

投资品种

该理财计划的本金投资于固收类资产和衍生交易工具（见表6-14）。

表6-14 结构性理财（代码：909525）投资品种和配置比例

投资品种	配置比例
银行存款	0～50%
债券逆回购、资金拆借	0～90%
债券资产、资产管理计划和信托计划等	10%～100%
衍生交易工具	0～10%

其中的衍生交易工具，是指中证500指数的看涨期权类衍生品。

我们可以看出，该理财计划将本金投资于债券、货币等低风险资产，而将部分利息投资于期权类衍生工具，博取高收益。

业绩比较基准

之所以叫业绩比较基准，而不叫预期收益，是因为银行想告诉投资人，业绩比较基准不代表产品到期时的实际收益。该款结构性理财产品的业绩比较基准为0.20%或6.12%；若看涨期权产品成功行权，则年化收益率为6.12%，若失败，则年化收益率为0.20%（见图6-4）。

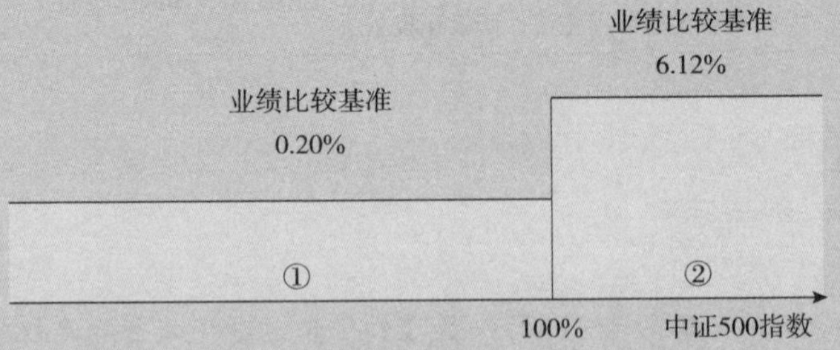

图6-4 结构性理财（代码：909525）收益规则

衍生品的结构

我们可以看到，该款产品的收益取决于挂钩中证500指数的看涨期权类衍生品在到期时能否实现预期的走势。具体的部分条款(根据产品说明书整理）如表6-15所示。

表6-15 结构性理财（代码：909525）部分条款

产品名称	招商银行焦点联动系列非保本理财计划（产品代码：909525）
理财币种	人民币
挂钩标的	中证500指数（000905.SH）
挂钩结构	看涨自动赎回结构
理财期限	360天；如触发提前终止条件，则提前到期
触发价格	中证500指数期初价格的100%；期初价格为产品成立日当日的中证500指数的收盘价
提前终止条件	▪ 产品成立后，会定期观察中证500指数的价格。“定期”在说明书中有明确规定，一般在成立后的第3、5、6、7、9、10、11、12个月（不同产品规定不同），被称作“观察日” ▪ 在任一观察日，如果中证500指数超过了触发价格（期初价格的100%），则该理财产品自动终止，按照6.12%的年化收益率提前到期兑付；若在所有观察日，中证500指数从来没有超过触发价格，则产品自然到期，年化收益率为0.21%

理财收益的测算示例

假设你2020年6月22日购买了该款产品，成立日为2020年6月29日，则观察日如表6-16所示。

表6-16 结构性理财（代码：909525）观察日

序号	观察日
1	2020年9月23日
2	2020年11月5日

（续表）

序号	观察日
3	2020年12月14日
4	2021年1月20日
5	2021年3月1日
6	2021年4月7日
7	2021年5月14日
8	2021年6月22日

假设中证500指数期初价格为5 800元，理财计划期限为360天，触发价格为期初价格的100%，客户认购理财计划本金为50万元，那么客户的理财收益计算如表6-17所示。

表6-17 结构性理财（代码：909525）收益测算示例

情景分析	实际理财天数	理财收益率（年化）	每万份收益（元）	客户获得的50万份理财收益（元）
情景1：若在第1个观察日发生触发事件，则理财计划于第1个自动终止清算日自动终止	88	6.12%	147.55	7 377.50
情景2：若在第2个观察日发生触发事件，则理财计划于第2个自动终止清算日自动终止	133	6.12%	223.00	11 150.00
……				
情景7：若在第7个观察日发生触发事件，则理财计划于第7个自动终止清算日自动终止	322	6.12%	539.90	26 995.00
情景8：若在第8个观察日发生触发事件，则理财计划到期	360	6.12%	603.62	30 181.00
情景9：若在任意一个观察日均未发生触发事件，则理财计划到期	360	0.20%	19.73	986.50

如何选择理财产品

市面上理财产品繁多，各家银行都有发行。从投资能力与产品丰富性的角度来说，越大的银行越占优势：国有大行 > 股份制银行 > 城商行、农商行。如果从预期收益角度来说，则刚好相反，毕竟越小的银行，越需要通过更高的收益率吸引用户。

近些年，“飞单”（销售假的银行理财产品）事件屡有发生。这种以假乱真、销售非银行发行的理财产品的情况，往往具有以下两个特点。

- 一般都是储户在银行网点柜台办理业务时被相关人员推荐购买。
- 宣传的理财收益非常高，明显高于普通的银行理财产品。

实际上，这类假的银行理财产品既不是银行自己发行的理财产品，也不是银行正规代销的理财产品，而是银行网点或银行员工私自兜售的未经银行审批的私募产品，有些还是二级市场转让的私募产品，鱼龙混杂，风险极高。

为了避免这种“飞单”的理财坑，我们需注意两个小诀窍。

- 尽量通过银行官方App直接购买。因为在官方App上架的理财产品，一定是通过银行审核的正规产品，要么是银行自己发行的理财产品（或是自家的理财子公司发行的），要么是银行代销的其他金融机构发行的产品（私募产品居多）。
- 当一款理财产品宣传的理财收益异常高并保证非常安全的时候，我们要特别警惕！天下没有免费的午餐，我们要明察秋毫。

银行理财品类繁多，我们该如何根据自己的需求挑选呢？龙叔总结了“两步法”。

第一步：挑选银行

我们如果要求收益高，可以选小一点的股份制银行和城商行、农商行等中小型银行；如果要求安全性高、品种丰富，可以选择国有大行、大型股份制银行。尤其是结构性理财，一般只有国有大行和部分大型股份制银行的选择较多。

当然，一般人的银行卡都开在比较固定的银行，来回切换或新开卡比较麻烦。在整体收益处于同一水平情况下，选择方便的银行不失为一个好选择。

第二步：挑选产品类型

对于理财产品类型，我们需要根据自身的需求进行个性化选择。龙叔的建议如表6-18所示。

表6-18　不同类型理财产品的适用情况

产品类型	产品特点	适用情况
活期+、货币型	▪ 随时申赎、流动性高、安全性高 ▪ 本金投资于短期债券、货币等低风险资产 ▪ 收益普遍不高，但高于货币基金 ▪ 大部分T+0日起息 ▪ 按照成本法估值	短期没有明确资金使用需求，但随时可能需要支出。例如： ▪ 购房款，但房子还未看中 ▪ 择机进入股市的资金 ▪ 家庭日常流动资金、应急资金
定期+	▪ 有固定期限（如1个月、3个月），大部分不可提前赎回（或提前赎回有惩罚） ▪ 预期收益比“活期+”高 ▪ 本金投资于债券、非标产品、货币等债权类资产 ▪ 大部分按照成本法估值	有部分资金确定短期内不会使用，如家庭的长期积蓄等

（续表）

产品类型	产品特点	适用情况
净值型	■ 无固定期限 ■ 有些产品允许随时申赎，有些产品规定了最短持有期限 ■ 本金投资于债券、非标产品、货币等债权类资产，也可少部分投资于股票，看具体产品说明书 ■ 按照净值法核算，用成本法估值和市值法估值的都有，但按市值法估值是未来主流 ■ 预期收益不确定，可能会出现本金亏损	资管新规表明，净值型是未来银行理财的主流，“定期+”产品未来将逐渐萎缩。适用于能够承担市值波动、期望赚取更高收益的人群
结构性理财	■ 有固定期限（部分可提前终止） ■ 本金投资于债券、货币、非标产品等债权类资产；部分利息投资于期权类衍生品，博取高收益。衍生品可挂钩股票、汇率、黄金、石油等产品 ■ 预期收益不确定	投资经验丰富的人群，能够承担一定的市值波动风险以博取高收益

国债投资

国债是财政部发行的债券，由中央政府信用背书，因此在国内所有金融产品中具有最高信用等级，比银行存款还要安全。既然如此，国债的利率是不是就很低呢？也不尽然。面向个人发行的国债往往利率非常诱人，大幅高于银行的定期存款，且有稳定的收益。

我国发行的债券分为两大类：记账式国债和储蓄国债。记账式国债由财政部通过无纸化发行，可以上市交易（在银行间市场或交易所市场），主要是机构投资者（如银行、券商、保险、基金等）参与。个人参与记账式国债的方式主要是从商业银行网银端购买。其本质是国债仍然记在商业银行名下，不过商业银行内部建立了二级托管机制，个人购买的记账式国债挂在二级托管账户下。不过，这种参与国债的方式并不是个人投资者购买国债的主流。

储蓄国债的目标客户群体就是老百姓。与记账式国债不同，储蓄国债不可上市流通交易，但可以提前支取。当然，提前支取是需要支付一定罚息的。按照存在形态来看，储蓄国债又可以分为凭证式储蓄国债和电子式储蓄国债：凭证式储蓄国债以国债收款凭单作为债权证明，而电子式储蓄国债则是以电子方式记录债权。

记账式国债按照市场化发行，因此利率随行就市，在货币政策宽松时期，利率非常低。而储蓄国债由于针对的是个人投资者，因此发行利率相对较高，相当于给老百姓一份免费福利。

实 例

储蓄国债（电子式）

2020 年 8 月 3 日，财政部决定发行 2020 年第一期和第二期储蓄国债（电子式）（见表 6-19）。

表6-19　2020年储蓄国债（电子式）发行要素

项　目	2020年储蓄国债（电子式）第一期	2020年储蓄国债（电子式）第二期
发行金额	300亿元	300亿元
期限	3年	5年
利率	3.8%	3.97%
同期记账式国债利率	2.52%	2.70%
付息频率	每年付息	

（续表）

项 目	2020年储蓄国债（电子式）第一期	2020年储蓄国债（电子式）第二期
购买渠道	银行网银	
提前支取罚息规则	3年期（5年期） ■ 持有时间＜6个月：不计付利息 ■ 6个月≤持有时间＜24个月：按发行利率计息并扣除180天利息 ■ 24个月≤持有时间＜36个月：按发行利率计息并扣除90天利息 5年期 36个月≤持有时间＜60个月：按发行利率计息并扣除60天利息	

从上表可以看出，与记账式国债相比，储蓄国债的利率要高出将近1.3%。另外，储蓄国债可以提前支取，不过要收取一定的罚息。

在具体细节上，电子式储蓄国债和凭证式储蓄国债有何区别呢？龙叔给大家总结了两者之间的异同（见表6-20）。

表6-20 电子式与凭证式储蓄国债对比

项 目	储蓄国债（电子式）	储蓄国债（凭证式）
记录方式	电子方式 （在银行开设的国债托管账户）	纸质凭证
购买方式	在银行网点柜台或网银购买	在银行网点柜台购买
付息方式	每年付息	到期一次性还本付息
流动性	不可交易转让	
是否能提前兑付	可以，但有罚息	
到期兑付方式	本息自动转入个人资金账户	自行兑付，逾期不加利息

实 例

储蓄国债（凭证式）

2019年11月4日，财政部决定发行2019年第七期和第八期储蓄国债（凭证式），其具体发行要素如表6-21所示。

表6-21 2019年储蓄国债（凭证式）的发行要素

项 目	2019年储蓄国债（凭证式）第七期	2019年储蓄国债（凭证式）第八期
发行金额	210亿元	140亿元
期限	3年	5年
利率	4.0%	4.27%
同期记账式国债利率	2.88%	3.06%
付息频率	到期一次性还本付息	
购买渠道	银行柜台	
提前支取利息规则	3年期（5年期） ▪ 持有时间<半年：不计付利息 ▪ 半年≤持有时间<1年：0.74% ▪ 1年≤持有时间<2年：2.47% ▪ 2年≤持有时间<3年：3.49% 5年期 ▪ 3年≤持有时间<4年：3.91% ▪ 4年≤持有时间<5年：4.05%	

后　记

国家统计局数据显示，2019年中国城镇化率突破了60%，未来将进入城镇化后期。随着城镇化脚步的放慢，经济驱动力和结构也在发生变化。传统的基建投资及房地产投资的增速会逐步回落，而先进制造、医药、科技等新兴行业将会迎来可观增长。这些新兴产业更依赖于股权融资而非债券融资，并且为资本市场提供了丰富的优质上市公司资源。

与此同时，我国人均GDP已经突破1万美元，向中等发达国家迈进。一方面是居民可支配收入的稳步递增，另一方面是过去传统的买房赚钱的方式在未来不可持续，那么一个必然的趋势是，居民财富中的一部分将从房产和存款逐步置换到资本市场。如果说过去十年是房产投资的黄金时期，那么未来十年大概率是资本市场投资的黄金时期。

对中国老百姓来说，投资理财是刚需。但大部分人对于这方面知识与技能的掌握可以说比较初级：道听途说的比较多，知识零散不成体系。专业化的书籍，对于普通人来说阅读过于困难。

作者的目的就是给普通人提供一本学习投资理财知识的工具书。作者在内容体系上使用专业性的思维，在叙述方式上使用大众化的语言，以此降低本书的阅读门槛，进而期望做到“深入浅出”。

当然，本书内容难免出现一些错误，欢迎各位读者及时指正并交流。个人的邮箱地址为hongliang.long@qq.com。